Programmieren lernen mit Computergrafik

Oliver Deussen • Thomas Ningelgen

Programmieren lernen mit Computergrafik

Eine Einführung mit Java und Processing

Oliver Deussen
Universität Konstanz
Konstanz, Deutschland

Thomas Ningelgen
Konstanz, Deutschland

ISBN 978-3-658-21144-8   ISBN 978-3-658-21145-5   (eBook)
https://doi.org/10.1007/978-3-658-21145-5

Die Deutsche Nationalbibliothek verzeichnet diese Publikation in der Deutschen Nationalbibliografie; detaillierte bibliografische Daten sind im Internet über http://dnb.d-nb.de abrufbar.

Springer Vieweg

Gedruckt auf säurefreiem und chlorfrei gebleichtem Papier

Springer Vieweg ist ein Imprint der eingetragenen Gesellschaft Springer Fachmedien Wiesbaden GmbH und ist ein Teil von Springer Nature.
Die Anschrift der Gesellschaft ist: Abraham-Lincoln-Str. 46, 65189 Wiesbaden, Germany

Vorwort

Programmierung ist die Kunst, einen Computer genau das tun zu lassen, was man möchte. Programmieren zu können heißt aber auch, Computer wirklich zu verstehen. Es ist eine faszinierende Fertigkeit, mit der sich auch viele Probleme des Alltags lösen lassen. Man ist nicht mehr gezwungen, nach fertigen Computerprogrammen für ein Problem zu suchen, sondern kann oft selbst eine Lösung herstellen.

Die Frage, welche der vielen Programmiersprachen für Anfänger oder Fortgeschrittene am besten geeignet ist, ist kaum zu beantworten. Man kann aber sehr wohl eine Liste von erwünschten Eigenschaften an die Programmiersprache erstellen. Beispielsweise den Wunsch nach Plattformunabhängigkeit, d. h. das erstellte Programm soll auf Microsoft, Android und OS X (Apple) ausführbar sein. Damit verkleinert man die Anzahl der zur Wahl stehenden Sprachen erheblich.

Leider herrscht auch keine Einigkeit darüber, welches „Programmierparadigma" bzw. welcher Programmierstil am Anfang zu wählen ist. Objektorientierte Programmierung beschreibt alle Probleme über Objekte und deren Interaktion. Anhänger dieses Programmierparadigmas geben das Motto aus: „Objects first!" Vor dem Erlernen einer Programmiersprache sei zuerst das Konzept der Objektorientierung zu erlernen. Leider funktioniert das unserer Erfahrung nach jedoch nicht, ohne konkreten Programmcode zu schreiben und beides auf einmal zu lernen, überfordert viele. Daher verzichten wir bewusst auf den Einstieg über die Objektorientierung, sondern beschreiben zuerst die Grundlagen der normalen (imperativen) Programmierung über eine Reihe hoffentlich spannender Computergrafik-Beispiele. Später dann folgt eine Einführung in die Objektorientierung.

Im Gegensatz zu anderen Büchern haben wir uns entschieden, die auf Java aufbauende Programmiersprache „Processing" zu verwenden, weil sie alle wichtigen Konzepte von Java und außerdem eine einfache und dennoch sehr vielfältige Grafikumgebung bietet. Eine Sprache wie „Pascal", die in den 80-er Jahren ihren Siegeszug an deutschen Schulen und Universitäten antrat, wäre heute als Einstieg nicht mehr optimal, weil man damit weder eine Grafik erzeugen kann, noch ohne Weiteres ein „Interaktionsfenster" (Window) zu sehen bekommt. Das Ergebnis eines Pascal-Programms ist im weitesten Sinne immer nur Text.

Hier bietet die Programmiersprache „Processing" einen Ausweg. Sie besteht im Kern aus der Programmiersprache Java, die sich als Industriestandard durchgesetzt hat, erweitert diese aber durch Funktionen zur Erzeugung von Grafikelementen, einen einfach zu bedienenden Editor und die Möglichkeit, erst einmal ohne objektorientierten Ballast zu programmieren.

Dieses Buch bietet auf dieser Basis eine Einführung in die Programmierung mit grafischen Beispielen. Ausgehend von einfachen Bausteinen werden immer kompliziertere Probleme gelöst und auf diese Weise die wichtigsten Konzepte der Programmierung behandelt. Das Schöne an der Computergrafik ist, dass man nebenbei viele Bilder erzeugt und seine Fertigkeiten auch dazu benutzen kann, aus kleinen Beispielen große Computergrafiken mit komplexen Inhalten zu machen. Meist genügen nur ein paar kleine Änderungen an den im Buch gezeigten Beispielen.

Alle diese Beispiele lassen sich sogar mit einem Laptop durchführen. Voraussetzung ist nur, dass sich die Programmierumgebung „Processing" dort installieren und ausführen lässt. Das sollten Sie vorab testen, laden Sie die für Ihren Computer geeignete Version der Programmierumgebung von *www.processing.org* herunter. Mehr dazu im Einführungskapitel.

Processing wurde übrigens am MIT (Massachusetts Institute of Technology) entwickelt, um möglichst schnell Programme mit grafischer Ausgabe schreiben zu können. Wir verwenden es, weil sich die Grundlagen der Programmierung damit besonders einfach veranschaulichen lassen und es vielen Menschen Freude macht, damit zu arbeiten.

Processing kann aber nicht nur interessante Bilder und Animationen erzeugen, es erlaubt auch die Interaktion mit dem Computer, das Erzeugen von Musik und Sound und vieles mehr. Es ist ein kleines Universum mit schier unbegrenzten Möglichkeiten. Viele kreative Menschen auf der Welt verwenden es, um ihre Ideen umzusetzen.

Neben der Standardversion gibt es Varianten zur Programmierung von Android-Apps oder zur Erzeugung von interaktiven Webinhalten, auch zur Ansteuerung von Hardware über Arduino-Boards. Das sind kleine Computer, die man an den eigenen Rechner anschließt und die nach geeigneter Programmierung alle möglichen Aufgaben zur Steuerung und Regelung z. B. im Haushalt übernehmen können.

Wir leben in einer Epoche, die später einmal als die Epoche der Digitalisierung in den Geschichtsbüchern stehen wird. Der Computer ist das dominierende Gerät dieser Epoche. Programmieren heißt sich dieser Welt zu öffnen, die Programmierung ist das Handwerkszeug unserer Zeit, Programmierer sind heute die wirklichen Veränderer unserer Gesellschaft. Wir sollten nicht nur darüber reden, sondern versuchen, es zu verstehen.

Webseite zum Buch:

www.springer.com/9783658211448

Auf dieser Seite finden Sie alle im Buch verwendeten Processing-Beispiele
und Musterlösungen für die Aufgaben.

Webseiten der Autoren:

Thomas Ningelgen:
www.ningelgen.eu
(Ergänzungsprogramme in Processing, Material für Lehrer)

Oliver Deussen:
graphics.uni-konstanz.de
(Computergrafik aus wissenschaftlicher Sicht)

Inhalt

1 Einführung   **1**

Computergrafik mit Processing

1.1   Los geht's!   3

1.2   Robotergesicht   3

1.3   Algorithmen und Programme   4

1.4   Programmzustände   5

1.5   Säufernase   6

1.6   Weitere grafische Formen   7

2 Zutaten   **9**

Typen, Variablen, Ausdrücke und Funktionen

2.1   Einfache Datentypen   10

2.2   Farbe: Ein spezieller Datentyp   12

2.3   Variablen   12

2.4   Arrays   14

2.5   Strings   15

2.6   Ausdrücke   15

2.7   Logische Ausdrücke   17

2.8   Funktionen   18

3 Kontrollstrukturen   **21**

If/else- und case-Anweisung, Schleifen

3.1   Blöcke   22

3.2   Die „for"-Schleife   23

3.3   Zeichenfläche mit bunten Quadraten   24

3.4   Zeichenfläche mit bunten Rechtecken   25

3.5   Die while- und do-while-Schleife   26

3.6   Rechtecke mit while-Schleife   27

3.7   Die „if then else"-Anweisung   28

3.8   Die switch-Anweisung   29

4 Mengen 31

Arrays und Felder: Aufbewahren von vielen Dingen

4.1 Eindimensionale Arrays 34
4.2 Erzeugen und Verändern von Pixeln 38
4.3 Zweidimensionale Arrays 41

5 Bilder 45

Laden, Speichern und Verändern von Bildern

5.1 Ein erstes Objekt: Das Bildobjekt 46
5.2 Weitere Eigenschaften des Bildobjekts 50

6 Prozeduren 53

Anweisungsblöcke selber schreiben

6.1 Zufällige Rechtecke mit setup und draw 54
6.2 Quadratfunktion 55
6.3 Prozedur-Aufrufe in Prozeduren 56
6.4 Variable Prozeduren und Funktionen 60
6.5 Iterationen 61
6.6 Unbeabsichtigte Nebenwirkungen 66
6.7 Rekursionen 68
6.8 Random versus SecureRandom 73

7 Interaktion 77

Zusammenarbeit mit dem Computer

7.1 Tastatureingabe mit *keyPressed()* 78
7.2 Allgemeine Tastatureingabe 79
7.3 Interaktion mit der Maus 80

8 Input/Output 83

Daten eingeben, Daten ausgeben

8.1 Ausgabemöglichkeiten 84
8.2 Textdateien lesen, anzeigen, schreiben 87
8.3 Allgemeine Dateien lesen und schreiben 88
8.4 Informationen in Bilddateien 90

9 Game of Life — 97
Komplexes Systemverhalten

9.1 Eindimensionale zelluläre Automaten — 98

9.2 Game of Life — 101

9.3 Abgewandelte Regeln — 103

9.4 Räuber-Beute-Simulation — 104

10 Fraktale — 107
Mathematische Schönheit und Komplexität

10.1 Die Mandelbrotmenge — 113

10.2 Seltsame Attraktoren — 115

10.3 Dynamische Systeme — 121

10.4 Ein fraktales Gebirge — 125

11 Turtle-Grafik — 129
Komplexe natürliche Objekte

11.1 Rekursionen mit Turtle-Grafik — 133

11.2 Ein rekursiver Baum — 135

11.3 Lindenmayer-Systeme — 136

12 Objektorientierung — 141
Objekte, Klassen und Vererbung

12.1 Objektklassen — 143

12.2 Punkte — 143

12.3 Ein Geometrie-Editor — 146

12.4 Klassen ableiten — 149

12.5 Abstrakte Klassen — 151

13 Physikalische Simulation — 159
Pendel und mehr

13.1 Billard: Gleichförmige Bewegung — 161

13.2 Billard mit Hindernissen — 163

13.3 Gleichmäßig beschleunigte Bewegung — 168

13.4 Harmonische Schwingungen — 170

14 Räumliche Formen 175
2D- und 3D-Computergrafik

14.1 Polygone 176
14.2 Kurven 178
14.3 Komplexe Formen mit PShape 180
14.4 Dreidimensionale Objekte 182

15 Nebenläufige Programmierung 191
Prozessorkerne und Threads

15.1 Threads 192
15.2 Unerwünscht bunte Quadrate 194
15.3 Parallele Erzeugung eines Bildes 194
15.4 Unabhängige Objekte 196
15.5 Frequenzzerlegung 198
15.6 Bild einlesen 207

16 Bildverarbeitung 209
Bilder verändern mit Filtern

16.1 Unscharf maskieren 212
16.2 Kanten- und Relieffilter 213
16.3 Filter mit Fouriertransformation 215

17 Bibliotheken 221
Processing erweitern

17.1 PDF-Export 222
17.2 Ein graphisches Benutzerinterface 223
17.3 Physik in der Box 224
17.4 Musik hören und bearbeiten mit Minim 228
17.5 Mathematik mit Toxiclibs 234
17.6 Zum Schluss 240

Literatur 241

Index 243

1 Einführung

Computergrafik mit Processing

© Springer Fachmedien Wiesbaden GmbH, ein Teil von Springer Nature 2018
O. Deussen, T. Ningelgen, *Programmieren lernen mit Computergrafik*,
https://doi.org/10.1007/978-3-658-21145-5_1

Wie schon im Vorwort erwähnt, ist die Grundlage für dieses Buch die Programmiersprache Processing, die von Casey Reas und Ben Fry im Jahr 2001 am Massachusetts Institute of Technology, einer der führenden technischen Hochschulen der Welt, entwickelt wurde.

Aus einem enthusiastischem Hochschulprojekt ist in der Zwischenzeit eine große Gemeinschaft geworden, in der sich viele Freiwillige mit der Weiterentwicklung beschäftigen und viele Erweiterungen, aber auch Schwesterprojekte in anderen Sprachen geschaffen haben.

Processing installieren

Die Processing-Umgebung lässt sich einfach von der Webseite mit der Adresse *www.processing.org* herunterladen, dort geht man in den Download-Bereich und klickt auf die Version, die der eigenen Rechnerbauform entspricht. Um herauszufinden, ob Sie einen 32-bit oder 64-bit Rechner haben, suchen Sie am besten im Internet nach „32-bit oder 64-bit Rechner". Dort finden Sie für jede Rechnerplattform und jedes Betriebssystem eine Anleitung, wie man das herausfindet.

Nach dem Herunterladen der entsprechenden Processing-Version gehen Sie folgendermaßen vor:

Windows

Auf einem Windows-Rechner entpacken Sie die heruntergeladene Datei (beispielsweise *processing-3.3.5-windows64.zip*). Wenn Sie nicht wissen wie das geht, hilft auch hier eine Suche nach „Windows zip entpacken" im Internet. Um das Programm zu starten, öffnen Sie den neuen Ordner und führen Sie die Datei *processing.exe* aus (jeweils durch Doppelklick). Das Programm muss nicht installiert werden, sondern besteht direkt aus einer Anwendung. Dennoch sollten Sie nach dem ersten Programmstart über *Datei/Einstellungen* den Pfad einstellen (erster Eintrag oben), unter dem Sie Ihre Sketche ablegen wollen. Zum Beispiel: *D:\Processing\ProgrammBeispiele*

Apple

Auf einem MacOS-Rechner gehen Sie zum Ordner „Downloads" und machen einen Doppelklick auf die Datei „processing.zip", es entsteht die Datei „processing.app", die Sie in den Programmordner „Programme" verschieben, denn dort sollten alle Programme liegen. Jetzt einfach das Programm mit einem Doppelklick öffnen und loslegen. Zu den Einstellungen gelangen Sie, indem Sie nach dem Start des Programms auf „Processing" in der oberen Bildschirmleiste klicken. Der voreingestellte Speicherort für die Sketche ist hier im Hauptverzeichnis unter „Dokumente/Processing".

Wenn sich das Processing-Fenster geöffnet hat, so machen Sie sich bitte mit der Programmierumgebung vertraut. Der „Play"-Button dient dazu, ein Processing-Programm zu starten, der „Stop"-Button zum Abbrechen. In der Menüzeile über dem Fenster können Sie unter "Datei" den Menüeintrag „Beispiele" öffnen. Es öffnet sich ein separates Fenster, in dem Sie auf einer Reihe vorgefertigter Programme eines auswählen und dann mit „Play" starten können. Probieren Sie einige der Demos aus, die dort angeboten werden.

Linux

Wer es geschafft hat, einen Linux-Rechner aufzusetzen, der braucht keine weiteren Anweisungen und wird das Programm alleine installieren können!

1.1 Los geht's!

Nachdem Sie einige Processing-Beispiele ausgeführt haben, werden Sie bemerkt haben, wie umfangreich die Möglichkeiten dieser Programmierumgebung sind. Für ein erstes eigenes Computerprogramm fangen wir jetzt aber noch einmal ganz von vorne an.

Erzeugen Sie mit „Datei/Neu" ein neues Projekt und schreiben Sie dann in das noch leere Programmfenster eine einzige Zeile:

```
rect(10,20,30,40);
```

Nun starten Sie das Programm (drücken Sie wieder den „Play"-Button oben links). Es sollte sich ein kleines Fenster mit grauem Hintergrund und einem weißen Viereck mit schwarzem Rand öffnen (Abbildung 1.1).

Mit der Programmzeile haben wir dem Computer mitgeteilt, er solle ein Rechteck (auf Englisch ein rectangle, abgekürzt „rect") malen, und zwar 10 Pixel (Bildpunkte) rechts von der oberen linken Ecke der Zeichenfläche und 20 Pixel unterhalb dieser Ecke. Man sagt, die x-Koordinate hat den Wert 10 und die y-Koordinate 20. Das Rechteck soll eine Breite von 30 Pixeln haben und eine Höhe von 40 Pixeln.

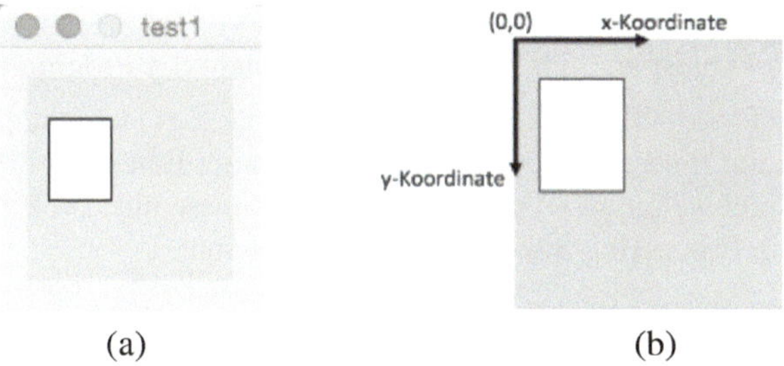

Abbildung 1.1
a) Ausgabefenster des ersten Beispiels auf einem Apple-Computer. b) Koordinatensystem von Processing

Hierzu haben wir eine Prozedur ausgeführt, ein Stückchen Computercode, das jemand schon früher dem Rechner beigebracht hat, nämlich „rect()", das ein Rechteck erzeugt. Dass wir eine Prozedur ausführen wollen, die schon existiert, zeigen wir dem Rechner durch die Angabe ihres Namens „rect" an und durch die beiden Klammern, in die wir die vier Parameter 10,20,30,40 einsetzen. Auf diese Weise können wir eine einzige Prozedur zur Erzeugung ganz verschiedener Rechtecke verwenden.

1.2 Robotergesicht

Ein einfaches Gesicht kann man jetzt erzeugen, indem man die Prozedur *rect()* mit verschiedenen Parametern mehrmals untereinander schreibt, beispielsweise so:

```
rect(10,20,20,30);
rect(60,20,20,30);
```

```
rect(42,30,4,40);
rect(20,80,50,4);
```

Es kann übrigens gut sein , dass ihr Programm nicht gleich ausgeführt werden kann, sondern stattdessen unter dem Programmfenster eine Fehlermeldung auftaucht, wie etwa „Error on :". Das erscheint, wenn man statt eines Strichpunkts aus Versehen einen Doppelpunkt eingegeben hat. Probieren Sie es aus! Es gibt noch viele weitere Fehlermeldungen, die Sie sicher bald kennenlernen werden. Die entsprechende Zeile ist dann im Programmtext farbig unterlegt. Strichpunkte dienen übrigens dazu, die einzelnen Anweisungen an den Computer voneinander abzugrenzen. Man könnte genauso auch das Folgende schreiben:

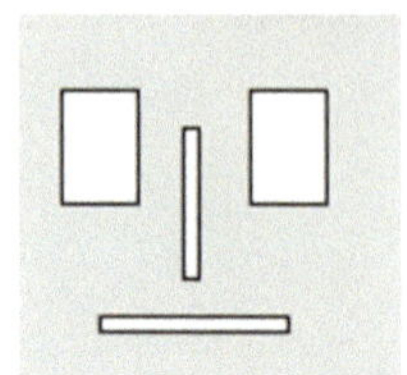

Sketch gesicht

```
rect(10,20,20,30); rect(60,20,20,30); rect(42,30,4,40); rect(20,80,50,4);
```

Alles, was hinter- oder untereinander im Programm steht, wird vom Computer nacheinander ausgeführt. Er malt die Rechtecke also eines nach dem anderen auf den Bildschirm, nur geht das so schnell, dass wir es nicht bemerken, sondern nur das Endergebnis sehen. Um das *Programm speichern* Programm zu speichern, gehen Sie auf „Sichern unter" im Datei-Menü und geben etwa den Namen „beispiel1" ein. Processing legt dann ein Verzeichnis mit dem Namen „beispiel1" an und in diesem Verzeichnis eine Datei „beispiel1.pde". In dieser Datei steht der Programmtext.

Falls Sie Processing eben beendet haben, so lässt es sich mit einem Doppelklick auf diese Datei neu starten und erlaubt Ihnen auf diese Weise, *Was ist ein Sketch?* am Beispiel weiter zu arbeiten. Die Verzeichnisse mit den Programmen werden in Processing Skizzen (sketches) genannt.

1.3 Algorithmen und Programme

Sehen wir uns das folgende Kochrezept zur einfachstmöglichen Bereitung eines Mittagessens an:

```
2 Liter Wasser im Kochtopf erhitzen;
Einen gehäuften Teelöffel Salz zugeben;
500 Gramm Nudeln aus der Packung in den Kochtopf geben;
10 Minuten kochen lassen;
Tomatensoße mit 0.3 Liter Wasser und Kräutern in einen Topf geben;
Soße 5 Minuten langsam erwärmen und dabei umrühren;
Nudeln und Soße auf einen Teller geben;
```

Genau wie bei unseren bisherigen Processing-Beispielen handelt es sich hierbei um eine Folge von Anweisungen, diesmal jedoch nicht an einen Computer, sondern an einen Koch. Genau wie unsere Programme ist es eine eindeutige Handlungsbeschreibung, die in der Reihenfolge von oben nach unten auszuführen ist.

Nichts weiter ist ein Algorithmus: Eine eindeutige Handlungsvorschrift, die aus endlich vielen, wohldefinierten Einzelschritten besteht. Ein Kochrezept, die Schrittfolge für einen Tanz oder die Bauanleitung für ein Möbelstück sind Algorithmen, die es erlauben, nach Anweisung eine Sache in der gewünschten Weise zu tun.

Der Name Algorithmus stammt hierbei aus dem arabischen Raum und geht auf den persischen Mathematiker Al-Chwarizmi zurück, der ursprünglich damit aber nur Rechenanweisungen für Menschen meinte. Später wurde der Begriff des Algorithmus dann auf allgemeinere Problemlösungsvorschriften erweitert.

Algorithmus

Ein Programm (Computerprogramm) ist ein Algorithmus für den Computer, der jetzt allerdings in einer Sprache formuliert sein muss, die der Computer auch versteht, und Befehle enthalten muss, die er auch ausführen kann. Denn selbst wenn wir das Kochrezept in einer Programmiersprache geschrieben hätten, die der Computer versteht, hätte er es noch lange nicht ausführen können, schließlich bräuchte er für seine Ausführung mindestens noch einen Roboter. Wir müssen uns also schon im Voraus darüber klar sein, was der Computer kann, auf dem unser Algorithmus laufen soll. Für die Beispiele in diesem Buch ist aber jeder Laptop und PC ausreichend, weil wir nur den Bildschirm, die Computermaus und einen Lautsprecher benötigen.

1.4 Programmzustände

Kehren wir zurück zu unseren Processing-Beispielen. Vielleicht haben Sie sich gefragt, warum der Computer im ersten Beispiel die Rechtecke in weißer Farbe gezeichnet hat und nicht grün oder rot? Warum der Hintergrund grau ist und nicht schwarz, warum die Umrandung des Rechtecks aber schwarz gemalt wird?

Das liegt daran, dass der Computer zu Beginn der Ausführung eines Programms einen genau festgelegten Zustand hat, in dem all diese Parameter auf voreingestellte Werte gesetzt sind. Diesen Zustand können wir in unserem Programm beliebig ändern. Als Beispiel wollen wir nun die Rechtecke mit einer anderen Farbe füllen. Dazu nehmen wir noch einmal das erste Beispiel und verändern es, in dem wir den Zustand nach dem Malen des zweiten Rechtecks verändern:

```
rect(10,20,20,30);
rect(60,20,20,30);
fill(255,0,0);
rect(42,30,4,40);
rect(20,80,50,4);
```

Jetzt werden die letzten beiden Rechtecke (und alle weiteren, die wir vielleicht noch hinzufügen wollen) in roter Farbe gezeichnet. Der neue Zustand des Computers gilt bis auf weiteres. Wollen wir nur die Nase

rot zeichnen, so müssen wir nach dem Malen des dritten Rechtecks die Füllfarbe wieder auf weiß setzen.

```
rect(10,20,20,30);
rect(60,20,20,30);
fill(255,0,0);
rect(42,30,4,40);
fill(255,255,255);
rect(20,80,50,4);
```

Die Prozedur *fill()* hat drei Parameter, der erste ist der Rotanteil, dann der Grünanteil und schließlich Blauanteil der Farbe, jeweils mit einem Wert zwischen 0 (keine Farbe) und 255 (volle Farbe) angegeben. Versuchen Sie andere Farben zu erzeugen, indem Sie im ersten Aufruf von *fill()* die Farbanteile verändern.

Es ist üblich, Farben auf diese Weise anzugeben. So hat jedes Pixel ihres Bildschirms üblicherweise diese drei Farbanteile, man nennt das einen RGB-Wert (Rot-Grün-Blau–Wert). Später werden wir sehen, dass man Farben auch noch auf andere Weise festlegen kann, etwa um farbige Objekte auszudrucken oder Farben möglichst intuitiv am Rechner einzustellen.

Ein weiterer Parameter, der uns interessiert, ist die Randfarbe der Rechtecke, die man über den Aufruf der Prozedur *stroke()* mit denselben drei Farbanteilen verändert, sowie die Hintergrundfarbe, die man ebenfalls mit den drei Parametern über *background()* am Anfang des Programms verändern kann. Macht man es später, so wird alles schon gezeichnete mit der Farbe des Hintergrunds übermalt.

Ach ja, und möchte man überhaupt keine Randfarbe haben, so ruft man statt *stroke()* mit den drei Parametern einfach die Prozedur *noStroke()* ohne Parameter auf. Übrigens wird Groß- und Kleinschreibung bei Processing unterschieden, wenn Sie beispielsweise „NoStroke() eingeben, so erscheint die Fehlermeldung „The function NoStroke() does not exist.", weil es eben nur *noStroke()* gibt.

1.5 Säufernase

Unser Programm für ein Gesicht auf blauem Hintergrund mit einer roten Nase und ohne Randfarbe könnte jetzt so aussehen:

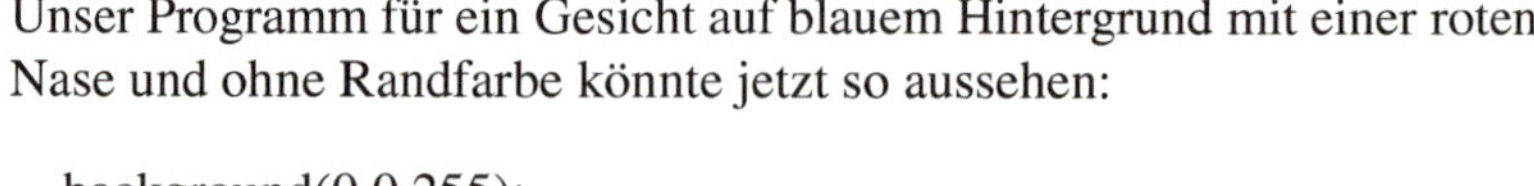

```
background(0,0,255);
noStroke();
rect(10,20,20,30);
rect(60,20,20,30);
fill(255,0,0);
rect(42,30,4,40);
fill(255,255,255);
rect(20,80,50,4);
```

1.6 Weitere grafische Formen

Vielleicht ist es Ihnen an dieser Stelle schon langweilig, nur Rechtecke zu malen. Daher hier noch ein paar weitere Formen, die sich leicht programmieren lassen. So erzeugt die Prozedur *line()* eine Linie in der Farbe, die vorher mit *stroke()* eingestellt wurde. Parameter sind hier die Koordinaten des Anfangspunkts und des Endpunkts. Der Aufruf *line(0,0,100,100)* malt eine Linie von der oberen linken Ecke der Zeichenfläche zur unteren rechten.

Die Prozedur *ellipse()* hingegen malt eine gefüllte Ellipse, wobei auch vier Parameter verwendet werden. Die ersten beiden geben jetzt die Koordinaten des Mittelpunktes an, die beiden anderen die Radien in horizontaler und vertikaler Richtung. Der Befehl

    ellipse(30,30,40,20);

malt eine Ellipse um den Punkt (30,30) mit einem horizontalen Radius von 40 Pixeln und einem vertikalen von 20 Pixeln. Auch ein Kreis wird in Processing immer über diese Funktion gezeichnet, mit denselben horizontalen und vertikalen Radien.

Ganz einfach ist es auch, einen Text auf die Malfläche zu schreiben. Dazu wird die Prozedur *text()* verwendet, bei der man zuerst den zu malenden Text als Parameter eingibt und dann die Position, an welcher der Text erscheinen soll. Die Zeile

    text("Hallo Welt!", 20,30);

erzeugt die gleichnamigen Worte ab der Position (20,30) auf der Zeichenfläche. Die zu schreibenden Worte sind in Anführungszeichen eingeschlossen (hier verwenden Sie bitte die Taste mit dem Anführungszeichen über der Zwei) nur so versteht der Computer, wo der Text beginnt und aufhört, und wo weitere Parameter anfangen – schließlich ist unser ganzes Programm ja eigentlich auch nur ein Text!

Mit diesen Elementen haben wir eigentlich schon das Handwerkszeug, um viele interessante Grafiken zu erzeugen. Natürlich ist es umständlich, wenn man viele hundert Formen nacheinander als Programm eingeben muss, um ein komplizierteres Objekt zu bauen. Wir brauchen also etwas, mit dem man dem Computer mitteilen kann, dass er etwas wiederholen soll. Es müssen Werte gespeichert und verändert werden, wie z. B. die Position von neuen Formen. Dazu werden Variablen verwendet. Die schauen wir uns im nächsten Kapitel an, bevor wir uns dann mit Wiederholungsanweisungen beschäftigen.

Aufgabe 1

Mit den Formen, die Sie bis jetzt kennen gelernt haben, können Sie schon etwas gestalten, das über ein Gesicht hinausgeht. Lassen Sie Ihrer Krea-

*Größe der Zeichenflä-
che bestimmen*

tivität freien Lauf und basteln Sie eine kleine abstrakte Landschaft, ein Bild wie von Mondrian (der Maler mit den roten und blauen Rechtecken) oder einfach ein schönes Muster aus verschiedenfarbigen Kreisen. Die Größe (in Pixel) der Zeichenfläche kann man durch den Befehl *size(a,b)* am Anfang des Programms festlegen; *a* ist die Breite und *b* die Höhe des Bildes.

Abbildung 1.2
a) Mondrian à la Processing;
b) Vorfahrt- Zeichen

Aufgabe 2

Auch ein Dreieck lässt sich sehr einfach zeichnen. Verwenden Sie *triangle(x1,y1,x2,y2,x3,y3)*, wobei mit den sechs Parametern die drei Punkte des Dreiecks beschrieben werden. Will man keinen Rand um die Formen haben, so schreibt man *noStroke()*. Versuchen Sie einen Sketch zu schreiben, der das unten abgebildete Verkehrszeichen (Vorfahrt) erzeugt.

2 Zutaten

Typen, Variablen, Ausdrücke und Funktionen

© Springer Fachmedien Wiesbaden GmbH, ein Teil von Springer Nature 2018
O. Deussen, T. Ningelgen, *Programmieren lernen mit Computergrafik*,
https://doi.org/10.1007/978-3-658-21145-5_2

Ein Computer macht eigentlich nichts anderes, als zu rechnen und die berechneten Werte abzuspeichern oder gleich weiterzuverwenden. Dazu führt er Algorithmen aus, die entweder vom Benutzer angefordert werden – beispielsweise, wenn dieser mit der Maus ein Programmsymbol anklickt oder auch nur auf dem Bildschirm etwas verschiebt oder die das Betriebssystem (welches selbst ein sehr komplizierter Algorithmus ist) laufend anstößt, um den Rechner am Laufen zu halten.

Um sich die berechneten Werte zu merken, hat der Computer verschiedene Speichermedien wie den Hauptspeicher, der gelöscht wird, sobald man den Computer abschaltet oder aber Festplatten, die berechnete Werte auch dauerhaft abspeichern können. Darüber hinaus kann jeder Computer heute auf vielfältige Weise kommunizieren, kann über Leitungen, Drahtlosnetzwerke oder Infrarotschnittstellen Daten austauschen–die meisten Menschen haben schon längst den Überblick darüber verloren. Aber überall werden letztendlich nur Zahlen in Signale umgewandelt und über Leitungen oder drahtlos verschickt.

Auf der anderen Seite kommt also ein Zahlenstrom an, der wieder von einem Rechner gespeichert und ausgewertet werden muss. Aus den Zahlen alleine kann dieser Rechner aber nicht herausfinden, wie sie interpretiert werden müssen, denn im Rechner ist ein Bild genauso wie eine Sprachnachricht oder selbst ein Programm einfach nur ein Folge von Zahlen. Man braucht zusätzlich noch eine Dekodieranweisung, um mit diesen Werten etwas anfangen zu können. Man benötigt für jeden einzelnen Zahlenwert einen Datentyp, der angibt, wie er zu interpretieren ist.

Um das ein wenig besser zu begreifen, ist es leider nötig, nun einige Seiten über diese Datentypen zu schreiben, einfach weil sie so wichtig für das Programmieren sind. Die späteren Kapitel sind dafür wieder bunter. Wer dazu keine Lust hat, kann dieses Kapitel überblättern und bei Bedarf nachlesen, wenn er später etwas nicht versteht.

2.1 Einfache Datentypen

Processing (und die Processing zugrundeliegende Programmiersprache Java) kennt acht einfache, grundlegende Datentypen, mit denen man Zahlen, Text und logische Werte kodieren kann.

- *byte:* Ein Byte besteht aus acht Bits, damit meint man binären Speicherzellen, die jeweils den Zustand Null oder Eins haben können. Ein Bit ist die grundlegende Form der Speicherung von Daten auf dem Computer. Ein USB-Stick mit 8 Gigabyte Datenvolumen hat Platz zum Speichern von acht Milliarden Bytes oder entsprechend 64 Milliarden Bits.

  Mit acht Bits können $2^8 = 256$ verschiedene Kombinationen von Nullen und Einsen gespeichert werden, denn jedes Bit kann unabhängig vom anderen Null oder Eins sein, daraus ergeben sich 256 verschiedene Möglichkeiten. Wie man diese 256 verschiedenen Zustände nun als Zahl interpretiert, ist eine Frage der Festlegung: Man könnte sagen, es sind Zahlen von Null bis 255, oder wie im Fall von Java Zahlen von -128 bis 127. Hier haben wir also eine erste Dekodierungsanweisung, die der Rechner benötigt, um die Bits korrekt zu interpretieren.

- *short:* Für viele Anwendungen sind die benötigten Zahlen größer, also hat man den Datentyp short geschaffen, bei dem jetzt 16 Bit zu einer Zahl zusammengefasst werden. Daraus ergeben sich $2^{16} =$ 65536 mögliche Zustände und damit unterschiedliche speicherbare Zahlen (die Anzahl möglicher Zustände steigt exponentiell mit der Anzahl der verwendeten Bits). Auch hier hat man sich entschieden, den Datentyp positive und negative Zahlen speichern zu lassen, diese gehen von $-2^{15} = $ -32768 bis 2^{15}-1= 32767.

- *int:* Um noch größere Zahlen speichern zu können, wurde der Datentyp Integer (int) erfunden, der 32 Bits verwendet und damit über vier Milliarden, genauer: $2^{32} = $ 4.294.967.296 Zahlenwerte kodieren kann: Von $-2^{31} = $ -2.147.483.648 bis 2^{31}-1= 2.147.483.647. Das ist schon eine Menge.

- *long:* Für erstaunlich viele Anwendungen reicht das immer noch nicht aus, daher verwendet der Datentyp long 64 Bits und was Sie damit an verschiedenen Zuständen darstellen können, das rechnen Sie sich bitte selbst aus. Die kodierbaren Zahlen gehen hier von -2^{63} bis $2^{63} - 1$.

- *float:* Die bisher beschriebenen Datentypen umfassen ganze Zahlen innerhalb einer festgelegten Spanne möglicher Werte. Für viele Rechnungen benötigt man aber reelle Zahlen, also solche, die nach dem Komma weitere Ziffern haben, also 1, 75 etwa. Solche Zahlen werden auch Gleitkommazahlen genannt. Für sie gibt es den Datentyp float, dessen 32 Bit eine reelle Zahl mit einer Maximalanzahl von etwa sieben Nachkommastellen darstellen kann und deren Kommastelle durch einen Exponenten verschoben werden kann. Man kann also sowohl sehr kleine Zahlen wie etwa 0, 000012345678 darstellen als auch große Zahlen wie 1234567800.

- *double:* Für noch genauere, auch für sehr große oder sehr kleine Zahlen kann man double verwenden. Hier werden 64 Bit verwendet, um eine Zahl zu speichern. Die genauen Eigenschaften von float und double sind im IEEE 754 Standard festgelegt, suchen Sie nach ihm im Internet, wenn Sie Details interessieren[1].

- *boolean:* Dieser Datentyp hat nur zwei mögliche Werte: wahr oder falsch. Er wird für logische Berechnungen verwendet. Eigentlich würde also ein Bit ausreichen, um den Wert zu speichern, dennoch wird er im Computer aus praktischen Gründen typischerweise mit einem ganzen Byte repräsentiert.

---

[1] z. B. unter https://de.wikipedia.org/wiki/IEEE_754

- *char:* Dieser Datentyp speichert ein Textzeichen. Früher meinte man, dafür seien 8 Bit bzw. ein Byte ausreichend, man merkte aber irgendwann, dass es auf der Welt weit mehr als 256 verschiedene Schriftzeichen gibt. Daher wird heute ein Zeichen über 16 Bit repräsentiert, was es erlaubt, 65.535 Zeichen zu unterscheiden. Die Art der Kodierung ist im sogenannten Unicode-System definiert.

Also noch einmal: Wenn man aus einer Datei ein Byte mit den Bitwerten 10010101 liest, so hat man erst einmal keine Ahnung, was sich dahinter versteckt. Man benötigt zusätzlich eine Dekodieranweisung, welche die richtige Interpretation der Zahlenwerte ermöglicht. Bei vielen Betriebssystemen ist daher am Anfang jeder Datei eine Zahl abgespeichert, die angibt, wie der Rest zu interpretieren ist. Oftmals gibt auch die Dateiendung Auskunft über die Kodierung, etwa ".txt" für Textdateien oder ".exe" für ausführbare Programmdateien.

2.2 Farbe: Ein spezieller Datentyp

Zusätzlich zu den vorgestellten Datentypen existiert in Processing noch der Typ *color*, mit dem man einen Farbwert angibt. Farben werden üblicherweise als Kombination dreier Farbkanäle angegeben, für Bildschirme sind dies Rot, Grün und Blau (RGB). Eine Farbe besteht hierbei – wie schon in der Einleitung angesprochen – aus drei Zahlen zwischen 0 und 255, die jeweils die Intensität dieser Farbkanäle angeben, für Schwarz wählt man Rot = 0, Grün = 0, Blau = 0, für ein strahlendes Magenta Rot = 255, Grün = 0, Blau = 255.

Die drei Farbwerte lassen sich also jeweils mit 8 Bit speichern, da wir nur 256 verschiedene Helligkeitswerte pro Farbkanal haben wollen. Zusätzlich wird in Processing jedoch noch ein Transparenzwert angegeben, der sogenannte Alphakanal. Er erlaubt es, auch durchscheinende Farben anzugeben. Wir werden das später noch in einem Beispiel zeigen. Auch der Transparenzkanal wird mit 8 Bit Speicher angegeben.

Insgesamt sind für den Datentyp *color* also 24 Bit (4 Byte) Speicherplatz nötig, die Kodierung sieht hierbei folgendermaßen aus:

RRRRRRRR I GGGGGGGG I BBBBBBBB I AAAAAAAA.

Das erste Byte enthält 8 Bit für die Helligkeit für die rote Farbe, das zweite für Grün, das dritte für Blau und das letzte den Alphawert.

2.3 Variablen

Datentypen werden dazu verwendet, um in einem Computerprogramm die Art der Variablen anzuzeigen. Variablen sind eigentlich nur Namen für Speicherorte im Computer. Jeder dieser Speicherorte verfügt je nach

Datentyp über eine unterschiedliche Anzahl Bytes zum Speichern der Werte. Für eine ganze Zahl vom Typ *int* benötigt man, wie oben schon gesagt, 32 Bit oder 4 Byte, für eine Variable vom Typ *char* 2 Byte.

In Processing deklariert man eine Variable mit dem Namen *a* vom Datentyp int mit folgender Anweisung:

```
int a;
```

Deklarieren heißt hier, dass man dem Computer den Namen für eine Variable bekannt macht, damit sie später im Programm verwendet werden kann.

Bei der Wahl eines Namens ist man relativ frei, er darf nur nicht mit einer Zahl anfangen, kann groß oder klein geschrieben sein und auch beliebig lang. Es hat sich als sinnvoll erwiesen, den Namen einer Variablen mit ihrer Bedeutung zu verkoppeln, etwa für eine statistische Anwendung:

```
float mittelwertDerTagesDifferenzen;
```

Übrigens ist es eine Konvention in Java, Variablennamen kleingeschrieben anzufangen und weitere Worte großgeschrieben einfach anzuhängen.

Sobald man die Variable deklariert hat, kann man ihr einen Wert zuweisen und diesen Wert z. B. auf der Konsole ausgeben lassen. Beides wird im folgenden Programm gemacht, bitte probieren Sie es aus. Dabei wird die Funktion *println()* aufgerufen, die den Wert einer Variablen auf dem Bildschirm ausgibt, direkt unter dem Programmtext.

```
int a;
a = 1042;
println(a);
```

Allerdings kann man einer Variable immer nur einen Wert zuweisen, der mit ihrem Datentyp in Übereinstimmung gebracht werden kann. Wenn man also einer ganzen Zahl (Datentyp int) eine Gleitkommazahl zuweisen will, wird es schon bei der Eingabe zu einer Fehlermeldung kommen. Gleitkommazahlen werden in Processing immer mit einem Punkt (amerikanische Schreibweise) geschrieben.

```
int a;
a = 1042.025; // Hier erscheint sofort eine Fehlermeldung
println(a);
```

Im obigen Sketch ist ein Kommentar enthalten, Kommentare sind sehr nützlich, will man seine eigenen Programme später auch noch verstehen. Sie werden entweder mit „//" markiert, dann wird der Rest der Zeile als Kommentar angesehen, oder aber sie werden in die Zeichen „/*" und „*/" eingeschlossen, wenn sie mehr als eine Zeile lang sind. Hier ein Beispiel:

```
/* Variablen a und b sind beide vom Datentyp float,
    beide Zahlen bekommen denselben Wert, der
    zweite in sogenannter Exponentialschreibweise
    1,042025 * 10^3 */
float a,b;
a = 1042.025;
b = 1.042025e3;
println(a);
println(b);
```

Es gibt für die Datentypen int, long, float und double noch eine ganze Reihe weiterer Möglichkeiten, wie man Zahlen angeben kann, Näheres finden Sie in den vielen Java-Tutorials im Internet. Zahlenwerte können auch gleich bei der Deklaration der Variablen angegeben werden:

```
float a = 1042.025;
float b = 1.042025e3;
println(a);
println(b);
```

Einzelne Zeichen werden in einer Variablen vom Typ *char* gespeichert. Hier gibt es ebenfalls verschiedene Möglichkeiten, Werte anzugeben, ein paar sind im folgenden Sketch aufgelistet[2]:

```
char c1 = 'a', c2 = '3', c3 = '@', c4 = 65;
println(c1);
println(c2);
println(c3);
println(c4);
```

Zuerst sieht man, dass man mehrere Variablen eines Datentyps in einer Zeile deklarieren kann, sie müssen nur durch Kommata getrennt sein. Dann sieht man, dass *char* eine Zahl zugewiesen werden kann, denn jedes Zeichen wird im Computer ja über eine Zahl repräsentiert. Mit 65 wird, wie die Ausgabe des Sketches zeigt, der Buchstabe A verschlüsselt. Zur Kodierung der Zeichen stehen Zahlen mit einer Größe von zwei Byte zur Verfügung. Im Gegensatz zum Datentype *short* werden hier aber nur positive Zahlen mit Werten von 0 bis 65.535 kodiert.

2.4 Arrays

Oftmals benötigt man mehrere einfache Datentypen in einem Programm, so ist ein Wort oder auch ein ganzer Satz eine Folge einzelner Buchstaben. Oder man möchte eine Menge Zahlen definieren, um z. B. für jeden Tag des Monats die durchschnittliche Temperatur zu speichern. In beiden Fällen braucht man einen zusammengesetzten Datentyp, ein sogenanntes

[2]Bitte beachten Sie beim Eintippen, dass Sie das richtige Hochkomma verwenden, auf der deutschen Tastatur ist es über dem Doppelkreuz: #

Array. Es fasst mehrere einfache Elemente eines einzigen Datentyps zusammen. Man deklariert es, indem man diesen Datentyp mit einem Paar Klammern angibt:

```
char [] c = {'H','a','l','l','o'};
int [] i = {1,2,3,4,5,6,7};
println(c);
i[3] = 9; // verändere das vierte Feld (Arrays beginnen immer bei Null)
println(i);
```

Bei der Ausgabe mit der Funktion *println()* werden jetzt alle Elemente der beiden Arrays untereinander mit der jeweiligen Feldnummer und dem entsprechenden Wert ausgegeben. Arrays kann man für alle einfachen Datentypen verwenden.

Wenn man die Größe des Arrays nicht gleich bei der Deklaration kennt, so kann man das Array erst leer anlegen und dann mit dem *new*-Kommando in entsprechender Größe erzeugen:

```
char [] c;
int i = 10;
c = new char[i]; // erzeugt ein zehnelementiges Array
```

2.5 Strings

Einen speziellen zusammengesetzten Datentyp namens *String* gibt es für Zeichenketten, weil die Definition über Arrays des Datentyps *char* doch etwas umständlich ist:

```
String s = "Hallo";
println(s);
```

Im Sketch wird die Zeichenkette nun auch ganz anders ausgegeben, nämlich als Wort und nicht wie oben als Menge von Array-Elementen mit Nummer. In Processing gibt es viele Möglichkeiten, Strings abzuspeichern, aus Dateien einzulesen und miteinander zu verknüpfen, wir verweisen hier auf die Processing-Hilfeseiten. Auch in Kapitel 4 werden wir noch näher auf Arrays und Strings eingehen.

2.6 Ausdrücke

Ausdrücke sind Kombinationen von Variablen, Konstanten und Operatoren, die es ermöglichen, den Computer rechnen zu lassen. Oftmals sehen sie aus wie Formeln aus dem Mathematikunterricht, und sie machen ja auch etwas Ähnliches. Hier ein Beispiel für einen ganzzahligen Ausdruck:

```
int i = 102;
int k = 42;
int m = i + k * 2;
println(m);
```

Um den Wert für *m* zu errechnen, holt sich der Rechner die aktuellen Werte von *i* und *k*, multipliziert *k* mit zwei, addiert das Ergebnis zu *i* und weist den resultierenden Wert 186 der Variablen *m* zu.

Ein Ausdruck besteht aus Operanden, in diesem Fall sind das die Variablen *i*, *k* und die Konstante 2 sowie aus Operatoren, das sind die Zeichen „+", „*" und auch „=". Um den Ausdruck auszuwerten, bestimmt der Computer nun zuerst, welcher Operator die höchste Priorität hat, in diesem Fall ist es die Multiplikation, die immer vor der Addition ausgeführt werden muss (Punkt vor Strich). Das Ergebnis der Multiplikation *k* ∗ 2 wird dann zum Wert der Variablen *i* addiert und dann mit dem Zuweisungsoperator der Variablen *m* zugewiesen.

Wenn man die Operatoren-Reihenfolge ändern möchte, so verwendet man Klammern:

```
m = (i + k) * 2;
```

Java kennt eine ganze Reihe von Operatoren, zum Rechnen benötigt man die folgenden:

Operatortyp	Operator
Unär	++ --
Multiplikativ	* / %
Additiv	+ -

Einen Operator, der zwei Operanden miteinander verbindet, nennt man einen binären Operator, also beispielsweise die Addition „+". Ein unärer Operator hat nur einen Operanden, so erhöht der Operator „++" den Wert eines Ausdrucks oder einer Variablen um eins:

```
int m = 12;
m++;
println(m);
```

Hier wird also der Wert 13 ausgegeben. Der Operator „++" dient zur Abkürzung, hätte man sonst doch *m* = *m* + 1; schreiben müssen. Der Operator „--" erniedrigt den Wert um eins.

Bei den multiplikativen Operatoren fällt neben der Division „/" der Operator „%" auf. Er wird bei der ganzzahligen Division benötigt. Der folgende Sketch berechnet eine solche ganzzahlige Division:

```
int i = 14;
int k = 3;
```

```
int m,n;

m = i / k;
n = i % k;
println(m);
println(n);
```

Als Ergebnis erhält man in der Variablen *m* den Wert 4, denn *i* und
k sind ganzzahlige Variablen vom Typ *int* und in diesem Fall meint
der Operator „/" die ganzzahlige Division und lässt den Rest bei der
Division einfach weg. Um diesen Rest zu berechnen, verwendet man den
Modulo-Operator „%" und erhält daher in der Variablen *n* den Wert 2.

2.7   Logische Ausdrücke

Neben den Rechenausdrücken kann man auch logische Ausdrücke bilden.
Hier verbinden die entsprechenden logischen Operatoren Variablen oder
Konstanten des Datentyps *boolean* und erzeugen die logischen Werte
true oder *false*.

Operatortyp	Operator
unäre logische Negation	!
logisches UND	&&
logisches ODER	||

Ein Beispiel für einen logischen Ausdruck ist der folgende Sketch:

```
boolean paulHatBruder = true ;
boolean bruderIstVater = true ;

boolean paulIstOnkel = paulHatBruder && bruderIstVater;
println("Paul ist Onkel : "+ paulIstOnkel);
```

Hier haben wir zwei logische Variablen *paulHatBruder* und *bruderIstVater*, die jeweils zwei Fakten darstellen. Wenn wir der Variablen *paulHat-
Bruder* die Konstante *true* zuweisen, wollen wir damit sagen: Ja, Paul
hat einen Bruder.

Aus den beiden Fakten *paulHatBruder* und *bruderIstVater* kann man jetzt
die Tatsache berechnen, dass Paul Onkel ist: wenn es wahr ist, dass Paul
einen Bruder hat UND dass der Bruder Vater ist, dann ist Paul ein Onkel.
Wenn Sie im Sketch eine der Variablen auf den Wert *false* setzen, so wird
für *paulIstOnkel* auch *false* ausgegeben. Übrigens sieht man hier, wie
man in der Ausgabefunktion zwei Datentypen hintereinander ausgeben
kann. Zuerst den String „Paul ist Onkel" und dann den ausgeschriebenen
Wert der Variable *paulIstOnkel*.

Jetzt eine kleine Knobelaufgabe: Welchen Wert ergibt der folgende
Ausdruck:

!(!paulHatBruder || !bruderIstVater)

Der Ausdruck ist dann wahr, wenn es nicht stimmt, dass Paul keinen Bruder hat oder der Bruder kein Vater ist. Um herauszufinden, was dieser Ausdruck nun eigentlich angibt, schreiben wir uns eine sogenannte Wertetabelle. In den ersten beiden Zeilen solch einer Tabelle stehen alle möglichen Wertekombinationen der beiden Variablen *paulHatBruder* und *bruderIstVater*. In den folgenden Zeilen wird dann für diese Kombinationen der Ausdruck Schritt für Schritt berechnet.

paulHatBruder	**true**	*true*	*false*	*false*
bruderIstVater	**true**	*false*	*true*	*false*
!paulHatBruder	*false*	*false*	*true*	*true*
!bruderIstVater	*false*	*true*	*false*	*true*
(!paulHatBruder || !bruderIstVater)	*false*	*true*	*true*	*true*
!(!paulHatBruder || !bruderIstVater)	**true**	*false*	*false*	*false*

Wir sehen, dass der gesamte Ausdruck nur dann wahr ist, wenn beide Variablen auch wahr sind, wenn also Paul einen Bruder hat und gleichzeitig der Bruder Vater ist. Dann gilt also nicht, dass Paul keinen Bruder hat oder dass der Bruder kein Vater ist.

2.8 Funktionen

Nach diesem Überblick über das Rechnen mit arithmetischen und logischen Ausdrücken wollen wir jetzt arithmetische Ausdrücke um Funktionen erweitern. Von Processing wird eine ganze Menge von Funktionen bereitgestellt, um Rechnungen auszuführen, also etwa eine Quadratwurzel zu bestimmen, oder Sinus und Cosinus zu berechnen. Die Quadratwurzel *sqrt()* einer Variablen *a* wird mit folgendem Sketch bestimmt:

```
float a = 2.0;
float w = sqrt(a);
println(w);
```

Eine Funkion ist eine Prozedur mit Parametern, die aber zusätzlich einen Wert zurückgibt. Wenn dieser, wie im gerade beschriebenen Beispiel, einer Variablen zugewiesen wird, so muss er mit der Variablen vom Type her kompatibel sein. Im Englischen wird sowohl für Prozeduren als auch für Funktionen oft nur das Wort „function" verwendet.

Hier ein paar Beispiele für *Funktionen in Processing*, weitere können in der Sprachbeschreibung nachgelesen werden. Die Funkion *abs()* gibt den Absolutwert einer Zahl zurück, macht also aus -3.5 den Wert 3.5. Die Funktion *ceil()* berechnet den kleinsten ganzzahligen Wert, der größer oder gleich dem Parameter ist, *ceil(-8.55)* gibt demnach -8 zurück. Die

ceil(), floor()

Funktion *floor()* berechnet den größten ganzzahligen Wert, der kleiner oder gleich dem Parameter ist; *max()* bestimmt das Maximum seiner Parameter, *min()* das Minimum. Beide Funktionen können mit zwei oder drei Parametern aufgerufen werden, oder sogar auch mit einem Array von Werten.

Häufig benötigte Funktionen für das Rechnen sind neben der Wurzel noch der Logarithmus *log()* (zur Basis *e*), die Exponentialfunktion *exp()*, ebenfalls zur Basis *e*, sowie die allgemeine Exponentialfunktion *pow(x,y)*, die den Wert x^y berechnet.

max(), min()

Es gibt viele *trigonometrische Funktionen*, also solche, die mit Winkeln zu tun haben. Hierbei muss allerdings eine Sache beachtet werden: Will man den Sinus eines Winkels von 30 Grad ausrechnen, so muss man vorher die Gradangabe in das sogenannte Bogenmaß umrechnen, bei dem 360 Grad der Zahl $2*\pi = 6{,}283185$ entsprechen. In Processing geschieht das mit der Funktion *radians()*, die richtige Anweisung, um den Sinus von 30 Grad zu berechnen, wäre also:

Bogenmaß

```
float a = sin(radians(30));
```

In dieser Programmzeile haben wir das erste Mal eine Funktion in einer anderen Funktion aufgerufen. Wir sagen dem Computer, er soll den Sinus von dem Wert ausrechnen, den *radians(30)* erzeugt. Ganz ähnlich kann man ganze Ausdrücke zwischen die Klammern einer Funktion schreiben. Die Ausdrücke werden dann ausgewertet, bevor die Funktion aufgerufen wird und das Ergebnis der Auswertung wird der Funktion als Parameter übergeben.

Will man vom Bogenmaß wieder ins Gradmaß zurückrechnen, so verwendet man die Funktion *degrees()*. Anlog zum Sinus gibt es in Processing die Winkelfunktionen Cosinus (*cos()*) und Tangens *tan()* und noch einige weitere, natürlich auch die inversen Winkelfunktionen wie etwa den Arcus Tangens *atan()*.

sin(), cos()

Noch eine wichtige Funktion, die wir ganz oft benötigen werden: In vielen Programmen sollen Dinge zufällig aussehen, dafür verwendet man eine Zufallsfunktion. In Processing ist das die Funktion *random()*, die einen Zufallswert zwischen Null und Eins zurückgibt, falls man sie ohne Parameter aufruft. Der folgende Sketch wird drei verschiedene Zahlen ausgeben, weil *random()* bei jedem Aufruf immer eine neue, zufällige Zahl zurückgeben wird.

random()

```
println(random());
println(random());
println(random());
```

Will man beispielsweise eine Zufallsfarbe erzeugen, so kann man nach diesem Muster vorgehen:

```
color zufallsFarbe = color(random(0,255), random(0,255),
                          random(0,255));
```

Die meisten der gerade genannten Funktionen werden wir später noch näher kennenlernen, wenn wir sie in den verschiedenen Sketchen verwenden, es werden noch viele weitere dazu kommen. Wenn aber erst mal das Prinzip begriffen ist, so kann man sich einfach die Funktion aus dem Angebot von Processing heraussuchen, die man gerade benötigt.

Aufgabe 1

Lesen Sie den folgenden Programmcode durch und beschreiben Sie, was genau gezeichnet wird:

```
float a = 80, d = 80,f = 255;
size(600,600);
background(0,0,255);
fill(f);
ellipse(a,a,d,d);
f = f-30; a = a+50; d = d+15;
fill(f);
ellipse(a,a,d,d);
```

Aufgabe 2

Benutzen Sie den obigen Programmcode und sorgen Sie dafür, dass durch mehrfaches Kopieren das Bild unten gezeichnet wird.

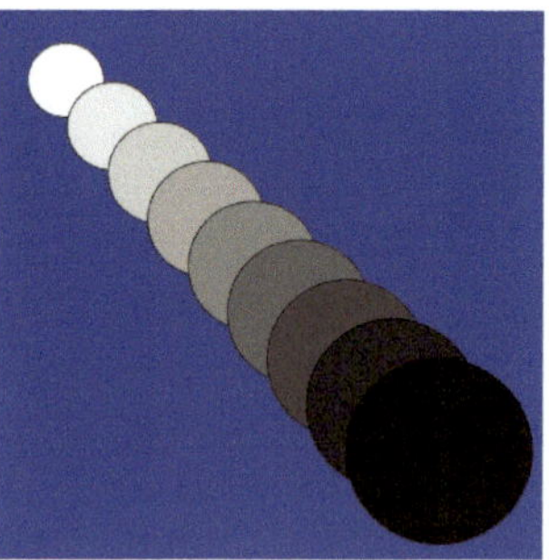

Kontrollstrukturen

If/else- und case-Anweisung, Schleifen

© Springer Fachmedien Wiesbaden GmbH, ein Teil von Springer Nature 2018
O. Deussen, T. Ningelgen, *Programmieren lernen mit Computergrafik*,
https://doi.org/10.1007/978-3-658-21145-5_3

Da Programme die Tendenz haben, sich schnell in ziemlich lange Texte zu verwandeln, bei denen man selbst irgendwann nicht mehr versteht, was man eigentlich programmiert hat, ist es notwendig, sie zu strukturieren und in viele kleine, oft ineinander verschachtelte Blöcke zu unterteilen. Solche Blöcke können dann von anderen Blöcken aufgerufen werden (wenn sie als Funktionen oder Prozeduren definiert sind), man kann sie vielfach wiederholen und muss sie trotzdem nur einmal programmieren.

3.1 Blöcke

Eigentlich unterscheidet Processing (und Java) nur Blöcke mit Namen und solche ohne Namen. Blöcke mit Namen sind die eben schon erwähnten Prozeduren und Funktionen, die wir noch einmal in Kapitel 6 behandeln werden. Sie sind die großen Blockstrukturen eines Programms. Daneben gibt es Blöcke ohne Namen, die für kleinere Strukturen verwendet werden.

Einen Block definiert man in Java und Processing, indem man ihn in geschweifte Klammern einschließt. Der Übersichtlichkeit halber wird er zusätzlich auch noch eingerückt geschrieben.

```
int a = 0;
int b = 19;
{
    a = 2*b+4;
    println("Ergebnis: "+ a);
}
```

Wenn Sie dieses Programm so laufen lassen, wird Ihnen Processing das Ergebnis 42 in der Konsole ausgeben. So weit, so gut - aber was ist damit außerdem noch möglich?

Beispielsweise haben Blöcke die Eigenschaft, dass man in ihnen Variablen lokal definieren kann. Wir könnten also in unserem Programm die Variable *a* auch im Block definieren und das ganze würde genauso funktionieren.

```
int b = 19;
{
    int a = 2*b+4;
    println("Ergebnis: "+ a);
}
```

Allerdings sind solche Variablen dann außerhalb des Blocks nicht sichtbar und wenn wir versuchen, auf sie zuzugreifen, erhalten wir eine Fehlermeldung des Übersetzers. Folgendes funktioniert also nicht:

```
int b = 19;
{
    int a = 2*b+4;
}
println("Ergebnis: "+ a);
```

Der Block dient also dazu, lokale Berechnungen durchzuführen und Dinge zu benutzen, die von außen nicht gesehen werden müssen. Spannend wird es, wenn wir solche Blöcke in anderen Anweisungen einbauen.

3.2 Die „for"-Schleife

Die for-Schleife ist eine Möglichkeit, auf einen Schlag viele Objekte zu erzeugen oder in einer Abfolge von Operationen mehrfach Dateninhalte zu verändern. Sie besteht aus einer for-Anweisung und einem Block, der mehrfach ausgeführt wird (man sagt auch, der Block wird iteriert). Die for-Anweisung besteht aus dem Schlüsselwort „for", gefolgt von in runde Klammern eingeschlossenen Anweisungen bzw. Bedingungen.

```
for (int i=0;i<100;i++) { ... }
```

Erster Teil der Anweisungen ist die Initialisierung, hier wird der Wert einer Variablen (die sogenannte Laufvariable) zu Beginn der Iteration angegeben, etwa $i = 0$;. Die Variable i muss entweder vorher im Programm spezifiziert worden sein oder man tut dies direkt innerhalb der Anweisung: *int i=0;*

Der zweite Teil ist ein logischer Ausdruck – die Schleifenbedingung – welche für alle Iterationen des Blocks gelten soll. Sobald sie nicht mehr gilt, wird die Wiederholung abgebrochen. So ein Ausdruck ist beispielsweise $i < 100$. Der im Block nach der for-Anweisung stehende Computercode würde dann solange wiederholt, bis i nicht mehr kleiner als 100 ist.

Drittens haben wir die Veränderung, die bei jeder Ausführung geschehen soll. Typischerweise wird hier die Laufvariable verändert, in unserem Beispiel wird sie um eins erhöht über die Anweisung $i = i + 1$ oder abgekürzt: i++ (siehe vorangehendes Kapitel). Es gibt noch weitere Varianten der for-Schleife, die interessieren uns jetzt aber noch nicht.

Mit einer for-Schleife zeichnen wir nun eine Anzahl Rechtecke in einer diagonalen Reihe. Der Programmcode zum Zeichnen eines Rechtecks wird hier 100 Mal ausgeführt. So lange dauert es, bis der Wert der Laufvariablen den Wert 100 erreicht hat und die Schleifenbedingung nicht mehr gilt. Um den Ort der Rechtecke zu erhalten, wird die Laufvariable beim Aufruf der Rechteck-Funktion mit 20 multipliziert.

Sketch
einfacheRechtecke

```
size(500,500);
for (int i=0;i<23;i++) {
```

```
    rect(20*i,20*i,50,50);
  }
```

Alternativ hätten wir auch den Wert der Laufvariablen immer gleich um zwanzig erhöhen können, dann müssen wir aber auch das Abbruchkriterium entsprechend ändern:

```
size(500,500);
background(0);
strokeWeight(5); // Dicke des Randes
stroke(255,0,0); // Farbe des Randes
for (int i=10;i<440;i+=20) {
  rect(i,i,50,50);
}
```

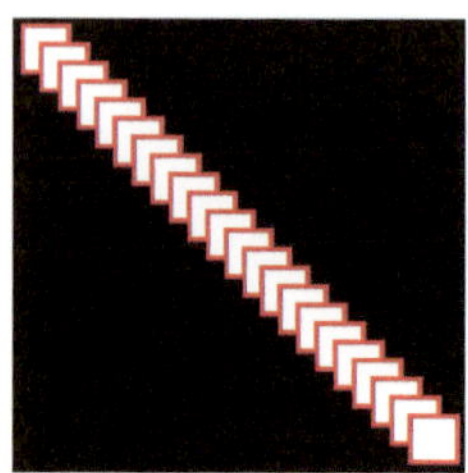

Aufgabe 1

Versuchen Sie, mit einer for-Schleife ein Bild wie links zu erzeugen. Kleiner Tipp, der das Programmieren einfacher macht: Mit

```
rectMode(CENTER)
rect(xM,yM,dx,dy)
```

erreicht man, dass man mit (xM,yM) den Mittelpunkt des Rechtecks angeben kann.

3.3 Zeichenfläche mit bunten Quadraten

Mit einer for-Schleife kann man auch Rechtecke auf der kompletten Zeichenfläche auslegen. Nehmen wir an, die Rechtecke hätten eine Größe von zwanzig Pixeln. Dann können wir, wenn unsere Zeichenfläche eine Breite von 500 Pixeln hat, 500/20 Rechtecke in eine Zeile zeichnen. Wir legen also eine Integer-Variable *rectSize* an und weisen ihr den Wert Zwanzig zu. Dann berechnen wir die Anzahl Rechtecke pro Zeile, indem wir die von Processing gelieferte *width*-Variable benutzen, welche die Größe des Zeichenfeldes in Pixeln angibt (height ist seine Höhe) und teilen sie durch die Rechteckgröße.

Sketch
bunteQuadrate

Diese beiden Informationen können wir nun benutzen, um innerhalb der *for*-Schleife die Position der Rechtecke zu berechnen. Hierzu verwenden wir die ganzzahlige Teilung mit Rest, die wir schon kennen gelernt haben. Die Laufvariable *i* wird hochgezählt, die x-Position ergibt sich jetzt aus dem Rest bei der Teilung von *i* durch *anzRect* und die y-Position aus dem Ergebnis dieser Teilung. Da jedes Rechteck die Größe *rectSize* hat, muss der Wert von *x* und *y* noch damit multipliziert werden.

```
size(500,500);
int quadSize = 20; // Grösse der Quadrate
int anzRect = width/quadSize; // Anzahl Rechtecke pro Zeile
noStroke(); // Keine Umrandungen für die Rechtecke

for (int i=0;i<625;i++) {
   int x = i % anzRect;
   int y = i / anzRect;
   rect(x*quadSize,y*quadSize,quadSize,quadSize);
}
```

Führen wir das Programm aus, so erscheint erst einmal nichts. Das liegt
daran, dass alle Rechtecke in derselben weißen Farbe gezeichnet werden.
Also fügen wir vor *rect()* noch ein *fill()* mit einer Zufallsfarbe ein:

```
fill(random(0,255),random(0,255),random(0,255));
```

Aufgabe 2

Auch das nebenstehende Bild kann mit einer for-Schleife erzeugt werden. Bei jedem Durchgang wird ein Zufallsort, eine Zufallslänge und
eine Zufallsfarbe (Ort und Größe nur in sinnvollen Grenzen) erzeugt.
Schreiben Sie einen Sketch dazu.

3.4 Zeichenfläche mit bunten Rechtecken

Man kann for-Schleifen auch ineinander schachteln, also eine for-Schleife
innerhalb einer anderen ausführen. Um das zu zeigen, werden wir jetzt
Rechtecke verwenden, deren Größe wir einstellen können.

Sketch
bunteRechtecke

```
size(500,500);
int rectSizeX = 20; // Höhe Rechteck
int rectSizeY = 30; // Breite Rechteck
int anzRectX = width/rectSizeX; // Anzahl Rechtecke in einer Zeile
int anzRectY = height/rectSizeY; // Anzahl Rechtecke in einer Spalte
noStroke();

for (int x=0;x<anzRectX;x++) {
   for (int y=0;y<anzRectY;y++) {
      fill(random(0,255),random(0,255), random(0,255));
      rect(x*rectSizeX,y*rectSizeY,rectSizeX,rectSizeY);
   }
}
```

Übrigens ist es in diesem Beispiel egal, ob man zuerst die Schleife mit der X-Koordinate ausführt und in ihr die Schleife mit der Y-Koordinate oder andersherum. Im ersten Fall werden die Rechtecke vertikal Spalte für Spalte verteilt, im zweiten Fall Zeile für Zeile horizontal. Grundsätzlich kann man die Schleifen aber nicht so einfach umtauschen, es hängt sehr vom individuellen Fall ab, wie Sie in der folgenden Aufgabe sehen:

Aufgabe 3

Im nebenstehenden Bild sehen Sie das Ergebnis einer doppelten for-Schleife. In der inneren Schleife wurden die durchgehenden blauen Querbalken erzeugt, in der äußeren die roten senkrechten Balken. Nachdem also zum Beispiel der erste blaue Balken fertig ist, werden zunächst alle roten Balken gezeichnet, bevor es dann zum nächsten blauen Balken geht. Erstellen Sie einen Sketch, der genau dies tut. Vertauschen Sie danach die Rollen von innerer und äußerer Schleife.

3.5 Die while- und do-while-Schleife

Manchmal weiß man nicht genau, nach wie vielen Durchläufen eine Schleife beendet werden soll. Dann verwendet man anstelle der for-Schleife eine etwas andere Schleifenform, die while-Schleife. Hier muss die Schleifenvariable vorher im Programm initialisiert werden. Nach dem Schlüsselwort *while* steht dann nur die Schleifenbedingung, also wieder der logische Ausdruck, der erfüllt sein muss, solange der Code in der Schleife wiederholt werden soll. Die Veränderung der Schleifenvariablen muss im Block der while-Schleife geschehen. Man könnte das erste Beispiel der Rechtecke in einer Reihe mit einer while-Schleife so programmieren:

```
size(500,500);
int i=0;
while (i<500) {
    rect(i,i,20,20);
    i+=5; // Kurzform für die Anweisung i=i+5;
}
```

Jede for-Schleife kann also auch als while-Schleife programmiert werden, aber es gibt while-Schleifen, für die eine Formulierung als for-Schleife sehr unschön wäre. Das werden wir später kennenlernen, auch Mechanismen, wie man mit *break* und *continue* aus einer Schleife oder einem anderen Block frühzeitig ausbrechen kann.

Eine Variante der while-Schleife ist die sogenannte do-while-Schleife. Wenn die Bedingung der while-Schleife nicht erfüllt ist, so wird der Code in der Schleife kein einziges Mal ausgeführt, weil die Bedingung immer am Anfang der Schleife geprüft wird. In manchen Situationen möchte man aber, dass die Schleife grundsätzlich mindestens einmal durchlaufen wird und die Bedingung erst am Ende des Durchlaufens geprüft wird. Dann nimmt man eine do-while-Schleife. Folgendes Programm zeichnet daher auch genau ein Rechteck in den Ursprung der Zeichenfläche:

```
size(500,500);
int i=0;
do {
   rect(i,i,20,20);
   i+=5;
} while (i>27356);
```

Aufgabe 4

Erzeugen sie die im nebenstehenden Bild gezeigten Kreise in einer while-Schleife. Beginnend mit dem größten Kreis wird der Durchmesser der folgenden Kreise immer zufällig um einem Wert von 10 und 40 kleiner. Mit einer for-Schleife ließe sich das so nicht realisieren, denn man weiß ja nicht im Voraus, wie viele Kreise zu zeichnen sind und einen negativen Durchmesser würde uns Processing nicht durchgehen lassen. Den Farbeffekt erhält man übrigens, wenn man den Grünanteil auf Null setzt und die Blau- und Rotanteile zufällig wählt.

3.6   Rechtecke mit while-Schleife

Ein unschöner Effekt beim vorangehenden Beispiel ist, dass die Rechtecke aus der Zeichenfläche hinaus laufen, wenn der Wert der Schleifenvariablen i zu groß wird, z. B. wenn man die Schleifenbedingung $i < 1000$ wählt. Processing ist zwar tolerant und fängt solche Probleme einfach ab, aber in anderen Anwendungen könnte so etwas auch zu einem Programmabsturz führen. Daher muss vor dem Zeichnen überprüft werden, ob noch genug Platz für ein neues Rechteck vorhanden ist.

*Sketch
whileSchleife*

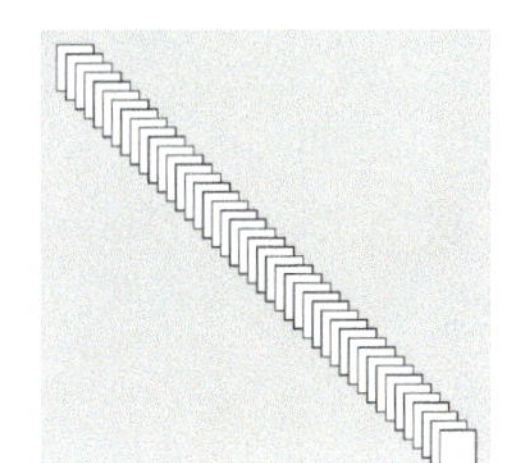

Wir erledigen das mit einer while-Schleife, indem wir in der Schleifenbedingung jedes Mal nachsehen, ob ein neues Rechteck noch genug Platz auf der Zeichenfläche hat, also ob $i + rectSizeX < width$ gilt und gleichzeitig $i + rectSizeY < height$. Denn nur in diesem Fall kann das Rechteck komplett auf die Zeichenfläche gezeichnet werden.

```
size(500,500);
int rectSizeX = 40;
int rectSizeY = 50;
int i = 20;
```

```
while (((i+rectSizeX) < width) && ((i+rectSizeY)<height)) {
    rect(i,i,rectSizeX,rectSizeY);
    i = i+10;
}
```

Die im letzten Kapitel angesprochene Reihenfolge bei der Operatorauswertung ermöglicht es hierbei, in der while-Schleife auch mit viel weniger Klammern auszukommen. Überlegen Sie sich, weshalb das nächste Beispiel funktioniert bzw. warum die Reihenfolge der Auswertung hier stimmt:

```
while (i+rectSizeX < width && i+rectSizeY < height) {
    rect(i,i,rectSizeX,rectSizeY);
    i = i+5;
}
```

3.7 Die „if then else"-Anweisung

Eine if-Anweisung ist neben den Schleifen eine weitere grundlegende Anweisung in jedem Computerprogramm, man nennt sie auch bedingte Verzweigung. Je nach Wahrheitswert eines logischen Ausdrucks (siehe vorangehendes Kapitel) wird ein Block ausgeführt oder ein anderer.

```
if (<logischer Ausdruck>)
{
    <Anweisungen im Falle, dass der logische Ausdruck zutrifft>
}
else
{
    < Anweisungen, falls der logische Ausdruck nicht zutrifft>
}
```

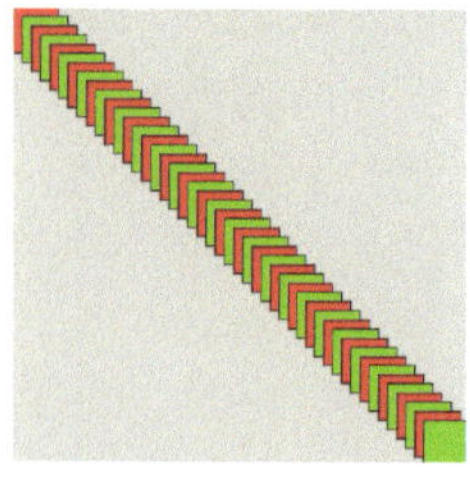

Sketch rechtecke

Klingt das noch zu theoretisch? Also dann erst einmal ein graphisches Beispiel. Die for-Schleife lässt sich sehr gut mit der „if then else"-Anweisung kombinieren. Hier benutzen wir sie, um in einer Schleife jedes zweite Rechteck rot oder grün zu zeichnen. Immer dann, wenn der Rest beim Teilen von i durch 2 den Wert Null annimmt (also i eine gerade Zahl ist), stellen wir die Füllfarbe auf rot, ansonsten auf grün. Danach malen wir das Rechteck.

```
size(500,500);
for (int i=0;i<100;i++) {
    if (i % 2 == 0)
        { fill(255,0,0); }
    else
```

```
    { fill(0,255,0); }
    rect(5*i,5*i,20,20);
  }
```

Besteht ein Block nur aus einer Anweisung, wie eben gerade nur aus einer Füllanweisung, so können wir die Klammern auch weglassen. Man kann also sagen, jede Anweisung für sich ist auch ein Block.

Im so vereinfachten Sketch können wir allerdings die Klammern um den Block für die *for*-Schleife nicht ebenfalls weglassen, denn hier sind ja zwei Anweisungen enthalten (die *if*-Anweisung und die *rect*-Anweisung). Würden wir hier die Klammern weglassen, würde immer nur die *if*-Anweisung ausgeführt und am Ende der *for*-Schleife ein einziges Rechteck gezeichnet. Hier müssen die Klammern also sein.

3.8 Die switch-Anweisung

In manchen Fällen möchte man mehr als nur zwei Fälle unterscheiden, bräuchte also etwas, das wie eine erweiterte if-Anweisung arbeitet. Genau das macht die *switch*-Anweisung. Hier wird der Wert eines Ausdrucks abgefragt und dann in verschiedene Blöcke verzweigt.

```
int monat;
String monatsname;
...
switch (monat) {
  case 1: monatsname = "Januar";
          break;
  case 2: monatsname = "Februar";
          break;
  case 3: monatsname = "März";
          break;
  ...
  case 12: monatsname = "Dezember";
          break;
  default: monatsname = "Ungültiger Monatswert";
}
println(monatsname);
```

In diesem Sketch würde also zu je einer Nummer für einen Monat der korrekte Name ausgegeben. Nach den Statements, die für jeden Fall ausgeführt werden, wird jeweils ein *break*-Statement angegeben. Mit diesem springt man aus der Anweisung hinaus und verhindert, dass der Code für den nächsten Fall auch noch ausgeführt wird. Auch der letzte Eintrag, der *default*-Fall, ist wichtig. Seine Anweisungen werden immer dann ausgeführt, wenn der Wert des Ausdrucks für die switch-Anweisung keinem der vorher angegebenen Fälle entspricht. So kann man dafür sorgen, dass unabhängig vom Wert dieses Ausdrucks immer etwas ausgeführt wird.

4 Mengen

Arrays und Felder: Aufbewahren von vielen Dingen

© Springer Fachmedien Wiesbaden GmbH, ein Teil von Springer Nature 2018
O. Deussen, T. Ningelgen, *Programmieren lernen mit Computergrafik*,
https://doi.org/10.1007/978-3-658-21145-5_4

Nachdem wir in den letzten beiden Kapiteln Kontrollstrukturen wie Funktionen und Schleifen kennengelernt haben, wollen wir diese Elemente jetzt zu einem ersten vollständigen Beispielprogramm vereinigen, das wir dann erweitern, um Arrays näher kennenzulernen. Das Programm soll eine Farbschlange auf dem Bildschirm erzeugen, die sich zufällig über die Zeichenfläche schlängelt.

An dieser Stelle müssen wir aber vorab noch etwas ansehen. Bisher haben wir einen stark vereinfachten Rahmen von Processing benutzt, der es uns erlaubte, einfach mal drauflos zu programmieren. Nun müssen wir es ein wenig aufwändiger machen.

Processing möchte nämlich eigentlich dabei helfen, Bilder möglichst einfach auf den Bildschirm zu bringen. Bisher haben wir uns nur mit statischen Bildern beschäftigt und keine Bewegtbilder (Animationen) erzeugt. Processing ist aber eigentlich für Computeranimationen und interaktive Anwendungen gedacht und hat deswegen einen Mechanismus, der es erlaubt, ständig neue Bilder auf den Bildschirm zu zeichnen. Das benötigen wir natürlich auch, um die gewünschte Farbschlange immer wieder neu zu zeichnen, während sie sich über den Bildschirm schiebt.

Der Programmierrahmen, der dafür benötigt wird, besteht aus zwei vorgegebenen Prozeduren, die in unserem Processing-Programm definiert sein müssen. Die *setup()*-Prozedur wird dann jeweils beim Programmstart aufgerufen und dient dazu, den Zustand des Programms festzulegen und das Fenster mit *size()* zu öffnen. Die *draw()*-Prozedur wird danach kontinuierlich aufgerufen, bis wir das Programm beenden. Diese beiden Prozeduren müssen wir also immer dann anlegen, wenn wir kontrolliert Bilder erzeugen möchten. Wo *setup()* und *draw()* im Programm stehen, spielt dabei keine Rolle.

Für die Farbschlange müssen wir uns allerdings Gedanken machen, wie wir den Zufall einsetzen, der die Schlange steuern soll. Zuerst versuchen wir es mit zufälligen Werten, die jeweils einen Kreis auf dem Bildschirm erzeugen.

Sketch
zufallsKreis1

```
int x, y;

void setup() {
    size(600,600); // erzeuge ein Fenster mit 600x600 Pixeln
    background(255);
    noStroke();
    x = 300; // Setze Position auf Startposition
    y = 300;
}

void draw() {
    fill(random(256),random(256),random(256));
    ellipse(x, y,10,10); // Male einen Kreis
    x = int(random(10,590)); // neue zufällige Position
    y = int(random(10,590));
}
```

Vielleicht haben Sie sich über die Anweisung $x = int(random(10,590))$ gewundert. Da die *random( )*-Funktion aus Kapitel 2 einen *float*-Wert zurückgibt, dieser aber mit einer *int*-Variablen nicht kompatibel ist – man kann nicht jede Gleitkommazahl (z. B. 42,25) einer ganzzahligen Variablen zuweisen – müssen wir diesen Wert über die *int( )*-Funktion von Processing in einen entsprechenden ganzzahligen Wert umwandeln lassen. Hierbei wird alles nach dem Komma weggeworfen. Wollen wir eine Rundung auf den nächstliegenden ganzzahligen Wert, so müssten wir vor der Umwandlung die Rundungsfunktion *round( )* anwenden.

int( ), round( )

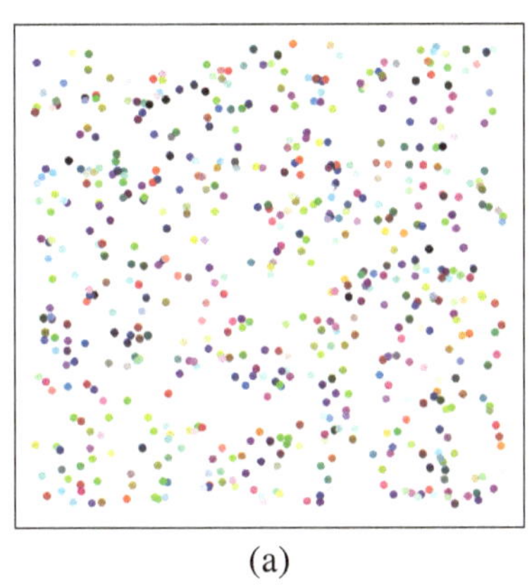

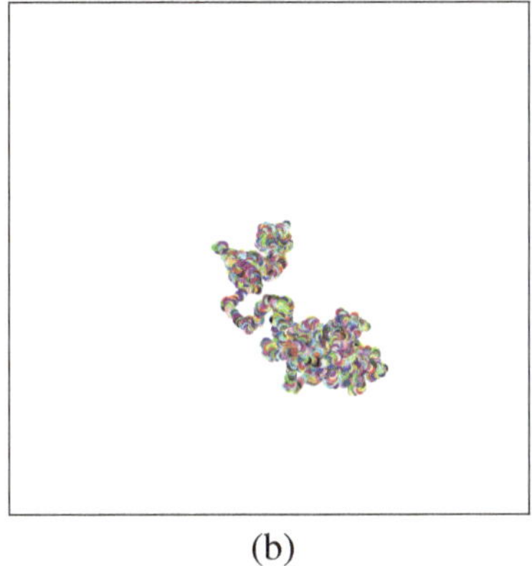

(a)   (b)

Soweit, so gut – das ist aber noch keine Schlange. Um diese Illusion zu erzeugen, müssen wir die neuen Kreise immer in der Näher der alten zeichnen. Also führen wir eine relative Verschiebung von x und y über zwei Hilfsvariablen dx und dy ein. Diese Hilfsvariablen werden zufällig für jeden Schritt ein wenig verändert:

*Sketch
zufallsKreis2*

```
int x,y;
int dx = 4,dy = 4; // Hilfsvariablen zur Veränderung der Position

void setup() {
    size(600,600);
    x = width/2; // Hälfte der Fensterbreite
    y = height/2; // Hälfte der Fensterhöhe
    background(255);
    noStroke();
}

void draw() {
    fill(random(256),random(256),random(256));
    ellipse(x, y, 25, 25);
    x = x + dx; // neue Position über Hilfsvariable
    y = y + dy;
    dx = int(random(-8,8));
    dy = int(random(-8,8));
}
```

Das sieht schon eher nach einer Schlange aus, sie schlängelt sich aber noch zu sehr in der Mitte des Bildschirms. Es ist viel besser, die Hilfsvariablen nicht einfach zufällig zu setzen, sondern nur zufällig abzuändern. Das machen wir, indem wir die Anweisung in *draw()* entsprechend abändern:

```
dx = dx + int(random(-2,2));
dy = dy + int(random(-2,2));
```

Aufgabe 1

Wie kann man die Schlange am Rand des Fensters so umleiten, dass sie nicht aus dem Fenster verschwindet? Mit vier *if*-Anweisungen für die vier Ränder des Bildschirms wird die Richtung in den Hilfsvariablen so verändert, dass die Schlange immer wieder ins Fenster zurückkehrt. Für den linken Rand könnte man dies durch

```
if (x<30) dx = 4;
```

bewerkstelligen. Ergänzen Sie den Programmcode entsprechend.

4.1   Eindimensionale Arrays

Eine richtige Schlange hat aber eine konstante Länge und wird nicht einfach immer länger. Wir müssen also in jedem Bild, sagen wir, die letzten einhundert Kreispositionen speichern und darstellen, dann würde sich die Schlange wirklich durch das Bild schlängeln. Das Zauberwort zur Aufbewahrung vieler gleichartiger Werte heißt *Array* (auch *Feld* oder *Container* genannt). Wir haben Arrays schon kurz im zweiten Kapitel eingeführt, wollen jetzt aber ausführlicher mit ihnen arbeiten.

Arrays sind indizierte Datenmengen, die alle vom gleichen Datentyp (dem *Komponententyp des Arrays*) sind. Wir erreichen einzelne „Behälter" durch „Hausnummern". Mittels *a = wert[0]* kann man den Inhalt des ersten Eintrages eines Arrays einer einfachen (auch: primitiv genannten) Variablen *a* zuordnen. Zunächst aber muss das Array im Programm deklariert werden:

```
float [] x;
```

Damit existiert das Array *x* noch nicht – man hat lediglich die Absicht kundgetan, ein Array von float-Werten namens *x* erzeugen zu wollen. Der Speicherbereich, der für die Speicherung der Werte benötigt wird, muss mit dem folgenden Befehl reserviert werden:


```
x = new float [150];
```

Nun haben wir zwar den entsprechenden Platz im sogenannten *Heap* des Arbeitsspeichers angelegt – aber die 150 Einzeleinträge des Arrays sind noch leer. Nebenbei: die primitiven Variablen, mit denen wir bisher gearbeitet haben, befinden sich an anderer Stelle im Arbeitsspeicher. Interessant ist für uns lediglich, dass der benötigte Speicherplatz für diese Variablen schon beim Kompilieren zugeordnet wird, während dies bei den Arrays erst bei der Ausführung des Programms geschieht.

Heap

wert[0]	wert[1]	wert[2]	wert[3]	wert[4]	wert[5]	wert[6]	**Array**
0	1	2	3	4	5	6	**Index**

Abbildung 4.2
Eindimensionales Array

Wir füllen jetzt die 100 Plätze des *x-Arrays* mit einem Standardwert, für unser Beispiel mit der Farbschlange am besten alle mit demselben Wert füllen, dann werden am Anfang einfach alle Kreise übereinander gezeichnet.

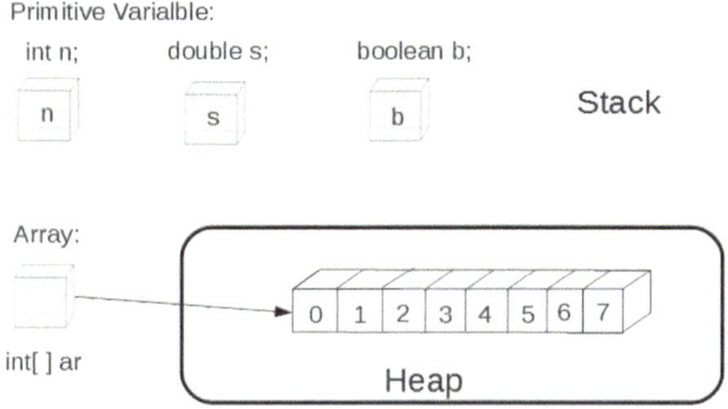

Abbildung 4.3
Unterschied Array und primitive Variable

In jedem Fall gilt aber: Sobald die Länge eines Arrays einmal festgelegt wurde, kann sie innerhalb des Programms nicht mehr geändert werden. Mit *array.length* erhält man die Anzahl der Elemente des Arrays.

Durch *float[] x;* und *float[] y;* erhält man zwei „Array"-Variablen, die durch *x* und *y referenziert* werden. Der Umgang mit diesen ist ein wenig anders, als mit primitiven Variablen, denn sie sind ja nur „Zeiger" (Pointer) auf die Speicherbereiche und keine Speicherinhalte. Ein Beispiel:

```
float [] x;
float [] y;
x = new float [10];
y = x;
y = new float [5];
```

Durch die Anweisung y = x wird festgelegt, dass beide Variablen ab diesem Moment auf das gleiche zehnelementige Array zeigen. Eine Zeile später, zeigt y aber auf ein neues fünfelementiges Array, x hingegen nach wie vor auf das alte zehnelementige. Ob Sie das verstanden haben, können Sie leicht feststellen: Überlegen Sie sich, welchen Zahlen im folgenden Beispiel durch den *println( )*-Befehl angezeigt werden:

```
int [] a = { 10, 20, 30, 40};
int [] b = a;
b[1] = 1;
b[2] = 2;
b = new int [4];
for (int i = 0; i < a.length; i++ ){
   println(a[i] );
}
```

Beide Array-Variablen zeigen nach der Initialisierung zunächst auf die gleiche Stelle im Heap. Später zeigt Array *b* auf eine andere Stelle, *a* aber immer noch auf den ursprünglichen Speicherort. Die Änderungen, die in den Zeilen 3 und 4 vorgenommen wurden, sind für *a* nach wie vor gültig. Also werden durch den *println( )*-Befehl die Zahlen 10, 1, 2 und 40 angezeigt.

Doch jetzt zurück zu unserer Farbschlange: Wir deklarieren zwei *int*-Arrays mit der gewünschten Länge der Schlange (probieren Sie ruhig verschiedene Werte aus):

```
int [] xWerte;
int [] yWerte;
```

Im *setup( )* legen wir die Fenstergröße fest, initialisieren die beiden Arrays und füllen der Übersicht halber jeden Platz mit demselben Wert. Sie sehen nebenbei, dass man einen Array mit einer for-Schleife sehr einfach befüllen kann.

Der Rest ist schnell erledigt: Bei jedem Aufruf von *draw( )* werden alle Einträge in *xWerte* und *yWerte* um eine Position "tiefer geschoben", beispielsweise landet xWerte[2] auf xWerte[1]. Dann wird eine neue zufällige Position erzeugt, wie schon im letzten Sketch und in die letzte Position von *xWerte* und *yWerte* eingetragen.

In der *for-Schleife* wird für jeden Kreis eine Zufallsfarbe bestimmt und für jede Position *(xWerte[i]; yWerte[i])* ein Kreis mit Radius *i*/3 gezeichnet. Auf diese Weise werden die Kreise, je weiter vorn sie in den beiden Arrays sind, immer kleiner, bis sie bei i = 0 ganz verschwinden:

Sketch
farbSchlange

```
void setup(){
   size(600,600);
   noStroke();
   xWerte = new int[150];
   yWerte = new int[150];
   for (int i = 0; i < xWerte.length; i ++ ) {
      xWerte[i] = 300;
      yWerte[i] = 300;
   }
```

```
    }

    void draw(){
        // Werte um eine Position nach vorne verschieben
        for (int i = 0; i < xWerte.length-1; i ++ ) {
            xWerte[i] = xWerte[i+1];
            yWerte[i] = yWerte[i+1];
        }

        // neuen Wert der ersten Schlangenkreises berechnen
        xWerte[xWerte.length-1] = xWerte[xWerte.length-2] + dx;
        yWerte[yWerte.length-1] = yWerte[yWerte.length-2] + dy;
        dx = dx + int(random(-2,2));
        dy = dy + int(random(-2,2));

        // darauf achten, dass die Schlange im Fenster bleibt
        if (xWerte[xWerte.length-1] < 10) dx = 4;
            else if (xWerte[xWerte.length-1] > 590) dx = -4;
        if (yWerte[xWerte.length-1] < 10) dy = 4;
            else if (yWerte[xWerte.length-1] > 590) dy = -4;

        // jetzt die Kreise zeichnen
        for (int i = 0; i < xWerte.length; i ++ ) {
            fill(random(256),random(256),random(256));
            ellipse(xWerte[i],yWerte[i],i/3,i/3);
        }
    }
```


Aufgabe 2

Eines stört jedoch das ansonsten schöne Schlangenbild: Die Farben
flackern wild umher, da bei jedem *draw()*-Aufruf die Farbe jedes Kreises erneut zufällig bestimmt wird. Sorgen Sie daher dafür, dass dieses
Flackern aufhört, dass also jeder Kreis immer mit der gleichen Farbe gezeichnet wird. Tipp: Verwenden Sie hierfür ebenfalls ein Array, diesmal
mit Farbwerten, z. B. also etwas wie *farben[i] = color(255,255,255);*.

Wer die Herausforderung sucht, kann sich noch damit beschäftigen: Die
Bewegung der Schlange wird noch überzeugender, wenn man *Polarko-
ordinaten* verwendet. Es gilt *(x;y) = (r · cos(w);r · sin(w))*, wobei *r* der
Abstand des Punktes zum Ursprung und *w* der Winkel zur x-Achse ist.
Wichtig: Verändern Sie den Winkel (im Bogenmaß) nur wenig bei jedem
draw-Durchgang.

Ach ja: mit einem einfachen Trick kann man sich das Umkopieren der
Werte in den Arrays sparen. Man benötigt eine zyklisch durch das Array
laufende zusätzliche Variable.

4.2 Erzeugen und Verändern von Pixeln

Processing ist eine Programmiersprache, die speziell für Kreativschaffende entwickelt wurde, die Medieninhalte wie Ton oder bewegte Computergrafiken herstellen wollen. Dies ist aber keine wirkliche Einschränkung, denn die Computergrafik, angesiedelt etwa zwischen den Bereichen Grafikerzeugung durch Algorithmen, Bearbeiten von Digitalbildern und Visualisierung großer Datenmengen, ist ein so großes Gebiet, dass man kaum riskiert, sich jemals zu langweilen.

Die Grundlage jeglicher Computergrafik sind *Digitalbilder*. Was haben solche Bilder mit zweidimensionalen Arrays zu tun? Dazu müssen wir wissen, wie Digitalbilder organisiert sind. Wir wissen, dass sie aus unzähligen Pixeln bestehen. Eine Digitalkamera, die mit 10 Megapixeln wirbt, hat einen Chip, der über 10 Millionen einzelne Bildpunkte oder eben Pixel (Pixel steht für das englische Picture Element) verfügt. Diese werden über den Computer der Kamera in einem Array abgespeichert und später z. B. auf der Speicherkarte. Auch der Bildschirm unseres Computers hat ein großes Array zur Aufbewahrung der Bildinformationen.

Jedes Pixel hat einen wohldefinierten Platz durch seine *"Hausnummer"*. Bleibt die Frage: Was speichert man eigentlich im durch die Hausnummer angegebenen *(Speicher-)Platz*? Da der Ort des Pixels schon durch die Nummer festgelegt ist, bleibt nur noch dessen Farbe. So kann auch ein Processing-Programm jedem einzelnen Pixel des Bildschirms sagen, es soll doch bitte seine Farbe wechseln. Dazu wird von Processing die Prozedur *set()* zur Verfügung gestellt. Mir ihr kann man ein einzelnes Pixel des Bildschirms setzen. Hierzu ein einfaches Beispiel:

Sketch
zufallsFarben

```
void setup() {
    size(800, 600); // Erzeuge Fenster
}


void draw() {
    int w = width; // Lade w mit der Breite des Ausgabefensters
    int h = height; // Lade h mit der Höhe des Ausgabefensters
    for (int y = 0; y < h; y++) {
      for (int x = 0; x < w; x++)
          set(x,y,color(random(255), random(255), random(255)));
    }
}
```

Wir öffnen hier ein Fenster mit 800 Pixeln Breite und 600 Pixeln Höhe. Processing stellt uns zwei Variablen „width" und „height" zur Verfügung, welche die Größe des Ausgabefensters bereitstellen und die wir nun in der *draw()*-Prozedur verwenden, um über den Prozeduraufruf *set()* jedes Pixel des Bildes mit einer zufälligen Farbe zu versehen, wobei als erster Parameter die Adresse in der Zeile (also der X-Wert) angegeben wird und als zweiter Parameter die Zeile selbst (also der Y-Wert).

Die Prozedur *set()* übernimmt hierbei die Adressierung der Farbwerte. Intern wird das Bild nämlich über ein Array verwaltet, dessen Inhalte vom Typ *color* sind und das *width* mal *height* Speicherzellen enthält.

Da wir bei jedem Bildaufbau jede einzelne Zelle neu mit einem zufälligen Farbwert belegen, entsteht ein zufälliges Rauschen. Wenn Sie sich das erzeugte Ausgabefenster anschauen, bekommen Sie eine Ahnung davon, wie schnell der Computer diese Anweisungen ausführen kann. Pro Bild werden fast eine halbe Million Zellen mit einer Zufallszahl belegt, eine Darstellung von 10-20 Bildern pro Sekunde sollte bei einem aktuellen Computer möglich sein. Das entspricht dann dem Verändern von ca. 15 Millionen Zellen pro Sekunde.

Die Adressierung über *set()* können wir natürlich auch dafür benutzen, um die Ausgabe Pixel für Pixel gleichmäßig zu verändern. Starten wir mit einer französischen Fahne. Da in dieser Fahne alle Zeilen gleich aussehen, muss man lediglich die Spalten (also die x-Werte) in der Farbe variieren. Hierzu werden alle Pixel, deren Spaltennummer kleiner als ein Drittel der Bildbreite ist, mit blauer Farbe gesetzt, die Mitte wird weiß und der Rest rot.

```
void setup() {
    size(1000, 800); // erzeuge Fenster
}

void draw() {
    int w = width; // lade w mit der breite des Ausgabefensters
    int h = height; // lade h mit der Höhe des Ausgabefensters
    for (int y = 0; y < h; y++) {
        for (int x = 0; x < w; x++)
            if (x<w/3) set(x, y, color(0, 0, 255)); // blauer Abschnitt
            else
                if (x<(2*w/3)) set(x, y, color(255, 255, 255));
                else
                    set(x, y, color(255, 0, 0)); // roter Abschnitt
    }
}
```

Der Spaltenindex *x* bestimmt also, welche Farbe verwendet wird in der inneren der beiden for-Schleifen. Außerdem erkennt man, dass die Zeilen von oben nach unten „gezeichnet" werden, dies erledigt die äußere for-Schleife.

Natürlich könnte man die Fahne auch dadurch erzeugen, dass man in *draw()* senkrechte Striche von links nach rechts in der passenden Farbe malen lässt. Als Vorbereitung sehen wir uns nun an, wie man mit Processing einen *Farbverlauf* darstellt.

Die französische Fahne soll dafür so abgeändert werden, dass die Farben allmählich ineinander übergehen. Hierfür kann die Funktion *lerpColor(color1, color2, delta)* benutzt werden. Sie erzeugt eine Farbe zwischen dem ersten Parameter *color1* und dem zweiten *color2*. Der

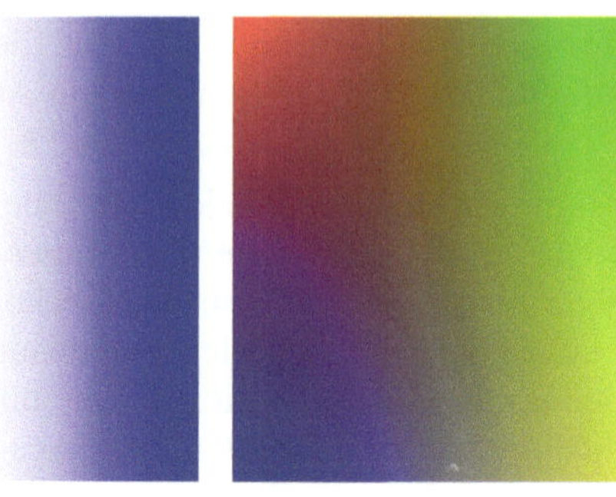

Abbildung 4.4
Zwei Farbverläufe

dritte Parameter *delta* ist eine float-Größe zwischen Null und Eins. Wenn man den Übergang der beiden Farben auf einer Pixelbreite von z. B. 200 haben möchte, dann muss delta von $x = 0$ bis $x = 200$ der Reihe nach die Werte $x/200$ annehmen, also langsam von Null nach Eins ansteigen. Hier das Programmfragment. Fügen Sie es in den Sketch zur französischen Fahne ein:

Sketch
farbVerlauf1

```
float delta;
color aktuelleFarbe;
color color1 = color(255,0,0);
color color2 = color(255,255,255);
color color3 = color(0,0,255);
...
for (int y = 0; y < h; y++){
   for (int x = 0; j < w/3; x++){
      delta = float(x)/(w/3);
      aktuelleFarbe = lerpColor(color1,color2,delta);
      set(x,y,aktuelleFarbe);
   }
   for (int x = 2*w/3; x < w; x++){
      delta = float(x-2*w/3)/(w/3);
      aktuelleFarbe = lerpColor(color2,color3,delta);
      set(x,y,aktuelleFarbe);
   }
}
```

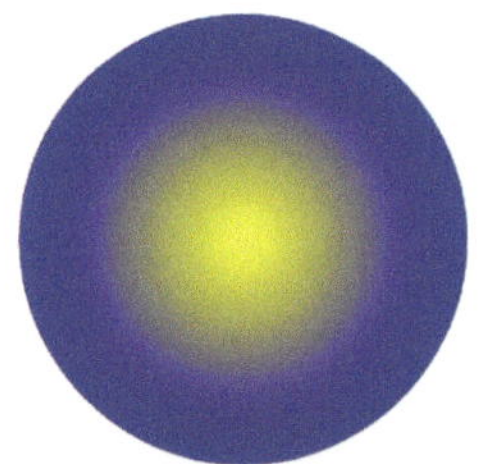

Aufgabe 3

Ein Farbverlauf kann auch kreisförmig sein. Man zeichnet konzentrische Kreise mit kleiner werdendem Radius. Allerdings ist zu beachten, dass für die Kreise kein Rand, also die Prozedur *noStroke()* gesetzt wird. Versuchen Sie ein solches Bild zu erzeugen. Haben Sie eine Idee, wie man eine Farbverlaufs-Spirale sonst noch erzeugen kann?

Im nächsten Schritt wollen wir wieder auf die Arrays zurückkommen. Wir zeichnen ein Bild wie in Abbildung 4.4 rechts, in der ganz links (senkrecht) ein rot-blauer Verlauf angezeigt wird und zusätzlich ganz rechts ein grün-gelber Verlauf.

Für jede Zeile ist ebenfalls ein Verlauf anzuzeigen, der die jeweils beiden äußersten Farben verbindet. Diagonal erhält man dann ebenfalls Farbverläufe: rot-gelb und blau-grün. Um das zu realisieren, legen wir erst die ganz linken und ganz rechten Farbwerte in zwei eindimensionalen Arrays mit Namen „senkrechtLinks" und „senkrechtRechts" ab. Dies machen wir in der *setup()*-Prozedur am Anfang des Programms

Sketch
farbVerlauf2

```
color [] senkrechtLinks, senkrechtRechts;
color loFarbe = color(255,0,0); // Farbe links oben
color roFarbe = color(0,255,0);
color luFarbe = color(0,0,255);
color ruFarbe = color(255,255,0); // Farbe rechts unten

void setup() {
    size(700,700); // erzeuge Fenster
    senkrechtLinks = new color[700]; // reserviere Speicher für Array
    senkrechtRechts = new color[700];
    for (int y = 0; y<height; y++){ // erzeuge Pixel links und rechts
        float d = float(y)/height;
        senkrechtLinks[y] = lerpColor(loFarbe,luFarbe,d);
        senkrechtRechts[y] = lerpColor(roFarbe,ruFarbe,d);
    }
}
```

In *draw()* müssen wir jetzt nur noch zwischen dem jeweils ersten und letzten Pixel der Zeile wieder mit *lerpColor()* interpolieren und es sollte das gewünschte Bild entstehen.

```
d = float (x)/width;
aktuelleFarbe = lerpColor(senkrechtLinks[y],senkrechtRechts[y],d);
set(x,y,aktuelleFarbe);
```

Vielleicht – wir hoffen es – fragen Sie sich, ob es denn wirklich nötig ist, bei jedem Aufruf von *draw()* die Interpolation erneut auszuführen, wobei doch immer nur dasselbe Bild entsteht. Wir müssten die Werte einmal speichern können, dann könnten wir sie für jedes Bild nur auslesen. Die Lösung ist ein zweidimensionales Array, das im folgenden Abschnitt vorgestellt wird.

4.3 Zweidimensionale Arrays

Noch einmal eine kurze Wiederholung von Kapitel 2, in dem wir die verschiedenen Formen von Datentypen und entsprechenden Variablen kennengelernt haben. Für ein eindimensionales Array haben wir dort die folgende Deklaration verwendet, welche das Array anlegt und hier auch gleich den Speicherbereich zuordnet.

```
color [] farbWerte = new color[100];
```

Jetzt haben wir ein Array der Länge 100 definiert, im Programm können wir diese Länge über den Parameter *farbwerte.length* abfragen. Um ein zweidimensionales Array zu definieren, gehen wir ganz analog vor. Wir deklarieren das Array nun aber über zwei Klammernpaare, um dem Computer mitzuteilen, dass es zwei Dimensionen haben soll. Auch die Zuweisung von Speicherplatz geschieht ganz analog.

```
color [][] farbWerte2D;
...
farbWerte2D = new color[100][100];
...
farbWerte2D[3][27] = color(200,100,200);
```

Jetzt können wir das zweidimensionale Array verwenden, um die Bildinhalte unserer Interpolation zu speichern und für die Ausgabe nur noch auf den Bildschirm zu kopieren. Dazu nehmen wir die zweidimensionale Farbinterpolation von eben und ändern sie entsprechend ab.


```
...
color [][] pixel;

void setup() {
    size(700,700); // erzeuge Fenster
    senkrechtLinks = new color[700]; // erzeuge Speicherplatz für Array
    senkrechtRechts = new color[700];
    pixel = new color[700][700];

    // erzeuge Pixel links und rechts
    for (int y = 0; y <height; y++){
        delta = float (y)/height;
        senkrechtLinks[y] = lerpColor(loFarbe,luFarbe,delta);
        senkrechtRechts[y] = lerpColor(roFarbe,ruFarbe,delta);
    }

    // jetzt die Pixel im zweidimensionalen Array füllen
    for (int y = 0; y<height; y++)
        for (int x = 0; x<width; x++){
            delta = float (x)/width;
            pixel[x][y] = lerpColor(senkrechtLinks[y],
                                    senkrechtRechts[y],delta);
        }
}
```

Die *draw()*-Methode vereinfacht sich jetzt natürlich zu einem einfachen Auslesen der Daten aus dem Array:

```
void draw() {
  for (int y = 0; y < height; y++)
    for (int x = 0; x < width; x++)
      set(x, y, pixel[x][y]);
}
```

Aufgabe 4

Das Ganze ist natürlich noch etwas langweilig, weil man nichts davon sieht, dass jedes Mal das Bild neu aufgebaut wird. Verändern Sie daher das Programm auf eine Weise, so dass das gespeicherte Bild bei jedem neuen Aufruf von *draw()* verschoben wird. Dazu kann man eine *int*-Variable verwenden, die bei jedem Aufruf der *draw()*-Methode um den Wert Eins erhöht wird. Diese Variable könnte dann eine Verschiebung bei der *set()*-Methode steuern. Tipp: Zu Beginn jedes *draw()*-Durchgangs sollten Sie den Hintergrund mit *background(0)* schwarz färben.

5 Bilder

Laden, Speichern und Verändern von Bildern

© Springer Fachmedien Wiesbaden GmbH, ein Teil von Springer Nature 2018
O. Deussen, T. Ningelgen, *Programmieren lernen mit Computergrafik*,
https://doi.org/10.1007/978-3-658-21145-5_5

Bilder sind in Processing ein zentraler Datentyp, daher bietet die Umgebung auch eine ganze Menge an Hilfsfunktionen zum Laden, Speichern und Bearbeiten von Bildern an. Im Prinzip machen wir dabei nichts anderes, als wir im letzten Kapitel beim Setzen von Pixeln auf der Ausgabefläche des Processing-Fensters getan haben. Nur wird diesmal die *set()*-Prozedur auf ein Bild angewendet, das zuerst geladen wird und später wieder abgespeichert werden kann.

Um die damit verbundenen Operationen zu verstehen, müssen wir aber einen ersten Blick auf ein Konzept werfen, das „Objektorientierung" genannt wird. Es ist eine Programmiermethode, die es in Programmen ermöglicht, Objekte zu erzeugen und zu manipulieren. Das ist auch in Processing möglich, wir haben bisher nur darauf verzichtet, weil es für die bisherigen Programme nicht notwendig war. In Kapitel 12 wollen wir auf diese objektorientierte Programmierung (OOP) noch genauer eingehen, hier wollen wir nur kurz alles Nötige vorstellen, was für Bildobjekte gebraucht wird.

In der realen Welt sind wir von allen möglichen Objekten umgeben. Objekte sind erst einmal alles, ein Baum, ein Auto, eine Kaffeemaschine, ein Fahrplan, ein Server im Internet oder eben auch ein Bild. Objekte sind Dinge mit Eigenschaften. Objekte bzw. ihre Eigenschaften können verändert werden, ich kann den Motor meines Autos anschalten und wieder abschalten, das Auto kann sich bewegen oder still stehen. Man kann also sagen, ein Objekt ist ein Ding mit einem Zustand (der Zustand ist die Summe seiner Eigenschaften) und dieser Zustand kann verändert werden.

Eine objektorientierte Programmiersprache erlaubt es nun, diese Idee von Objekten in einem Computerprogramm umzusetzen, also im Programmcode Objekte zu definieren, ihnen Eigenschaften (Variablen verschiedenen Datentyps, man sagt auch *Attribute*) zuzuweisen und diese Eigenschaften über objektbezogene Prozeduren (man nennt sie auch *Methoden*) zu verändern.

5.1   Ein erstes Objekt: Das Bildobjekt

Der Zustand eines Bildobjekts ist die Bildgröße (width × height) und die Art der Bildinformation (Farbbild, Graustufenbild). Man greift auf die entsprechenden Variablen wie im folgenden Sketch dargestellt zu. Zuerst müssen wir nach der Deklaration des Bildobjekts mit *PImage meinBild;* das Bild erzeugen. Das macht man aber nicht mit der *new()*-Prozedur, weil Processing hierfür eine eigene, erweiterte Prozedur namens *createImage()* bereitstellt. In dieser Prozedur muss neben Breite und Höhe des Bildes auch der Bildtyp (RGB oder HSB) angegeben werden.

Sketch
rotesBild

```
int w = 600;
int h = 400;
PImage meinBild;
color meineFarbe = color(255,0,0);
```

```
void setup() {
   size(1000,800);
   meinBild = createImage(w,h,RGB);
   for (int x = 0; x < meinBild.width; x++)
      for (int y = 0; y < meinBild.height; y++)
         meinBild.set(x,y,meineFarbe);
}
void draw() {
   background(255);
   image(meinBild, 0, 0);
}
```

Das Neue an diesem Sketch ist der Zugriff auf die Attribute und Methoden des Bildobjekts. Dies geschieht über eine Punktnotation: *mein-*   *Punktnotation*
Bild.width bezeichnet die Breite des Bildfeldes innerhalb des Objekts
meinBild, welches vom Datentyp *PImage* ist.

Weiter unten im Sketch wird dann die Objektmethode *set()* aufgerufen,
welche sich, wie oben schon gesagt, nun nicht mehr auf den Bildschirm
bezieht, sondern auf das Bildfeld innerhalb des Objekts *meinBild*. Deshalb bekommen wir von der Änderung auch nichts zu sehen, bis wir das
Bild innerhalb des *draw()*-Aufrufs mit *image()* in das Bildschirmfenster
an die Stelle (0,0) kopieren, also in die obere linke Ecke.

Ein weiteres Attribut des Bildobjekts ist das Array mit den eigentlichen
Farbinformationen. Dieses Attribut ist über *meinBild.pixels[]* anzusprechen. Allerdings ist dies in Java ein eindimensionales Array, was auf
den ersten Blick erst einmal verwunderlich scheint, denn im letzten
Kapitel sind die zweidimensionalen Arrays ja gerade in Bezug auf Bildinformationen eingeführt worden. Aber so sind sie halt nun einmal hier
implementiert – um also Digitalbilder in Processing bearbeiten zu können, müssen sie aus dem zweidimensionalen Array in eine einzige lange
Zeile umgerechnet werden. Willkommen in der Praxis der Computerprogrammierung!

a[0][0]	a[1][0]	a[2][0]	a[3][0]	a[4][0]
a[0][1]	a[1][1]	a[2][1]	a[3][1]	a[4][1]

a[j][i]

a.pixels[n]

a[0][1]	a[1][0]	a[2][0]	a[3][0]	a[4][0]	a[0][1]	a[1][1]	a[2][1]	a[3][1]	a[4][1]

Abbildung 5.1 zeigt den Zusammenhang. Oben ist ein zweidimensionales
Array (eine sogenannte 4x2 Matrix mit zwei Zeilen und vier Spalten)
dargestellt. Der erste Index gibt die Nummer der Spalte an, der zweite
die Nummer der Zeile. Gezählt wird wie immer beginnend bei Null.

In *a[2][1]* ist daher die Farbe des Pixels der zweiten Zeile und dritten Spalte abgelegt.

Die Umrechnung geschieht genau so, wie wir lesen: von links nach rechts und von oben nach unten. Mit anderen Worten: Die zweite Zeile wird an die erste Zeile angehängt, die dritte an die zweite, usw. Irgendwann ist die Arbeit getan und wir haben als Repräsentant des Bildes ein eindimensionales Array vor uns. Für einfache Aufgaben kann man mit diesem eindimensionalen Array durchaus auskommen. Die Umrechnung von einem Array *a* mit einer Breite (Spaltenanzahl) *width* und der Zeilenanzahl *height* in ein eindimensionales Array *b* der Länge *width x height* geschieht über die Formel:

$$b[x + y * width] = a[x][y]$$

Die Zeilenanzahl des zweidimensionalen Arrays spielt also bei der Umrechnung keine Rolle, nur dessen Spaltenanzahl. In jedem Fall muss man aber zusehen, dass man mit *x* und *y* nicht die Größe des Arrays überschreitet, sonst erhält man einen Speicherfehler. Den Sketch *rotesBild* von eben könnten wir also auch auf die folgende Weise implementieren:

Sketch
rotesBildVariante

```
...
for (int x = 0; x < meinBild.width; x++){
   for (int y = 0; y < meinBild.height; y++){
      meinBild.pixels[x+y*meinBild.width] = meineFarbe;
   }
}
...
```

Man könnte nun argumentieren, dass bei obigem Beispiel zwar ein zweidimensionales Array aufgebaut, nicht aber als Eingabe verwendet wird. Einverstanden! Daher nun ein überzeugenderes Beispiel: Die Drehung eines Bildes um 90 Grad im Uhrzeigersinn. Das Ergebnis nach zweimaligem Drehen sieht man in Abbildung 5.2.

Abbildung 5.2
Zweimal gedrehtes Bild

Wir zeigen hier nur die entscheidende zweifache Schleife. Achten Sie darauf, dass nach jedem Drehen Höhe und Breite vertauscht werden.

Außerdem empfehlen wir, den Algorithmus erst einmal an einem sehr kleinen Bild nachzuvollziehen. Zum Beispiel an einem 2x4-Bild, wie in Abbildung 5.1. Die 2x4 Matrix müsste also zu einer 4x2 Matrix werden und jedes Pixel mit den Koordinaten (i,j) innerhalb der 4x2 Matrix müsste seinen Inhalt von der Stelle (j,4-i-1) der 2x4-Matrix bekommen.

Etwas genereller in Processing für zwei Bilder *bildAlt* und *bildNeu* ausgedrückt, sieht das dann so aus:

```
...
w = bildAlt.width;
h = bildAlt.height;
bildNeu = createImage(h,w);
...
for (int i = 0; i < bildNeu.width; i++){
   for (int j = 0; j < bildNeu.height; j++) {
      bildNeu.set(i,j,bildAlt.get(j,bildAlt.height-i-1));
   }
}
...
```

Im letzten Schritt benutzen wir jetzt statt der *set-* und *get-* Funktionen das *pixels*-Array mit dem eindimensionalen Zugriff. Das Ganze wird nun schon etwas unübersichtlich, ist aber effizienter:

```
...
for (int i = 0; i < bildNeu.width; i++){
   for (int j = 0; j < bildNeu.height; j++){
      bildNeu.pixels[i+j*bildNeu.width] =
         bildAlt.pixels[j+bildAlt.width*(bildAlt.height-i-1)];
   }
}
...
```

Noch drei Hinweise zum Schluss:

1. Zum Drehen muss man ein neues Bild anlegen, dort die gedrehten Werte zwischenspeichern und dann das neue Bild dem alten zuweisen. So wird es auch im Sketch *bildDrehen* gemacht. Hier gibt es ein Bild *bildNeu*, das hierfür zwischenzeitlich erzeugt wird. Am Ende der *draw()*-Prozedur wird dann *bildAlt* mit *bildNeu* überschrieben.

2. Achten Sie auch darauf, dass bei jedem Drehen Höhe und Breite vertauscht werden!

3. Wir wollen ein Foto drehen. Erstellen Sie hierzu im Sketchordner einen Ordner namens *data* und legen dort das gewünschte Foto hinein. Wenn der Name der Datei beispielsweise *bild.jpg* ist, dann kann man mit *bildAlt = loadImage("bild.jpg")* das Bild laden.

Aufgabe 1

Versuchen Sie mit obigen Vorgaben einen Sketch zu schreiben, der ein gegebenes Foto im Uhrzeigersinn bei jedem *draw()*-Durchgang um 90 Grad dreht.

Aufgabe 2

Wenn Sie Aufgabe 1 geschafft haben, dann werden Sie ganz ohne Hilfe auch dies fertig bekommen: Schreiben Sie einen Sketch, der ein gegebenes Bild vertikal in der Mitte spiegelt.

An dieser Stelle mag man sich vielleicht fragen, was eigentlich mit dem Heap geschieht, wenn eine Array-Variable mit einer anderen überschrieben wird. In diesem Fall gibt es ja keinen Verweis mehr auf den Speicherbereich, weil ja die Variable *bild* nun woanders hinzeigt. Gute Frage! Wir brauchen uns um so etwas aber nicht zu kümmern, weil Processing (genau wie Java) intern diese Dinge überwacht und in regelmäßigen Abständen solche verwaisten Speicherblöcke löscht.

5.2 Weitere Eigenschaften des Bildobjekts

Ganz nebenbei haben wir im Sketch *bildDrehen* in den Hinweisen eine Prozedur namens *loadImage()* erwähnt. Sie wird von Processing bereitgestellt und erlaubt es, Bilddateien einzulesen. Als Parameter wird der Dateiname in Form eines Strings übergeben, wobei davon ausgegangen wird, dass sich die Datei im selben Dateiordner wie der Processing-Sketch befindet oder in einem Unterverzeichnis namens *data*. So bekommen wir das Bild in Abbildung 5.2 in unseren Sketch.

Das Bildobjekt hat noch eine Reihe weiterer nützlicher Methoden, die wir hier nur kurz streifen wollen, genaueres steht in der Processing-Hilfe. Mit *resize()* kann es in der Größe verändert werden, ist einer der beiden Parameter Null, so wird das Bild entsprechend dem anderen so skaliert, dass das Größenverhältnis beibehalten wird. Die Methode *copy()* erlaubt das Kopieren des Bildes oder eines Teiles. Schauen Sie sich hierfür den Sketch *resizeBeipiel* an.

Drei Methoden ermöglichen das Verändern und Kombinieren von Bildern. Mit *filter()* können verschiedene Bildfilter angewendet werden, so kann man das Bild in ein Grauwertbild umwandeln, invertieren oder weichzeichnen, weitere Effekte sind auch möglich.

Mit ein paar weiteren Methoden kann man Bildinhalte kombinieren – die Methode *blend()* überblendet das aktuelle Bild mit den Inhalten eines weiteren. Nehmen wir an, wir hätten zwei Bilder bereits erzeugt oder eingelesen, so erfolgt die Verblendung beispielsweise über folgendes Programmfragment:

```
...
ergebnisBild.blend(zweitesBild,sx, sy, sw, sh, dx, dy, dw, dh, mode);
...
```

wobei *sx, sy* die Koordinaten eines rechteckigen Bildausschnittes aus dem zweiten Bild sind, welches verblendet werden soll, *sw, sh* seine Breite und Höhe angeben, und *dx, dy, dw, dh* ein Rechteck in „ergebnisBild" beschreiben, auf das die Überblendung angewendet werden soll.

Der Überblendungsmodus kann verschiedene Werte annehmen, hier nur ein paar Beispiele, den Rest entnehmen Sie bitte der Processing-Beschreibung. Im Sketch „blending" werden die meisten dieser Modi gezeigt.

*Sketch
blending*

- BLEND: lineare Interpolation zwischen den beiden Bildern. Hierbei werden die Transparenzwerte (Alphakanal) der beiden Bilder verwendet.

- ADD: additives Blenden (mit Alphakanal), SUBTRACT: subtraktives Blenden

- LIGHTEST: der größte Farbwert wird jeweils genommen, DARKEST: der niedrigste gewinnt.

- MULTIPLY: multipliziert die Farben der Bilder, wird daher immer dunkler.

Sie kennen diese Überlagerungsmethoden möglicherweise von *Gimp* oder *Photoshop*. Dort steuert man den Grad der Überlagerung über die Transparenz der Bilder. In Processing ist das nicht anders: Will man eines der Bilder mit der Transparenz alpha versehen, so verwendet man den Befehl *tint(255,alpha)*.

Aufgabe 3

Schreiben Sie einen Sketch, der zwei vorgegebene Bilder lädt und diese mit einem der obigen Überblendungsmodi überlagert. Testen Sie mehrere Modi! Im nebenstehenden Bild sehen Sie die Überlagerung zweier Fotos (Meer, Hubschrauber) mit BLEND und *alpha* = 120. Je nachdem welchen Modus Sie wählen, muss einmal *background(0)* bzw. *background(255)* gewählt werden, weil ansonsten das Ergebnis zu dunkel bzw. zu hell wird.

Aufgabe 4

Aus einem Farbbild kann man in fast jedem Bildbearbeitungsprogramm ein schwarz-weißes Schwellenwertbild erzeugen. Oberhalb eines bestimmten Schwellenwertes (des Grauwertes) wird die Farbe weiß gesetzt, sonst schwarz. Schreiben Sie einen Sketch, der dieses Verfahren auf ein geladenes Bild anwendet.

Prozeduren

Anweisungsblöcke selber schreiben

© Springer Fachmedien Wiesbaden GmbH, ein Teil von Springer Nature 2018
O. Deussen, T. Ningelgen, *Programmieren lernen mit Computergrafik*,
https://doi.org/10.1007/978-3-658-21145-5_6

In den vergangenen Kapiteln haben wir schon verschiedene Prozeduren verwendet, um beispielsweise geometrische Formen zu zeichnen: *rect()*, *ellipse()*, *text()*, um den Programmzustand zu ändern: *noStroke()* und *fill()* oder um Funktionswerte zu erzeugen: *sin()* und *exp()*. Nun wollen wir selbst Prozeduren programmieren, die wir dann im Programm benutzen können.

6.1 Zufällige Rechtecke mit setup und draw

Schauen wir uns noch einmal ein „richtiges" Processing-Programm mit *setup()* und *draw()*-Prozeduren an. Es zeichnet verschieden große Rechtecke zufällig und mit zufälliger Farbe auf dem Bildschirm. Für jeden Aufruf von *draw()* entsteht hierbei ein neues Rechteck:

Sketch rechteckeZufaellig

```
float xMax,yMax;

void setup() {
    size(500,500);
    xMax = width-15;
    yMax = height-15;
    background(0,0,0);
    noStroke();
    return ;
}

void draw() {
    fill(random(0,255), random(0,255), random(0,255));
    rect(random(0,xMax), random(0,yMax),
                  random(5,15), random(5,15));
}
```

Die beiden Prozeduren *setup()* und *draw()* haben wir hier soeben definiert, indem wir den Namen der Prozedur angegeben haben, dann die Klammern „()" dahinter gesetzt – dort kommen später Eingabe-Parameter für die Prozedur hinein – und dann einen Block definiert haben, der ausgeführt werden soll, wenn die Prozedur aufgerufen wird. In diesem speziellen Fall werden die beiden Prozeduren allerdings automatisch von der Processing-Laufzeitumgebung aufgerufen, wie wir schon in Kapitel 4 geschrieben haben.

Noch etwas ist auffällig: Vor dem Prozedurnamen steht in beiden Fällen „void", auf Englisch „nichtig" oder „leer". Das benötigen wir, weil wir damit ausdrücken, dass die Prozedur keinen Ergebniswert zurückgibt. Eine Funktion hingegen gibt immer einen Wert zurück, in diesem Fall müssen wir den Typ des zurückgegebenen Wertes angeben. Im Fall einer Funktion stünde nach dem *return*-Kommando am Ende der Funktion eine Variable, ein Ausdruck oder ein Wert. Wird kein Wert zurückgegeben, dann steht *return* alleine oder es darf, wie in *draw()*, einfach weggelassen werden.

return Anweisung

Eine einfaches Beispiel für eine Funktion ist die Quadratfunktion, hier *quadrat()* genannt. Sie hat als Parameter eine Gleitkommazahl und gibt auch eine solche zurück. Die Rückgabe geschieht, indem wir am Ende der Funktion „return" schreiben, gefolgt von „v*v", der Formel, die das Quadrat als Gleitkommazahl erzeugt.


```
float quadrat(float v) {
   return v*v;
}
```

Grundsätzlich können Funktionen alle einfachen Datentypen wie float, int, char usw. als Rückgabewerte haben, aber auch Objekte, das werden wir später ansehen. Jetzt verwenden wir *quadrat()*, um einen Funktionsgraphen zu zeichnen. Viele werden so etwas schon in der Schule mit dem Taschenrechner gemacht haben. Zunächst aber noch eine kleine Aufgabe:

Aufgabe 1

Wieder wird ein einfaches Gesicht gezeichnet. Dieses Mal aber soll das Gesicht erst gezeichnet werden, wenn eine Prozedur *void gesicht()* aufgerufen wird. Da es diese Prozedur in Processing verständlicherweise nicht gibt, bleibt Ihnen nichts anderes übrig, als sie selbst zu schreiben.

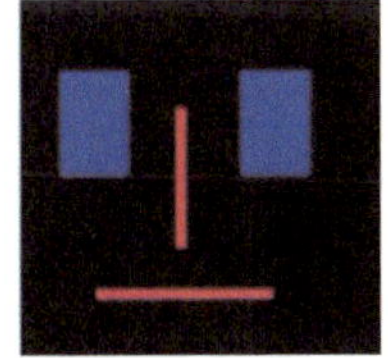

6.2   Quadratfunktion

Die oben definierte Funktion *quadrat()* benutzen wir jetzt, um einen Funktionsplot der Quadratfunktion zu erzeugen. Außerdem verwenden wir *point()*, eine von Processing vordefinierte Prozedur, die einen Punkt erzeugt. Wir wählen den Wertebereich von Null bis Eins und multiplizieren die Ergebnisse mit *width* und *height*, damit man im Fenster auch etwas sieht, ansonsten lägen die Ergebnisse ja nur zwischen Null und einem Pixel.

Sketch
quadratFunktion

```
float x,dx,xmin,xmax;

void setup() {
   size(500,500);
   background(255,255,255);
   xmin = 0;
   xmax = 1;
   dx = 1.0/width; // erhöhe den
   return ;
}

void draw() {
```

```
x = xmin;
while (x<xmax) {
    float y = sqr(x);
    point(x*width,y*height);
    x = x+dx;
}
}


float quadrat(float v) { // Eigene Funktion:
    return v*v;
}
```

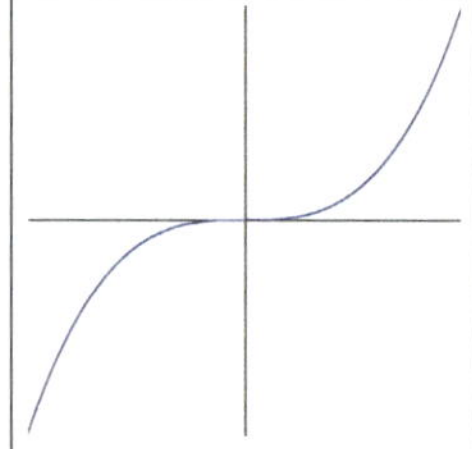

Aufgabe 2

Schreiben Sie einen Sketch, der das Schaubild einer Funktion mit $y = x^3$ zwischen x=-1 und x=1 in der üblichen Richtung (positive y-Werte nach oben) zeichnet. Die Koordinatenachsen müssen über eine eigene Prozedur *achsenZeichnen()* gemalt werden.

6.3 Prozedur-Aufrufe in Prozeduren

Dass Processing Prozeduren bereitstellt, ist unzweifelhaft von Vorteil. Wozu aber sollten wir eigene Prozeduren formulieren? Hierfür gibt es mehrere Gründe: Zum einen kann man auf diese Weise auch längeren Programm-Code strukturieren (in kleinere Häppchen zerteilen) und besser lesbar machen, zum anderen kann man eigene Prozeduren in anderen Programmen oftmals wiederverwenden. Für beide Argumente erstellen wir im Folgenden passende Programme. Notgedrungen kann es sich dabei nicht um Anwendungen mit wenigen Programm-Zeilen handeln, denn dort bräuchte man diese Technik nicht. Beginnen wir mit der Erstellung eines Weichzeichnungsfilters für Digitalbilder.

*Sketch
weichZeichnung*

```
PImage bild;
float [][] faltungsMatrix = {{1f/9, 1f/9, 1f/9}, {1f/9, 1f/9, 1f/9},
                            {1f/9, 1f/9, 1f/9}};
int x,y;

void setup() {
    size(300, 300);
    bild = loadImage( "bild.jpg");
    int h = bild.height;
    int w = bild.width;
    surface.setResizable(true);
    surface.setSize(w, h);
    bildBearbeiten();
}
```

Noch kurz ein Wort zum Aufruf von *surface.setSize(w,h)*. Gleich zu Anfang von *setup()* haben wir mit *size(300,300)* ein Fenster der Größe 300 × 300 Pixel erzeugt. Aber eigentlich wollen wir ein Fenster, das sich an der Größe des eingelesenen Bildes orientiert.

Leider erlaubt Processing nicht, innerhalb von *size()* veränderliche Variablen wie *w* oder *h* einzusetzen, deshalb müssen wir, nachdem wir die Werte dieser Variablen kennen, die Fenstergröße verändern. Dazu dient das von Processing vorgegebene Objekt *surface*, mit dem das Fenster verwaltet wird. Zuerst machen wir das Fenster änderbar und dann setzen wir die Größe neu.

Fenstergröße verändern

In der letzten Zeile rufen wir nun eine selbst geschriebene Prozedur *bildBearbeiten()* auf, in der wir aus dem eingelesenen Bild eine teilweise weichgezeichnete Version machen, die wir dann später in *draw()* anzeigen. Hier wird das durch „bild" bezeichnete *PImage* in ein teilweise weichgezeichnetes Bild umgewandelt.

```
void bildBearbeiten() {
    PImage tmpBild = bild.get();
    for (int x = 1; x < bild.width-1; x++ )
        for (int y = 1; y < bild.height-1; y++ )
            if ( x<= w/2) //Bereich, in dem gefiltert werden soll
                tmpBild.set(x,y,filterFaltung(x, y, faltungsMatrix, bild));
    bild = tmpBild;
}
```

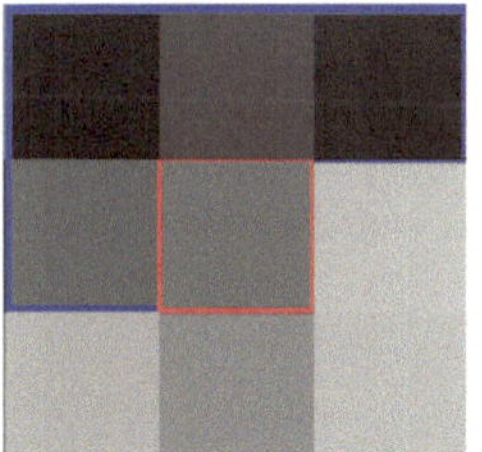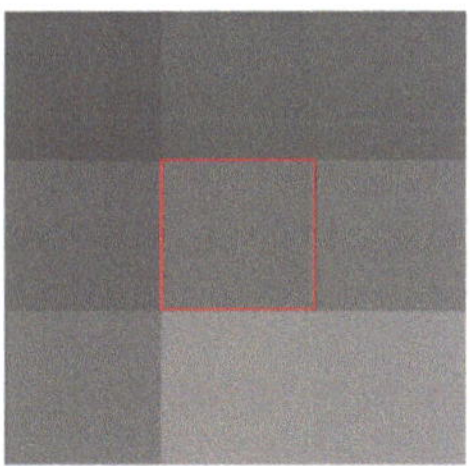

Abbildung 6.1
Links: vor der Anwendung des Bildfilters (Blur), rechts: nach Blur-Anwendung

Für diesen und andere Filter benutzt man sogenannte *Faltungsmatrizen*. Wir beschäftigen uns hier nur mit den wichtigsten und das sind 3x3-Matrizen. Um einen Wert des gefilterten Bildes zu bestimmen, werden sie rund um diesen Wert über das Bild gelegt und die Werte der Faltungsmatrix werden mit den Farbwerten des Bildes multipliziert und zu einem Wert aufaddiert. Für den Weichzeichnungsfilter verwendet man die folgende Faltungsmatrix:

$$faltungsMatrix = \begin{pmatrix} 1/9 & 1/9 & 1/9 \\ 1/9 & 1/9 & 1/9 \\ 1/9 & 1/9 & 1/9 \end{pmatrix}$$

Sie wirkt von links nach rechts und von oben nach unten auf die Pixel des Bildes. Da im RGB-Farbsystem die drei Farben rot, grün und blau durch je eine Zahl zwischen 0 und 255 repräsentiert werden, genügt es, sich die Rechnung für nur eine Farbe anzusehen. Das Verfahren ist dann für alle drei Farben dasselbe. Wir betrachten einen beliebigen Teil des Bildes und sehen dort zum Beispiel die folgenden Einträge für rot (unten links):

$$
B : \begin{pmatrix}
\ddots & \vdots & \vdots & \vdots & \iddots \\
\cdots & 39 & 112 & 93 & \cdots \\
\cdots & 144 & 162 & 200 & \cdots \\
\cdots & 198 & 149 & 200 & \cdots \\
\iddots & \vdots & \vdots & \vdots & \ddots
\end{pmatrix}
$$

Beachten Sie, dass nur ein Ausschnitt des Bildes dargestellt ist. Alles dreht sich nun um den mittleren Wert b[x][y] = 162. Diesen gilt es zu verändern, den neuen Wert für b[x][y] erhält man nun über folgende Rechnung:

$$
b_{neu}(x, y) = \frac{1}{9} * 39 + \frac{1}{9} * 112 + \frac{1}{9} * 93 + \ldots + \frac{1}{9} * 200 = 144
$$

Mit anderen Worten: Es wird in diesem Fall einfach der Durchschnitt der Farbwerte der neun Pixel berechnet. Abbildung 6.1 links zeigt die Farbwerte vor der Anwendung des Filters, das rechte Bild das Aussehen danach. Rot eingerahmt ist Pixel b[x][y], blau dagegen all diejenigen Pixel, die vor der Änderung von b[x][y] bereits geändert wurden.

Um zu verhindern, dass bereits geänderte Pixel in die Berechnung des aktuellen Pixels einfließen, wurde im Sketch oben das neue Bild in *tmpBild* gespeichert und erst nach seiner vollständigen Berechnung in *bild* kopiert. In Abbildung 6.2 sieht man die Wirkung des Filters, der hier nur auf der linken Seite angewandt wurde.

Da man zur Berechnung der Farbe des Pixels b[x][y] alle umgebenden Pixelfarben braucht, werden die Randpixel aus dem Algorithmus ausgeschlossen. Puristen behandeln die Randpixel gesondert. Allerdings wird man nur in Ausnahmefällen einen Unterschied im Ergebnis-Bild feststellen.

Nun implementieren wir die eigentliche Faltung mit der Faltungsmatrix entsprechend dem gerade beschriebenen Algorithmus. Die neue Funktion *filterFaltung()* verwendet dabei die globalen Variablen (am Anfang des Programms definiert) *x*, *y*, *bild* und *faltungsMatrix*, im nächsten Abschnitt werden wir sehen, wie solche Werte als Parameter entgegengenommen werden können. Rückgabewert der Funktion ist jeweils ein Farbwert.

```
color filterFaltung() {
    float rotAnteil = 0.0,gruenAnteil = 0.0,blauAnteil = 0.0;
    for (int i = 0; i <= 2; i++ ) {
        for (int j = 0; j <= 2; j++ ) {
            color c = bild.get(x+i-1,y+j-1);
            rotAnteil += red(c) * faltungsMatrix[i][j];
            gruenAnteil += green(c) * faltungsMatrix[i][j];
            blauAnteil += blue(c) * faltungsMatrix[i][j];
        }
    }
    return color(rotAnteil, gruenAnteil, blauAnteil);
}
```

Die Prozedur führt für jede Farbe exakt den oben beschriebenen Algorithmus aus. Aufgerufen wird *filterFaltung()* von der Prozedur *bildBearbeiten()*, welche die Faltung für jedes Pixel des Bildes durchführt. Damit erweitern wir die Menge der möglichen Bildbearbeitungsoperationen, denn es gibt andere Faltungsmatrizen, die ganz andere Dinge am Bild verändern können, wie wir in Abbildung 6.3 am Beispiel eines *Multiplikations-Filters* sehen können.

Abbildung 6.3
Linke Hälfte:
Multiplikations-Filter

Normalerweise würde man einen Filter natürlich nicht nur auf das halbe Bild wirken lassen. Hier allerdings geht es ja vor allem auch darum, dass man die Wirkung durch Vergleich direkt sehen kann. Im Internet finden

Sie unter dem englischen Ausdruck *Convolution-Matrix* viele weitere Vorschläge.

6.4   Variable Prozeduren und Funktionen

Eine Prozedur bringt also bessere Übersicht und spart Schreibarbeit. Was aber, wenn nicht immer exakt die selbe Prozedur durchgeführt werden soll? Muss man dann für jede kleine Abweichung eine neue Prozedur schreiben? Glücklicherweise nicht, denn wir können der Prozedur einfach einen passenden *Parameter* mit auf den Weg geben – man nennt diese Parameter auch *Argumente*. Wie das genau funktioniert, lernen Sie hier am Beispiel eines „Blending"-Programms. Damit kann man zwei Bilder zu einem Bild kombinieren. Im Kapitel über das Bildobjekt hatten wir bereits gesehen, dass es hierfür fertige Prozeduren gibt. Dennoch wollen wir es hier einmal selbst „zu Fuß" machen...

Prozedur-Parameter

Im Sketch *blending* ist das Programm bereits vollständig ausprogrammiert. Hier muten wir Ihnen das erste Mal zu, kompakten Java-Code zu verstehen. Wir haben alle Teile des Programms möglichst kurz formuliert. Schauen wir uns die Funktion *additionGrau()* einmal näher an. Sie addiert zwei Farbwerte und gibt das Ergebnis in normalisierter Weise (mit Hilfe der Funktion *min()* auf 0 bis 255 reduziert) zurück. Die Funktion *summeFarben()* macht dies mit einem Pixel und gibt als Funktionswert eine Farbe zurück. Hierzu ruft sie *additionGrau()* mit zwei Parametern, z. B. *rot(farbe1)* und *rot(farbe2)*, auf.

Sketch
blending

```
...
float additionGrau(float g1, float g2) {
   return min(255, g1+g2);
}

color summeFarben(color farbe1, color farbe2) {
   return color(additionGrau(red(farbe1), red(farbe2)),
      additionGrau(green(farbe1), green(farbe2)),
      additionGrau(blue(farbe1), blue(farbe2)));
}
...
```

In *summeFarben()* wird dreimal die Funktion *additionGrau()* aufgerufen, jeweils mit anderen Parametern. Das erspart uns, diese Funktion dreimal auszuprogrammieren. Dasselbe haben wir im Sketch auch mit den beiden Funktionen *produktGrau()* und *bildschirmGrau()* gemacht. Insgesamt können so drei verschiedene Blending-Methoden aufgerufen werden.

Aufgabe 3

Noch ein wenig komplizierter wird es im Filter *Bildschirm()*, den wir zusammen mit dem Filter *Multiplikation()* ebenfalls noch in das Programm eingebaut haben. Versuchen Sie zu verstehen, was in den zugehörigen Funktionen *bildschirmGrau()* bzw. *produktGrau()* geschieht.

```
...
float bildschirmGrau(float g1, float g2) {
   float ergebnis = 255 - (255-g1) * (255-g2)/255;
   return constrain(ergebnis, 0, 255);
}
...
```

Nebenbei: die Processing-Funktion *constrain()* arbeitet ähnlich wie *min()*, nur wirkt sie in zwei Richtungen, denn sie beschränkt das Ergebnis auf Werte zwischen den beiden angegebenen Parametern.

constrain()

Wählen Sie versuchsweise zwei identische Bilder als Eingabe. Wie unterscheidet sich dann das Ergebnis vom eingelesenen Bild? In der *keyPressed()*-Methode wird bestimmt, welches Blending durchgeführt werden soll. In Abbildung 6.4 finden Sie ein Beispiel für die Addition.

Abbildung 6.4
Links: Vor Blending
rechts: Nach Blending

6.5 Iterationen

Wir haben bisher gelernt, wie man in Processing Funktionen erstellt. Für jeden Wert aus der Definitionsmenge lässt sich direkt durch die Funktionsgleichung der gesuchte Funktionswert berechnen. So haben wir in Aufgabe 2 ein Schaubild zeichnen lassen. Hier ein Beispiel für eine derartige Gleichung:

$$f(n) = \frac{n-1}{n^2+2}$$

Selbst wenn wir hier als Definitionsmenge die natürlichen Zahlen verwenden, gibt es immer noch einiges zu rechnen, wenn man beispiels-

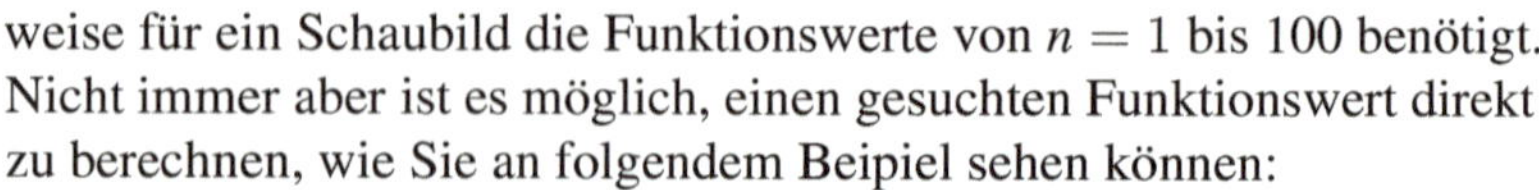

weise für ein Schaubild die Funktionswerte von $n = 1$ bis 100 benötigt. Nicht immer aber ist es möglich, einen gesuchten Funktionswert direkt zu berechnen, wie Sie an folgendem Beipiel sehen können:

$$g(1) = 0 \quad und \quad g(n+1) = \frac{g(n) - 1}{g(n)^2 + 2}.$$

Will man etwa wissen, was $g(100)$ ergibt, so sollte man wissen, was $g(99)$ ist und dazu benötigt man $g(98)$ usw. bis man auf einen Index n kommt, dessen Funktionswert gegeben ist. Das ist im Grunde nicht anders, als bei einer *Schnitzeljagd*. An einem ersten bekannten Ort liegt ein Zettel mit einer Aufgabe, deren Lösung zu einem zweiten Ort führt, an dem ebenfalls ein Zettel mit einer Aufgabe liegt, deren Lösung zu einem dritten Ort führt usw. – es ist auch hier nicht möglich, vom Startort direkt zum Zielort zu kommen.

Aufgabe 4

Berechnen Sie zunächst die ersten fünf Funktionswerte der obigen Funktion g von Hand. Schreiben Sie danach einen Sketch, der die ersten 100 Funktionswerte berechnet und in ein Schaubild einträgt.

Was fällt auf, wenn man die Funktionswerte von g betrachtet? Ändern Sie den Funktionswert $g(1)$. Was ändert sich nun? Verwenden Sie danach eine andere Funktion h mit

$$h(1) = 0 \quad und \quad h(n+1) = \frac{5 * (g(n) - 1) * sin(n + 0.1)}{g(n)^2 + 2}.$$

Was ist hier grundsätzlich anders als bei Funktion g?

Wir sind an Bildern interessiert, somit an zwei Dimensionen. Auch hier lassen sich derartige *Iterationen* angeben. Eine für x und eine für y. Ein einfaches Beispiel:

$$\begin{aligned} x(n+1) &= 2 * x(n) \quad und \quad x(1) = 1; \\ y(n+1) &= 0,5 * y(n) \quad und \quad y(1) = 2 \end{aligned}$$

Die Ergebnisse kann man sich als Punkte in einer Ebene vorstellen:

$$P_1(1; 2), P_2(2; 1), P_3(4; 0, 5)...$$

Trägt man die ersten 5–10 Punkte in ein geeignetes Koordinatensystem ein, wird man enttäuscht sein! Eine „langweilige" Iteration: Die Punkte wandern immer weiter Richtung positive x-Achse, ohne sie je zu berühren und ohne an ein Ende zu kommen. Man sagt, diese Punkte *konvergieren*. Es gibt aber ganz andere Iterationen und die liefern ein völlig anderes Bild. Zum Beispiel diese, gleich in Processing-Code definierte Iteration:

$$xneu \;=\; 1 - yalt + cx * abs(xalt);$$
$$yneu \;=\; cy * xalt;$$

x_{neu} entspricht $x(n+1)$, y_{neu} steht für $y(n+1)$. Ein erster x_{alt}- und y_{alt}-Wert (der erste Punkt) muss gegeben sein. Außerdem muss man vorher die Parameter cx und cy festlegen. Und das ist der springende Punkt: Das sich ergebende Bild, falls man einige tausend Punkte in ein Koordinatensystem einträgt, ist auf besondere Weise abhängig von den gewählten Werten von cx und cy. Eine noch so kleine Änderung in diesen Werten kann ein völlig anderes Bild (in diesem Zusammenhang *map* genannt) erzeugen. Wählt man als Startpunkt (0,04;0), so erhält man für cx = 1,8 und cy = 1 eine *Gingerbreadman map* (Abbildung 6.5).

Dort ist ein Ebenenausschnitt im Bereich links unten:(-700;-700) und rechts oben: (2000;2000) zu sehen. Die Farbe kommt ins Spiel, in dem man die Punkte mit sich langsam ändernder Farbe zeichnet. Es wurden insgesamt 5 Millionen Punkte gemalt, von denen aber viele durch andere übermalt wurden. Offensichtlich gibt es auch Bereiche, die niemals getroffen werden. Für unsere eigene Version werden wir uns erst einmal mit einem einfarbigen Gingerbreadman zufrieden geben.

Im Wesentlichen gibt es zwei Dinge zu tun: Die Iteration n-mal durchführen und die zugehörigen Koordinaten in der Pixelebene berechnen. Wir benötigen für die Punkte und die Pixel-Koordinaten der Punkte zwei Arrays: *float[] punkt* und *int[] punktKoord*.

Sofern man im *setup()* die vorkommenden Variablen passend initialisiert hat, könnte die Iterations-Funktion so aussehen:

Sketch
gingerBreadStart

```
float [] iteration(float x, float y) {
   float xalt = x; float yalt = y;
   punkt[0] = 1-yalt+cx*abs(xalt);
   punkt[1] = cy*xalt;
   return punkt;
}
```

Was genau macht die Iterationsfunktion? Einfach ausgedrückt: Ein alter Punkt kommt hinein, ein neuer Punkt heraus!

```
int [] koordinaten(float x, float y) {
   int xu = -100; int xo = 300;
   int yu = -100; int yo = 300;
   float xneu = x; float yneu = y;
   punktKoord[0] = round((xneu-xu)/(xo-xu)*w);
   punktKoord[1] = round((yo-yneu)/(yo-yu)*h);
   return punktKoord;
}
```

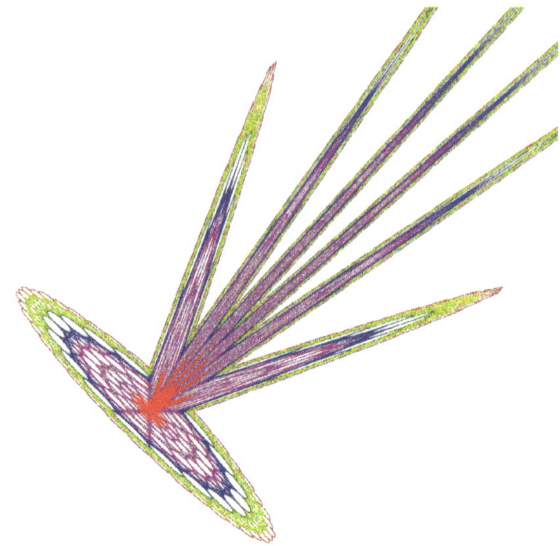

Um die Pixel-Koordinaten der Punkte ausrechnen zu können, benötigt man die Anzahl der Pixel Zeile (w) und Spalte (h). Zudem muss der Bereich des zu zeichnenden Bildes festgelegt werden. Am einfachsten durch die Wahl der Punkte links unten und rechts oben: (xu;yu) und (xo;yo). Die Breite des Bildes ist dann xo-xu. Es gibt w Pixel auf dieser Länge, also gibt es $\frac{w}{xo-xu}$ Pixel pro horizontale Längeneinheit. Mit diesem Wert muss man den Abstand des x-Wertes vom linken Rand multiplizieren. Und da es keine halben Pixel gibt, muss noch gerundet werden. Entsprechendes gilt für die y-Koordinate.

Wenn man alle Punkte in einem *draw()*-Durchgang berechnen lässt, bekommt man bei großen Punktmengen viele Sekunden nichts zu sehen, bis dann das Ergebnisbild angezeigt wird. Das ist unerfreulich, denn man kann auf diese Weise den äußerst interessanten Entwicklungsprozess nicht beobachten. Im Sketch *gingerbreadStart* ist daher die *draw()*-Methode etwas anders programmiert und gibt nach jeweils A Punkten ein Bild aus.

Der Index i in *draw()* wird nur innerhalb der *while-Schleife* erhöht. Der Ausstieg aus while findet statt, wenn eine der Koordinaten der zu zeichnenden Punkte größer als 100.000 ist (vermutliche Divergenz) oder wenn $A = 200$ Durchgänge beendet sind. Das Programm wird mit *noLoop()* beendet, wenn die Zahl der zu berechnenden Punkte n erreicht wurde. Im Gegensatz zu den Werten, die zu Abbildung 6.5 geführt haben, begnügen wir uns anfangs mit $n = 200.000$ Punkten, denn alle 200 Punkte zeichnen zu lassen, verlangsamt so stark, dass man die Entwicklung gut beobachten kann und nicht all zu lange auf das Endergebnis warten muss.

Das Ergebnis ist eine einfarbige Gingerbreadman map wie sie in Abbildung 6.6 zu sehen ist. Man kann beobachten, dass die ersten 10.000 Punkte recht langweilig auf einem Ellipsen-ähnlichen Gebilde liegen. Dann plötzlich wandern die Punkte in die Ebene hinaus und bilden eine

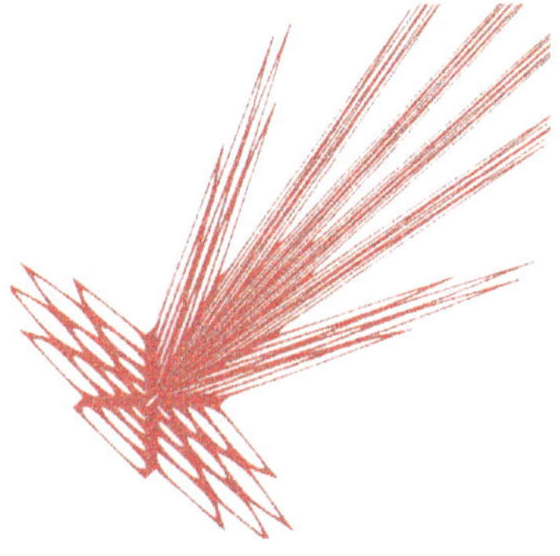

klar erkennbare Struktur. Da nur mit einer Farbe gezeichnet wird, kann
man ab einer bestimmten Größe schlecht beobachten, ob noch weitere
Punkte hinzukommen.

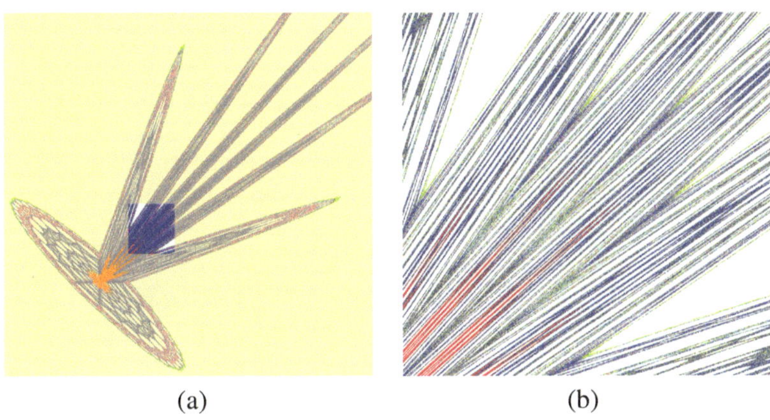

(a)   (b)

Abbildung 6.7
a) 100 Millionen Punkte
b) dieselbe Anzahl
Punkte vom Ausschnitt
links

Dennoch entsteht der Eindruck, dass es bei hoher Punktezahl in bestimmten Bereichen keine Lücken mehr gibt. Dass dies eine Täuschung ist,
zeigt Abbildung 6.7. Der nicht gelb unterlegte Teil des linken Bildes wurde durch Eingrenzung des Bereichs erneut gerechnet. Man erkennt, dass
es sehr wohl „verbotene" Bereiche gibt. Vergrößert man diese, so werden
neue Bereiche ohne Punkte sichtbar. Da dies ohne Ende so weitergeht,
haben solche Maps offensichtlich eine *fraktale Struktur*.

Aufgabe 5

Schreiben Sie eine Prozedur für die Farbgebung der Punkte der Gingerbreadman map. Damit kein Farbchaos entsteht, sollten mindestens
immer 1000 Punkte mit der gleichen Farbe gezeichnet werden.

Variieren Sie A (Anzahl der in einem *draw()*-Durchgang zu zeichnenden
Punkte), n (maximale Anzahl aller zu zeichnenden Punkte) und eventuell
die Grenzen *xu, xo, yu, yo*. Testen Sie nun auch folgende Einstellungen:

$A = 10$, $n = 100\,000$, xu $=-50$, yu$=-50$, xo $= 200$, yo $= 200$

sowie

A = 4000, n = 5 000 000, xu =-700, yu=-700, xo = 2000, yo = 2000

Untersuchen Sie, ob die Gingerbreadman map auch diese zweiten, weiten Grenzen sprengt, wenn man 20, 30, 40 Millionen Punkte zeichnen lässt.

Aufgabe 6

Bisher hatten wir für alle Gingerbreadman maps die gleichen Parameter cx und cy. Ändern Sie diese (zunächst geringfügig) und finden Sie weitere interessante Gebilde. Am einfachsten geht das in *draw()*. Nach jedem fertigen Bild wird cx um einen kleinen Wert erhöht und das Ergebnis mit immer neuen Nummern abgespeichert.

Speichern Sie die verschiedenen Ergebnisse mit der folgenden Befehlszeile:

saveFrame("GingerBreadMan-####.png")

So werden alle Bilder mit einer anderen Nummer abgespeichert. Nebenstehend sind vier verschiedene Ergebnisse dargestellt.

6.6 Unbeabsichtigte Nebenwirkungen

Prozeduren, so wie wir sie im Moment verwenden, tun mitunter leider nicht genau das, was wir von ihnen erwarten. Genauer formuliert: Manchmal wirken sie auch dann noch, wenn wir glauben, ihre beabsichtigte Aktion sei beendet. Ein einfaches Beispiel soll dies verdeutlichen: eine Ellipse oben links im Fenster soll sich um ihren Mittelpunkt drehen.

Sketch ellipsen

```
float ang1 = 0;
float ang2 = 0;

void setup() {
    size(600, 600);
}

void draw() {
    background(255);
    ellipseTransformieren(80,80,ang1,color(200,0,0,100));
    ang1+= 0.01;
}
...
```

Die Parameter in *ellipseTransformieren()* haben folgende Bedeutung: Verschiebe die Ellipse um jeweils 80 Pixel in x- und y-Richtung, Drehe um den Winkel *ang1*, färbe die Ellipse mit der Farbe, die durch die Definition von *color(200,0,0,100)* entsteht. Die Prozedur könnte so aussehen:

```
void ellipseTransformieren(int x1, int x2, float delta, color farbe) {
    translate(x1, x2);
    rotate(delta);
    fill(farbe);
    ellipse(0,0,80,40);
}
```


Nach dem Start sehen wir oben links wie erwartet eine sich um ihren Mittelpunkt drehende rote Ellipse. Und nun hätten wir gerne noch eine blaue Ellipse mit Mittelpunkt (200,200), die sich etwas schneller dreht. Dazu ergänzen wir die *draw()*-Methode um folgende zwei Zeilen:

```
ellipseTransformieren(200,200,ang2, color(100,100,250,100));
ang2 += 0.03;
```

Überraschenderweise passiert etwas völlig anderes mit der blauen Ellipse (siehe Abbildung 6.8 (links)). Sie dreht sich zwar um sich selbst, aber leider auch um den Mittelpunkt der roten Ellipse. Der Grund für dieses zunächst merkwürdige erscheinende Verhalten muss in *translate()* und *rotate()* zu finden sein. Und tatsächlich transformieren die genannten Prozeduren nicht nur die Ellipse sondern das Koordinatensystem.

Um das zu zeigen fügen wir dem Sketch noch ein paar Pfeile hinzu (siehe Sketch *ellipsen*). Hier wird in der Prozedur *ellipseTransformieren()* am Anfang ein Pfeil von $(0,0)$ zum Ort der Ellipse gezeichnet und nach *translate()* und *rotate()* zwei Pfeile, die die x- und y-Achse anzeigen. Das Ergebnis ist in Abbildung 6.8 rechts zu sehen.

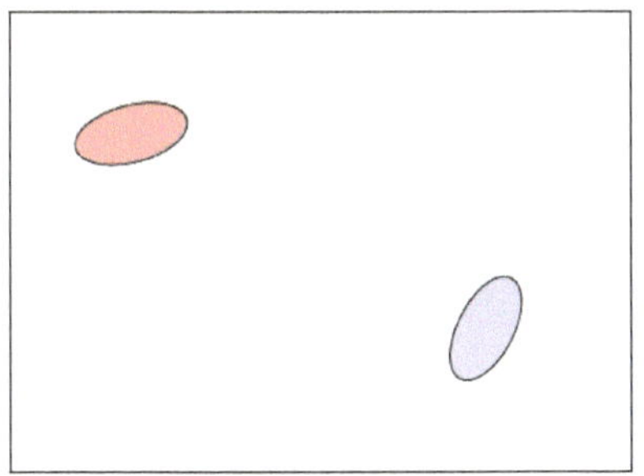 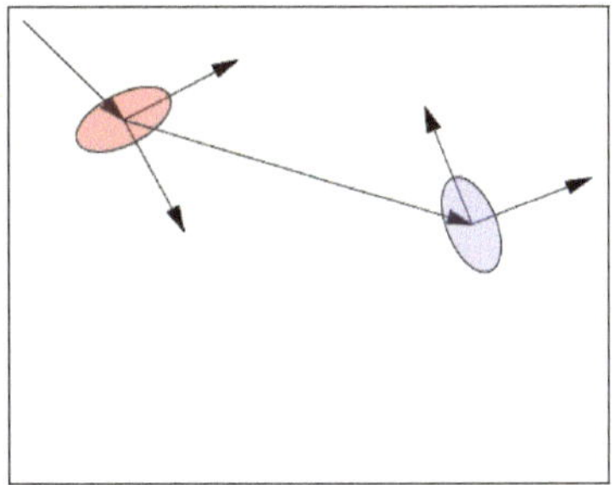

Nach dem ersten Aufruf von *ellipseTransformieren()* zeigt der Pfeil für die zweite Ellipse nicht etwa vom Nullpunkt dorthin, sondern vom Mittelpunkt der ersten aus. Der erste Aufruf hat also etwas verändert, was nach diesem Aufruf weiter bestehen bleibt: den Gesamtzustand der Grafikausgabe.

Um dies zu vermeiden, müssen wir am Anfang des Programmcodes in *ellipseTransformieren()* den Zustand speichern und nachdem wir die Transformationen ausgeführt haben, den Zustand wieder herstellen. Dazu

pushMatrix(),
popMatrix()

bietet Processing die *pushMatrix()* und *popMatrix()*. Wir werden später noch genauer erklären, was sie tun, für den Moment fügen Sie sie bitte in *ellipseTransformieren()* ein und sehen sich das Ergebnis danach an.

Nicht nur der Grafikzustand kann durch Prozeduren nachhaltig verändert werden, sondern auch die Werte aller Variablen, die wir am Anfang des Programms deklariert haben. Diese globalen Variablen (global, weil für das gesamte Programm gültig) müssen daher besonders vorsichtig behandelt werden, damit sich keine unerwünschten Effekte einstellen.

6.7 Rekursionen

Zu den faszinierendsten Eigenschaften von Computerprogrammen zählen sicherlich Rekursionen: Man kann eine Prozedur oder Funktion sich selbst aufrufen lassen. Anstatt nun zuerst auf die Eigenschaften solcher Rekursionen einzugehen, programmieren wir einfach mal eine.

Wir definieren uns eine Prozedur *matruska()*, die ein abstraktes Matruska-Ei erzeugt, also eine Menge von ineinander liegenden Ellipsen. Matruska bekommt als Parameter die Position der Ellipse über „x" und „y" und dann ihre Größe, die wir in die entsprechenden Radien umwandeln.

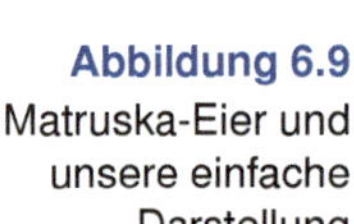

Abbildung 6.9
Matruska-Eier und
unsere einfache
Darstellung

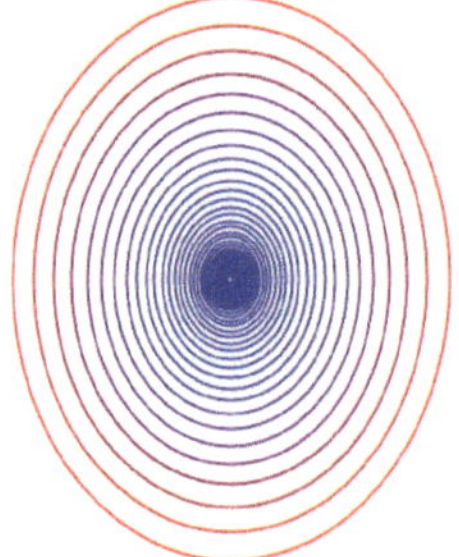

Dann folgt der rekursive Aufruf, dem wir die identischen Koordinaten mitgeben, aber eine um 0.9 verkleinerte Größe der neuen Matruska-Version. So wird jedes Mal eine etwas verkleinerte Ellipse erzeugt, und jede liegt in der anderen (siehe Abbildung 6.9(rechts)).

Sketch
matruskaEier

```
void matruska(float x, float y, float groesse) {
    ellipse(x,y,groesse,1.3*groesse);
    matruska(x,y,groesse*0.9);
}

void setup() {
    size(500,500);
    background(255,255,255);
}
```

```
void draw() {
   matruska(250,250,350);
}
```

Wenn Sie das Programm laufen lassen, geschieht erst einmal nichts. Nicht eine einzige Ellipse wird gezeichnet. Schlimmer noch, nach einer Zeit bricht Processing die Ausführung mit einer ziemlich kryptischen Fehlermeldung ab. Dies liegt daran, dass wir zwar die Rekursion richtig definiert haben, aber etwas Entscheidendes vergessen haben: sie irgendwann abzubrechen.

In unserem Beispiel wird die Prozedur *matruska()* beim ersten Ausführen von *draw()* aufgerufen, malt eine Ellipse und ruft sich dann erneut auf, malt eine Ellipse und ruft sich dann erneut auf, usw. Das würde unendlich lange so weitergehen, wenn nicht für jeden Prozeduraufruf Kontrolldaten abgespeichert werden müssten und diese dann irgendwann den Speicher überschwemmen. Daher die seltsame Fehlermeldung.

Wir müssen also in *matruska()* noch eine Abbruchbedingung ganz am Anfang hinzufügen, die irgendwann keine weiteren rekursiven Aufrufe mehr zulässt. Eine Möglichkeit ist es, die Rekursion einfach ab einer gewissen Größe zu stoppen. Wir wissen ja, dass die Ellipsen immer kleiner werden. Also definieren wir ein Abbruchkriterium: Es soll nur dann eine weitere Rekursion stattfinden, wenn die Größe der zu zeichnenden Ellipse noch größer als der Wert Vier ist – und jetzt werden tatsächlich eine Reihe von verschachtelten Ellipsen gezeichnet.

Abbruchbedingung

```
void matruska(float x, float y, float groesse) {
   if (groesse>4) {
      ellipse(x,y,groesse,1.3*groesse);
      matruska(x,y,groesse*0.9);
   }
}
```

Vielleicht haben Sie sich gewundert, warum in der ersten Version des Programms überhaupt keine Ellipsen gezeichnet wurden, schließlich wurden ja viele Zeichenbefehle gegeben. Der Grund ist folgender: Weiter oben wurde ja schon gesagt, dass Processing auch für Animationen verwendet werden kann, dann aber muss jedes Bild der Animation schon komplett fertig gestellt sein, bevor es gezeigt wird, sonst würde das Ergebnis seltsam flackern. Deshalb sammelt Processing alle Grafikbefehle in der *draw()*-Prozedur und stellt sie erst dann dar, wenn die Prozedur wieder verlassen wird. Dies geschieht aber in der ersten Version des Beispiels nicht, weil ja die Rekursion beliebig lang weiter läuft.

Aufgabe 7

Bisher zeichnet der Sketch *matruskaEier* nur schwarze Ellipsen. Diese werden nach jedem Erreichen der Abbruchbedingung von Neuem gezeichnet. Ändern Sie den Sketch so ab, dass die Ellipsen farbig gezeichnet werden und dass bei Erreichen der Abbruchbedingung nicht erneut gezeichnet wird. Danach verändern Sie das Programm und versuchen ein Bild wie in Abbildung 6.10(a) zu erzeugen. Tipp: Nur zwei Zeichen müssen beim rekursiven Aufruf eingefügt werden.

Abbildung 6.10
a) Eine nur minimal veränderte Version der ineinanderliegenden Ellipsen liefert dieses schöne Muster; b) eine Version des Sierpiński-Dreiecks.

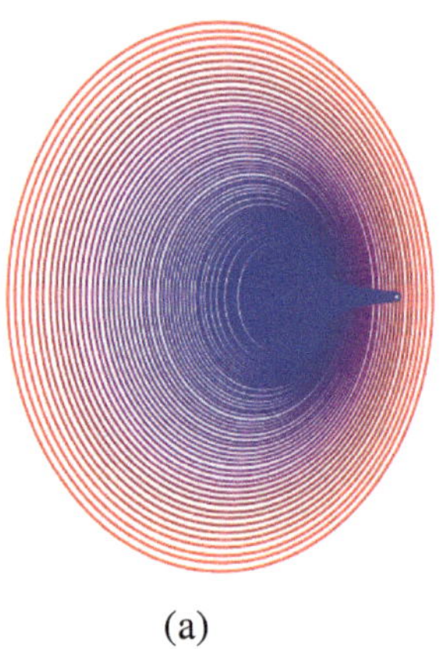

(a)

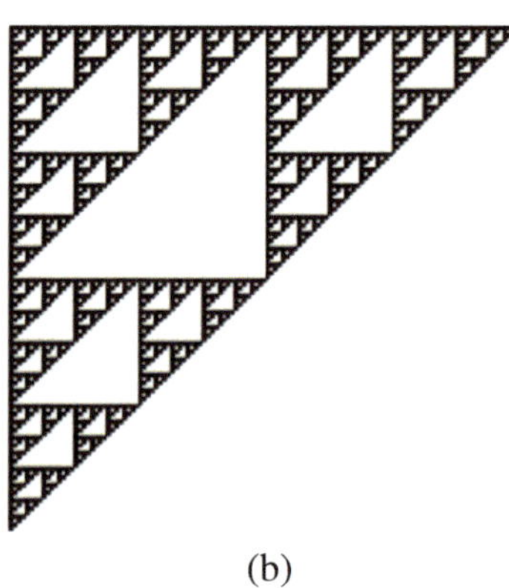

(b)

Mehrfach-Rekursion (Sierpiński-Dreieck)

Wacław Sierpiński war ein bekannter Mathematiker, der Anfang des zwanzigsten Jahrhunderts neben anderen Dingen verschiedene Fraktale erforschte. Dies sind geometrische Strukturen mit seltsamen Eigenschaften, so etwa Linien, die eine zweidimensionale Fläche füllen oder sich selbst auf verschiedenen Größenordnungen ähnelnde Objekte. So fand er auch das nach ihm benannte Dreieck, es ist ein einfaches Fraktal, das sich durch eine rekursive Prozedur malen lässt. Hier sieht man die Selbstähnlichkeit gut, denn ein Teil des Sierpinski-Dreiecks sieht aus wie das gesamte Dreieck.

Sketch sierpinskiDreieick

Der entsprechende Processing-Sketch *sierpinskiDreieck* malt ein Objekt (in diesem Fall ein kleines Quadrat) und ruft sich dann dreimal mit der halben Größe rekursiv auf, jedes Mal aber mit einem anderen Mittelpunkt. Es entsteht so eine gewaltige Menge von rekursiven Aufrufen (in unserem Beispiel 2187), bis die Größe der Objekte kleiner oder gleich Fünf ist.

Aufgabe 8

Mit dieser einfachen Rekursion lassen sich verschiedene Varianten erzeugen. Überprüfen Sie, was geschieht, wenn man die geometrische Form verändert oder aber die Positionen der Mittelpunkte in den rekursiven Aufrufen.

Mehrfach-Rekursion (Bäume und Farne)

Jetzt wollen wir etwas Lebensnäheres entstehen lassen, einen natürlich wirkenden Baum. Dazu öffnen Sie bitte den bereitgestellten Sketch *baum*. Im ersten Moment mag man staunen, dass ein Programmcode bestehend aus wenigen Zeilen einen solchen Baum zeichnen kann. Während man in *setup()* nur ein paar Grafikparameter einstellt, scheint das Wesentliche beim Aufrufen von *zweig()* zu entstehen.

Des Rätsels Lösung: Der Baum ist durch mehrfache Rekursion entstanden. In diesem Abschnitt soll der „Mechanismus"mehrfacher Rekursionen untersucht werden, damit Sie letztendlich selbst Sketches dieser Art programmieren können.

Abbildung 6.11
Baum, erzeugt von mehrfacher Rekursion. Rechts: eine einfache, farbkodierte Version.

Das Baum-Bild (siehe Abbildung 6.11) besteht aus knapp 60 000 Linien und eignet sich daher nicht zur Erläuterung der Mehrfach-Rekursion. Wir begnügen uns daher zunächst mit einer einfacheren Version, die die Zweige farblich markiert. Die *draw()*-Methode enthält auch dort nur einen einzigen Aufruf der Prozedur *zweig()*.

Sketch
baumRekursionDemo

```
void draw() {
    background(255);
    stroke(124,55,22); // Farbe braun
    strokeWeight(10); // Breiter Strich
    translate(width/2,height); // Ort: Mitte Unten im Ausgabefenster
```

```
zweig(0); // Aufruf der zweig()-Procedur
}
```

Da es, wie in Abbildung 6.11(rechts) zu sehen, nur eine braune Linie gibt, darf man erwarten, dass diese von *zweig(0)* erzeugt wurde. Der große Kreis dort schließt drei weitere Farben ein. Dies legt nahe, dass in *zweig(0)* dreimal die Prozedur *zweig()* rekursiv aufgerufen wird:

```
void zweig(int tiefe) {
    if (tiefe < 4) {
        line(0,0,0,-height/3);
        zweigRot(tiefe);
        zweigGruen(tiefe);
        zweigBlau(tiefe);
    }
}
```

Hier wird genau eine Linie gezeichnet. Beachtet man beide *translate*-Befehle, dann müsste eine (dicke, braune) Linie von (300,600) nach (300,400) gezeichnet werden. Deaktiviert man die drei Farbzweige, dann bleibt nur eine braune Linie übrig.

Die Prozedur *zweig()* ist, wie schon vermutet, für den roten, grünen und blauen Ast verantwortlich. Auch bei den anderen Verzweigungen (Beispiel kleiner Kreis) wird offensichtlich *zweig()* aufgerufen. Da man in obiger Prozedur keinen derartigen Aufruf erkennen kann, muss er sich in den *zweigRot()*, *zweigGruen()* und *zweigBlau()* befinden. Exemplarisch untersuchen wir nun die Prozedur *zweigRot(tiefe)*:

```
void zweigRot(int tiefe) {
    pushMatrix();
    translate(0,-height/5);
    rotate(radians(random(10,60)));
    scale(0.7);
    stroke(200,0,0);
    zweig(tiefe + 1);
    popMatrix();
}
```

Den Zweck von *pushMatrix()* und *popMatrix()* haben Sie schon kennengelernt. Es wird nun etwas tiefer als das Ende des braunen Astes (-height/5) ein roter, verkürzter (Faktor 0.7) Zweig angefordert, der zum braunen Zweig einen zufälligen Winkel zwischen 10 und 60 Grad aufweist. An dessen Ende beginnt die Prozedur von vorn: roter Zweig, grüner Zweig und blauer Zweig. Die int-Größe *tiefe* erhöht sich dabei um eins. Daher gibt es in jede Richtung drei derartige Verzweigungen.

Damit ist der Baum aus Abbildung 6.11 schon fast programmiert. Unterschied: Für *tiefe* wählt man einen Wert zwischen 11 und 12 und außer den letzten drei Zweigen (grün) sind alle braun.

In Abbildung 6.12 ist ein farnähnliches Gebilde dargestellt. Es kann auf fast dieselbe Weise erzeugt werden. In *draw()* heißt die erste Translation nun *translate(0, height/2)*. Die Prozedur *farn()*, die die Rekursion steuert, unterscheidet sich sehr wenig von *zweig()*. Auch sie verzweigt dreimal mittels eines rekursiven Aufrufs:

```
void farn(int tiefe ) {
   if (tiefe < 12) {
      line(0,0,width/4,0);
      mitte(tiefe);
      links(tiefe);
      rechts(tiefe);
   }
}
```

Wir betrachten exemplarisch die Prozedur *links()*:

```
void links(int tiefe) {
   pushMatrix();
   translate(width/4,0);
   rotate(radians(-50));
   scale(0.5);
   farn(tiefe + 1);
   popMatrix();
}
```

Der wesentliche Unterschied zur Rekursion *baum()* ist die Wahl fester Winkel. In *mitte()* ist ein Winkel von etwa 10 Grad empfehlenswert. Außerdem sollte *scale(0.8)* gewählt werden für die Verkleinerung der kleineren Äste. Die Prozedur *rechts()* verwendet beispielsweise den Winkel -40 Grad. Testen Sie weitere Einstellungen!

6.8 Random versus SecureRandom

Wie Sie bereits gesehen haben, sind Zufallszahlen für viele Bereiche unverzichtbar. Durch den Aufruf *random(256)* liefert uns der Processing eine „zufällige" Zahl zwischen 0 und 256. Aber Zufallszahlen, die der Computer berechnet, sind nur *Pseudo-Zufallszahlen*, sind also nicht wirklich zufällig. Der Grund ist einleuchtend: Es gibt ja offensichtlich einen der Prozedur zugrundeliegenden Algorithmus, der eine Zufallszahl nach der anderen berechnet.

Allerdings ist die Unterscheidung Zufallszahlen/Pseudo-Zufallszahlen nicht sonderlich hilfreich. Entscheidend ist doch nur, ob es möglich ist, aus einigen scheinbar zufälligen Zahlen auf den Algorithmus, und damit auf die folgenden Zahlen schließen zu können.

Die bisher genutzte Funktion *random()* (aus der Klasse java.util.Random) hat, neben der Tatsache, dass nur mit 48 Bit gerechnet wird, auch noch

*Sketch
randomUndSecure-
Random*

den Nachteil, dass man bei Kenntnis des *Seed* (Samen), also der ersten Zahl, sofort alle folgenden Zahlen kennt. Random nutzt zur Berechnung des Seed die Systemzeit und liefert immer die gleiche Zahlenfolge für ein und dieselbe Zeit.

Tatsächlich unvorhersehbar sind stattdessen die Werte der *SecureRandom( )*-Funktion (aus der Klasse java.security.SecureRandom). Sie arbeitet mit 128 Bit und holt sich zur Berechnung aktuelle Daten, die nur den Bruchteil einer tausendstel Sekunde gültig sind, aus dem Betriebssystem. Derselbe Seed-Wert führt daher zu immer anderen Folgewerten. Wenn es also um sichere Verschlüsselung geht, sollte man ausschließlich *SecureRandom* verwenden. Im folgenden Sketch sehen Sie den Unterschied im Aufruf der beiden Funktionen. Es werden erst 100 Zufallszahlen zwischen 0 und 256 mit *random( )* und dann mit *SecureRandom( )* berechnet:

```
import java.security.SecureRandom ;
SecureRandom zufall = new SecureRandom();
int zufallsZahlSecure;
int zufallsZahl;

for (int i = 0; i<100;i++){
    zufallsZahl = (int)random(256);
    print(zufallsZahl + " ");
}
println(); println();
```

```
for (int i = 0; i<100;i++){
    zufallsZahlSecure= zufall.nextInt(256);
    print(zufallsZahlSecure + " ");
}
```

7
Interaktion

Zusammenarbeit mit dem Computer

© Springer Fachmedien Wiesbaden GmbH, ein Teil von Springer Nature 2018
O. Deussen, T. Ningelgen, *Programmieren lernen mit Computergrafik*,
https://doi.org/10.1007/978-3-658-21145-5_7

Richtige Freude machen Computerprogramme meist erst dann, wenn man dem Computer während des Programmablaufs etwas mitteilen kann, wenn man sozusagen mit ihm interagieren kann. Dazu muss das Programm erfahren, wann der Benutzer eine Taste der Tastatur gedrückt hat, oder aber wenn er eine Maustaste gedrückt oder losgelassen hat. Natürlich gibt es noch viele andere Formen der Interaktion, wir wollen uns aber erst einmal auf diese beiden beschränken.

Wir haben ja schon die *draw()*-Prozedur kennen gelernt, die während des Programmlaufs ständig aufgerufen wird. Einen ähnlichen Mechanismus hat die Prozedur *keyPressed()*: Sobald eine Taste vom Benutzer gedrückt wurde und die aktuelle Ausführung der *draw()*-Prozedur beendet wurde, wird als nächstes die *keyPressed()*-Prozedur ausgeführt. Innerhalb der *keyPressed()*-Prozedur macht man dann nichts anderes als abzufragen, welche Taste gedrückt wurde, um daraufhin den Zustand des Programms zu ändern, z. B. für den nächsten Durchlauf von *draw()*.

Ganz ähnlich funktioniert auch *mousePressed()*. Nur dass wir hier verschiedene Situationen haben können. Manchmal möchte man etwas ausführen, sobald die Maus gedrückt wurde (*mousePressed()*), manchmal erst, wenn der Mauszeiger wieder losgelassen wurde (*mouseReleased()*) und manchmal, während der Mauszeiger gedrückt über die Zeichenfläche geführt wird (*mouseDragged()*). Oder wenn etwas angeklickt wurde, also über einer Stelle die Maus sowohl gedrückt als auch losgelassen wurde (*mouseClicked()*). Und zu jedem Zeitpunkt sollte man in der Lage sein, die Koordinaten der Maus abzufragen. Möglich ist dies über die Variablen „mouseX" und „mouseY", die von Processing bereitgestellt werden.

Das sind viele Funktionen, also der Reihe nach: Zuerst implementieren wir die Eingabe mit der Tastatur und benutzen dazu die Prozedur *keyPressed()*. In den weiteren Beispielen beschäftigen wir uns dann mit der Mauseingabe.

7.1 Tastatureingabe mit *keyPressed()*

In diesem Beispiel machen wir nichts anderes, als jeden Tastendruck des Benutzers auf die *Konsole* (das Feld unterhalb des Programmierfensters) zu schreiben. Drückt der Benutzer eine Taste, muss hierfür das Processing-Programm unterbrochen und ein Signal an den Prozessor gesendet werden. Dieses Signal erzeugt ein sogenanntes *Ereignis*, oder

englisch „Event". Der Prozessor fragt in regelmäßigen Abständen, ob ein Event vorliegt und unterbricht in diesem Fall das laufende Programm und ruft für jeden Event eine Prozedur auf. Im Fall von Processing ist das die Prozedur *keyPressed()*. Innerhalb der Prozedur wird dabei gleich der Tastenwert „key" auf den Wert der gedrückten Taste gesetzt. Wir schreiben ihn mit der Java-Ausgabefunktion *print()* auf den Bildschirm. Die beiden Processing-Prozeduren *setup()* und *draw()* geben wir zwar an, um *keyPressed()* definieren zu können, lassen sie aber einfach leer.

Wie schon im letzten Kapitel erwähnt, ist das nötig, um ein vollständiges Processing-Programm zu definieren.


```
void setup() { }
void draw() { }
void keyPressed() {
  print(key);
}
```

Sketch
tastatur

In vielen Fällen wollen wir den Ablauf eines Processing-Programms mit Tastatureingaben steuern. Dazu müssen wir verschiedene Tasten auswerten. Dabei gibt es ein kleines Problem: Neben den gewöhnlichen Tasten mit Buchstaben und Zahlen gibt es noch eine Reihe von Sondertasten, etwa die Hochstelltaste, oder die Funktionstasten, die Pfeiltasten etc.

7.2 Allgemeine Tastatureingabe

Im nächsten Beispiel wollen wir verschiedene Tasten auswerten und damit ein kleines Malprogramm steuern. Im folgenden Sketch sind die aufgerufenen Prozeduren *advanceStroke()*, *setColor()*, *setWeight()* und *resetDrawing()* definiert, hier wollen wir nur die Tastatureingabe anschauen (eine Beispielausgabe ist in Bild 7.1 zu sehen).

Für die Sondertasten verwenden wir die Abfrage „key == CODED" und besorgen uns den Wert der Taste über *keyCode* (die Pfeiltasten haben die vordefinierten Werte *UP*, *DOWN*, *RIGHT*, *LEFT*) ansonsten fragen wir den Wert von *key* direkt ab.

Sketch
tastatur2

```
...
void keyPressed() {
  if (key == CODED) {
    switch (keyCode) {
      case UP: advanceStroke(0, -3); break;
      case DOWN: advanceStroke(0, 3); break;
      case RIGHT: advanceStroke(3, 0); break;
      case LEFT: advanceStroke(-3, 0); break;
    }
  } else {
    switch (key) {
      case 'r': setColor(color(255, 0, 0)); break;
      case 's': setColor(color(0, 0, 0)); break;
      case '1': setWeight(1); break;
      case '2' : setWeight(2); break;
      case 'z': resetDrawing(); break;
    }
  }
}
```

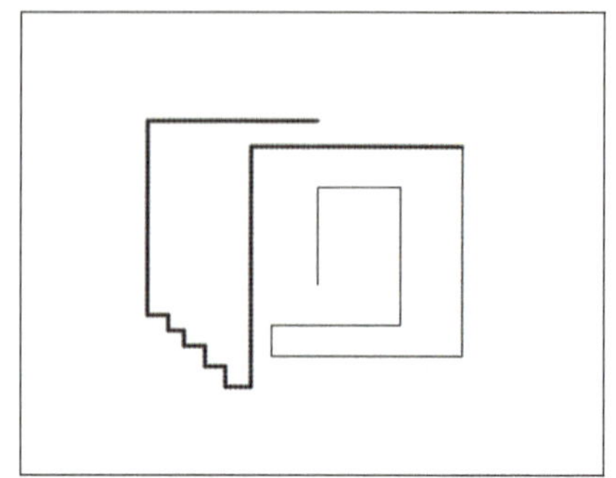

Nur der Vollständigkeit halber: Wie schon erwähnt, gibt es auch eine Prozedur, die immer dann aufgerufen wird, wenn der Benutzer eine Taste wieder losgelassen hat: die Prozedur *keyReleased( )*. Anwendungen für dieses Event könnten z. B. Computerspiele sein, in denen der Benutzer auf einer Taste „stehen" bleibt und das System wissen muss, wann er sie losgelassen hat.

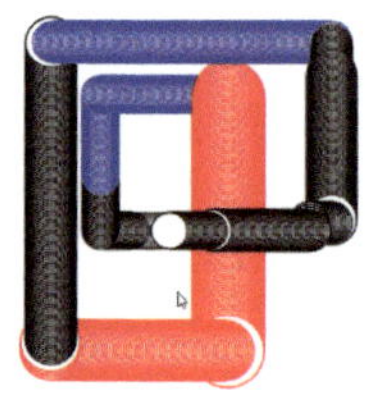

Aufgabe 1

In dieser Aufgabe soll sich auf entsprechenden Tastendruck eine Kreislinie nach oben, unten, rechts und nach links bewegen. Außerdem darf der Benutzer die Dicke, die Farbe der Kreislinie und den Radius der Kreise verändern.

7.3   Interaktion mit der Maus

Um Interaktionen mit der Maus einzubeziehen, implementieren wir nun ein weiteres kleines Malprogramm; im Sketch *maus1* ist der entsprechende Programmcode zu finden. Wenn man ihn ausführt und die Maus über die Zeichenfläche bewegt, werden viele bunte Kreise gezeichnet. Sobald man eine Taste drückt, wird im Programm wieder die Prozedur *keyPressed( )* aufgerufen und je nach Taste verschiedene Dinge getan. Beim Drücken der Taste „c" wird der Bildschirm gelöscht, bei „1" wird der Wert der „form"-Variablen auf Eins gesetzt. Ab diesem Moment werden in *draw( )* kleine Rechtecke gezeichnet, bei „2" erscheinen Kreise, bei „3" kleine Wörter („Hallo") und bei „4" ein Linienzug.

Für das Zeichnen der Kurve wurden zwei weitere Variablen verwendet, die von Processing bereitgestellt werden: In *pmouseX* und *pmouseY* stehen die Koordinaten, die der Mauszeiger im vorangehenden Bild hatte. So kann man ganz einfach einen Linienzug realisieren, der sich mit jedem Bild weiterentwickelt. Die *draw*-Prozedur im Beispielprogramm *Maus1* ist nur eine *switch*-Anweisung und sieht folgendermaßen aus, wobei *form* eine globale Variable ist, welche die Art der zu zeichnenden Objekte bestimmt.

*Sketch
maus1*

```
void draw() {
  noStroke();
  fill(random(0, 255), random(0, 255), random(0, 255));
  switch (form) {
  case 1: // male ein zufällig gefärbtes Rechteck ohne Rand
    rect(mouseX, mouseY, 10, 10);
    break ;
  case 2: // male einen zufällig gefärbten Kreis ohne Rand
    ellipse(mouseX, mouseY, 10, 10);
    break ;
  case 3: // male einen Text
    text("Hallo",mouseX, mouseY);
    break ;
  case 4: // male eine Linie
    stroke(0);
    line(pmouseX, pmouseY, mouseX,mouseY);
    break ;
  }
}
```

Ein Problem mit Beispiel „maus1" besteht jetzt aber darin, dass immerfort neue Objekte erscheinen. Selbst wenn man die Maus nur einfach über einer Stelle stehen lässt oder sogar aus dem Fenster entfernt, erscheinen munter weiter farbige Objekte übereinander.

Abbildung 7.2
Kleiner graphischer
Editor mit Mauseingabe

Dies liegt am kontinuierlichen Aufruf der *draw*-Prozedur durch Processing. In Beispiel *maus2* ist daher der Programmcode etwas abgewandelt, nun ist das Malen der Objekte in *mouseDragged()* integriert. Dies ist eine Prozedur ähnlich zu *keyPressed()*, die nur aufgerufen wird, wenn die Maustaste tatsächlich durchgehend gedrückt wurde. Es gibt außerdem noch vorgefertigte Prozeduren, die beim Drücken der Maustaste aufgerufen werden (*mousePressed()*) oder aber wenn der Benutzer die Maustaste wieder loslässt (*mouseReleased()*).

Sketch
maus2

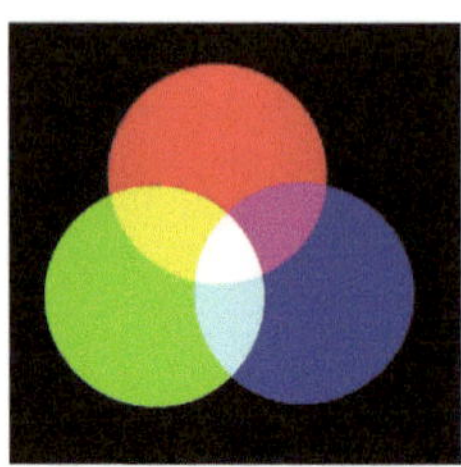

Aufgabe 2

Es sind drei verschiedenfarbige Kreise zu zeichnen. Wenn der Benutzer in einen der Kreise klickt und die Maus dabei über die Oberfläche zieht (*mouseDragged*), soll der Kreis mit der Maus bewegt werden. Benutzen Sie *blendMode(ADD)*.

Input/Output

Daten eingeben, Daten ausgeben

© Springer Fachmedien Wiesbaden GmbH, ein Teil von Springer Nature 2018
O. Deussen, T. Ningelgen, *Programmieren lernen mit Computergrafik*,
https://doi.org/10.1007/978-3-658-21145-5_8

Vielleicht haben Sie sich im letzten Kapitel gewundert, dass die Interaktion mit dem Computer über Maus und Tastatur möglich waren. Editierfelder, Labels und Buttons etwa, die Sie von anderen Programmiersprachen kennen, fehlen. Dies war eine bewusste Entscheidung der Processing-Entwickler. Sie wollten die Benutzereingabe intuitiv und einfach belassen und auf komplizierte Dialoge, wie wir sie von vielen Programmen kennen, verzichten. Processing-Sketche sollen einfach zu bedienen sein und schöne, ästhetische Dinge zeigen, es war nie angedacht, komplexe Systeme damit zu schreiben. Dennoch können wir mit Processing Dateien anlegen und einlesen und auf vielfältige Weise Ausgaben erzeugen.

8.1 Ausgabemöglichkeiten

Die einfachste Ausgabe läuft über die Konsole, wir hatten das schon in Kapitel 2 kennen gelernt. Hier nun eine weitere Druckanweisung für die Konsole:

```
println("3*4 = "+ str(3*4));
```

Die Ausgabe in der Konsole ist dann: „3*4 = 12". Hierbei haben wir die ziemlich nützliche Funktion *str()* verwendet, die alle möglichen Argumente in einen String umwandelt und diesen zurückgibt. Im obigen Beispiel wird dieser String mit dem durch „3*4 = "definierten ersten String durch das Plus-Zeichen verbunden und dann ausgegeben.

Die Konsole wird lediglich benötigt, um Fehlermeldungen auszugeben. Dennoch kann es nötig sein, dass der Benutzer gelegentlich eine Erklärung oder Anweisung benötigt, um sinnvoll mit einem Programm arbeiten zu können. Dafür kann man Texte im Programmfenster mit der Prozedur *text()* ausgeben, auch das haben wir schon im ersten Kapitel kennen gelernt. Bevor wir näher auf solche Ausgaben eingehen, noch ein paar Worte zu Zeichensätzen (oder englisch: Fonts).

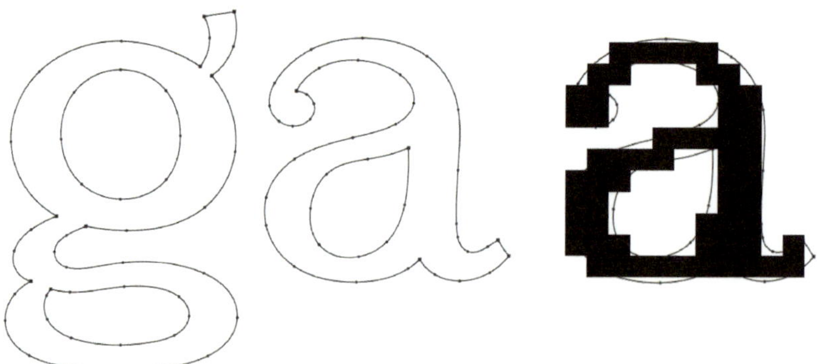

Zeichensätze

Jeder Zeichensatz besteht aus einer größeren Menge Buchstaben, Zahlen und Sonderzeichen, oftmals sind diese auch noch für verschiedene Größen in leicht unterschiedlichen Proportionen definiert. Ein einzelnes Zeichen wird hierbei durch eine Reihe von Kurvensegmenten definiert, die seine äußere Form und auch innere Strukturen beschreiben. In Abbildung 8.1 ist solch eine Kurvenbeschreibung zweier Buchstaben zu sehen.

Jedes der Kurvensegmente wird wiederum durch einige Punkte, die sogenannten Stützpunkte, definiert. Ein Buchstabe ist in dieser Form also nicht mehr als eine Ansammlung von ein paar Kurvensegmenten, was ziemlich effizient abgespeichert werden kann. Für die Ausgabe am Bildschirm aber müssen ja Pixel erzeugt werden, der Buchstabe muss also umgerechnet werden in ein kleines Bild, das dann überall dort auf den Bildschirm kopiert wird, wo der Buchstabe vorkommt. Eine Seite Text besteht also aus tausenden kleiner Bilder, die zusammengesetzt werden.

Um einen Zeichensatz benutzen zu können, muss diese Umwandlung, die sogenannte Rasterung, erst einmal vollzogen werden. Dies geschieht über eines der Tools, die Sie in der Programmleiste von Processing anwählen können („Tools" – „Schrift erstellen" bzw. „Create Font"). Theoretisch könnte man den Zeichensatz nur einmal für eine einzige Größe rastern lassen und nur mit einem einzigen Font arbeiten, beispielsweise also dem „ArialMT-12"-Zeichensatz auskommen und andere Größen über das Kommando *textSize(18)* erzwingen. Dann aber würden die erzeugten Bilder der Buchstaben in der Größe verändert und das Ergebnis sähe entsprechend schlechter aus.

Daher empfiehlt es sich, für zwei verschiedene Schriftgrößen auch zwei Zeichensatz-Objekte zu deklarieren, die sich in der Größe unterscheiden. Zeichensätze werden in Processing über einen *PFont*-Datentypen verwaltet. In *setup()* wird die Hintergrundfarbe und die Schriftfarbe festgelegt. Die beiden Fonts werden geladen und dann ausgegeben.

Sketch
textAusgabe

```
PFont font1, font2;

void setup() {
    size(300,200);
    background(255);
    fill(0); //Schriftfarbe schwarz
    font1 = loadFont("ArialMT-18.vlw");
    font2 = loadFont("ArialMT-12.vlw");
    textFont(font1);
    text("Mit ArialMT-18) geschrieben",60,80);
    textFont(font2);
    textAlign(CENTER);
    text("Und dies mit ArialMT-12",width/2,height/2);
}
```

Schaut man sich die Processing-Referenz zu *text()* an, findet man auch die hier verwendete Variante mit drei Parametern: Den auszugebenden String und die Koordinaten des Punktes links unten, bei dem der Text beginnen soll. Wenn man vorher *textAlign(CENTER)* angibt, so zentriert Processing den Text um den angegebenen Punkt.

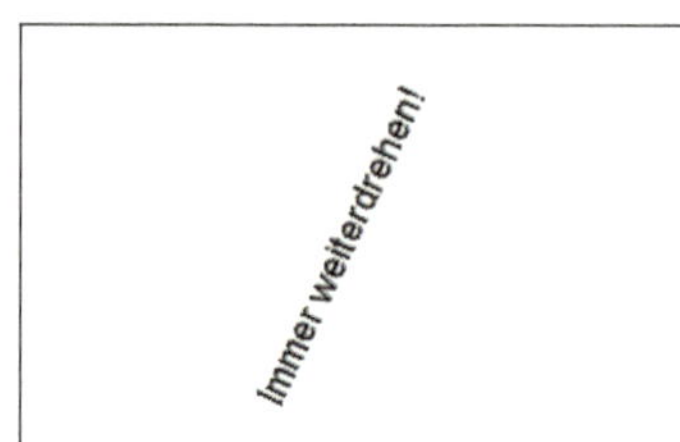

Abbildung 8.2
Links: Beispiel für eine Textausgabe; rechts: rotierende Textzeile

Processing erlaubt unzählige Effekte, die man auf den im Fenster dargestellten Text anwenden kann: 3D-Effekte, Text entlang einer Linie oder etwa veränderliche Transparenz. Ein sehr einfach herzustellender Effekt, die Drehung eines Textes, soll hier stellvertretend gezeigt werden. Benötigt werden hierfür die Funktionen *rotate()* und *translate()*, sie rotieren und verschieben das Koordinatensystem für den zu zeichnenden Text. So etwa könnte die passende *draw()*-Methode aussehen:

Sketch
textDrehen

```
void draw() {
    background(255);
    fill(0);
    textFont(font);
    translate(width/2,height/2);
    rotate(alpha); // Drehen mit alpha
    textAlign(CENTER);
    text("Immer weiterdrehen!",0,0);
    alpha += 0.04; // Winkel alpha erhöhen
}
```

Aufgabe 1

Lassen Sie Processing ein Wort schreiben, bei dem die Buchstaben immer größer und immer transparenter werden. Testen Sie weitere Möglichkeiten der Textdarstellung und sehen Sie sich an, wie verschiedene Schriftarten auf dem Bildschirm wirken. Da im Übrigen nicht auf allen Computern dieselben Schriften zur Verfügung stehen, macht es Sinn, die Schrift zusammen mit dem Sketch zu versenden, möchte man, dass jemand anderes den eigenen Sketch ansehen kann.

8.2 Textdateien lesen, anzeigen, schreiben

Ein kleines Beispiel verdeutlicht den Umgang mit Textdaten. Wir bauen einen Sketch, der einen Text aus einer Datei einliest und im Processingfenster anzeigt. Der Benutzer soll den gezeigten Teil des Textes hinauf und hinunter schieben können. Schauen wir uns die wichtigsten Teile an. Abbildung 8.3 zeigt das Ausgabefenster.

```
Alice was beginning to get very tired of sitting by her
sister on the bank, and of having nothing to do: once
or twice she had peeped into the book her sister was
reading, but it had no pictures or conversations in it,
`and what is the use of a book,' thought Alice `without
pictures or conversation?'

So she was considering in her own mind (as well as she
could, for the hot day made her feel very sleepy and
stupid), whether the pleasure of making a daisy-chain
would be worth the trouble of getting up and picking
the daisies, when suddenly a White Rabbit with pink
eyes ran close by her.

There was nothing so VERY remarkable in that; nor did
Alice think it so VERY much out of the way to hear the
Rabbit say to itself, `Oh dear! Oh dear! I shall be
late!' (when she thought it over afterwards, it occurred
to her that she ought to have wondered at this, but at
the time it all seemed quite natural); but when the
Rabbit actually TOOK A WATCH OUT OF ITS WAISTCOAT-
POCKET, and looked at it, and then hurried on, Alice
started to her feet, for it flashed across her mind
that she had never before see a rabbit with either
a waistcoat-pocket, or a watch to take out of it,
and burning with curiosity, she ran across the field
after it, and fortunately was just in time to see it
pop down a large rabbit-hole under the hedge.

In another moment down went Alice after it, never once
considering how in the world she was to get out again.

The rabbit-hole went straight on like a tunnel for some
way, and then dipped suddenly down, so suddenly that
Alice had not a moment to think about stopping herself
before she found herself falling down a very deep well.

Either the well was very deep, or she fell very slowly,
```


Wichtig im Sketch *textEditor* ist die Variable *numLines*. Sie gibt die Anzahl der auf dem Bildschirm anzuzeigenden Textzeilen an. Man berechnet sie aus der Fensterhöhe und der Zeichensatzgröße. In der Variablen *firstLine* steht die Zeile, die im Fenster als erstes angezeigt wird. Man kann den Wert der Variablen durch die Pfeiltasten (siehe *keyPressed()*) erhöhen oder erniedrigen und damit den Ausschnitt bestimmen, der im Fenster dargestellt wird. In *setup()* haben wir folgendes Codefragment:


```
...
text = loadStrings("test.txt");
numLines = height/(fontSize+2);
firstLine = 0;
font = createFont("SSansSerif", fontSize);
textFont(font);
```

Mit der Funktion *loadStrings("test.txt")* werden die Daten aus einer existierenden Textdatei „test.txt" eingelesen. Diese muss im gleichen

Verzeichnis wie die Programmdatei sein, oder im Unterverzeichnis *data*. Ist das der Fall, wird sie eingelesen und der Text wird in ein Array von Strings *text* geladen. Mit der Funktion *saveStrings()*, der man einen Dateinamen und ein Array von Strings übergibt, kann man die Textdaten zurück in eine Datei abspeichern. Diese beiden Funktionen sind die einfachste Möglichkeit, um Textdateien zu bearbeiten. Wir werden später sehen, dass sie viele Details verbergen und auf diese Weise ein ganz einfaches Interface zu Textdateien bieten.

Die Höhe der einzelnen Textzeilen wird nun durch die Zeichensatzgröße plus eine Zugabe von zwei Pixeln zwischen zwei Zeilen berechnet. Hier verwenden wir ferner die Funktion *createFont()*, welche den Zeichensatz jeweils neu aus den Kurven erzeugt. Das hat den Vorteil, dass man die gerasterte Version nicht explizit abspeichern muss und den Nachteil, dass es beim Programmstart ein wenig dauert, bis der Zeichensatz jeweils neu gerastert ist.

In der *draw()*-Prozedur werden jetzt jeweils *numLines* Textzeilen untereinander dargestellt, wobei *firstLine* bestimmt, ab welcher Zeile die Darstellung beginnt. Der Rest ist die Interaktion über die Pfeiltasten in *keyPressed()*. Bitte sehen Sie sich die Eingaben an und versuchen zu verstehen, was mit den *min()*- und *max()*-Anweisungen bezweckt wird.

Natürlich können wir mit diesem einfachen Programm den Text nicht verändern, sondern nur anzeigen. Aber dies ist die Basis für einen richtigen Editor. Hier müsste noch ein Cursor eingeführt werden, der jeweils in einer Textzeile an einer Stelle zwischen zwei Buchstaben stünde und eine Reihe von Operationen, um den Text um den Cursor herum zu verändern (also zu löschen, Text einzugeben, etc.).

8.3 Allgemeine Dateien lesen und schreiben

Die Funktion *loadStrings()* geht davon aus, dass die Datei eine Textdatei ist, die eine Folge von Buchstaben enthält. Wenn man hingegen eine allgemeine Datei lesen möchte, deren Inhalt einfach eine Folge von *byte*-Werten ist, so verwendet man die Funktion *loadBytes()*, die den Datei-Inhalt mit in ein Array von *byte*-Variablen einliest.

Sketch
textEditorBytes

Wir verwenden diese Funktion nun, um einen zweiten Editor zu realisieren, der beliebige Dateien darstellen kann. Um den Unterschied zur vorhergehenden Version klar zu machen, lesen wir wieder die Textdatei ein, tun aber diesmal so, als wäre sie eine allgemeine Datei. So können wir sehen, was wirklich in der Datei steht. Zu Beginn des Programms lesen wir also die Daten von *test.txt* über die Funktion *loadBytes()* in ein Array von *bytes* ein:

byte bt = b[(i+firstLine)*10+k] (i ...Zeilenindex, k ... Spaltenindex)

hexadezimal

Pro Zeile werden zehn Bytes zuerst mit ihren numerischen Werten dargestellt. Wir haben hier eine hexadezimale Schreibweise gewählt, in der jede der zwei Ziffern die Werte zwischen 0 und 15 annehmen kann. Da man Zahlenwerte größer Neun im normalen Dezimalsystem nicht mit nur einer Ziffer darstellen kann, werden hier die Buchstaben A bis F zu den Ziffern 0 bis 9 dazu genommen (A = 10, B = 11,...,F = 15) und auf diese Weise kann man mit zwei Ziffern Werte bis 256 darstellen. Der hexadezimale Wert 41 ist also als $4 * 16 + 1 = 65$ im Dezimalsystem zu lesen, der Wert $6C$ als $6 * 16 + 12 = 108$.

Nach den Werten werden dann die jeweiligen Zeichen gezeigt, wenn man die Bytes als *char*-Typ interpretiert. Wir hatten ja schon früher erkannt, dass man wissen muss, wie bestimmte Werte in einer Datei kodiert werden. Hier gehen wir also davon aus, dass es sich um Buchstaben oder Zahlen handelt und zeigen sie hinter der Hexadezimaldarstellung an. Alles, was weder Buchstabe noch Ziffer ist, wird über einen Punkt dargestellt. In Abbildung 8.4 links sehen wir das Ergebnis der ersten Werte der Textdatei.


```
41 6C 69 63 65 20 77 61 73 20    Alice.was.
62 65 67 69 6E 6E 69 6E 67 20    beginning.
74 6F 20 67 65 74 20 76 65 72    to.get.ver
79 20 74 69 72 65 64 20 6F 66    y.tired.of
20 73 69 74 74 69 6E 67 20 62    .sitting.b
79 20 68 65 72 20 0A 73 69 73    y.her..sis
74 65 72 20 6F 6E 20 74 68 65    ter.on.the
20 62 61 6E 6B 2C 20 61 6E 64    .bank..and
20 6F 66 20 68 61 76 69 6E 67    .of.having
20 6E 6F 74 68 69 6E 67 20 74    .nothing.t
6F 20 64 6F 3A 20 6F 6E 63 65    o.do..once
20 0A 6F 72 20 74 77 69 63 65    ..or.twice
20 73 68 65 20 68 61 64 20 70    .she.had.p
65 65 70 65 64 20 69 6E 74 6F    eeped.into
20 74 68 65 20 62 6F 6F 6B 20    .the.book.
68 65 72 20 73 69 73 74 65 72    her.sister
20 77 61 73 20 0A 72 65 61 64    .was..read
69 6E 67 2C 20 62 75 74 20 69    ing..but.i
74 20 68 61 64 20 6E 6F 20 70    t.had.no.p
69 63 74 75 72 65 73 20 6F 72    ictures.or
20 63 6F 6E 76 65 72 73 61 74    .conversat
69 6F 6E 73 20 69 6E 20 69 74    ions.in.it
2C 20 0A 60 61 6E 64 20 77 68    ....and.wh
61 74 20 69 73 20 74 68 65 20    at.is.the.
75 73 65 20 6F 66 20 61 20 62    use.of.a.b
6F 6F 6B 2C 27 20 74 68 6F 75    ook...thou
67 68 74 20 41 6C 69 63 65 20    ght.Alice.
60 77 69 74 68 6F 75 74 20 0A    .without..
70 69 63 74 75 72 65 73 20 6F    pictures.o
72 20 63 6F 6E 76 65 72 73 61    r.conversa
74 69 6F 6E 3F 27 0A 0A 53 6F    tion....So
20 73 68 65 20 77 61 73 20 63    .she.was.c
6F 6E 73 69 64 65 72 69 6E 67    onsidering
20 69 6E 20 68 65 72 20 6F 77    .in.her.ow
6E 20 6D 69 6E 64 20 28 61 73    n.mind..as
20 77 65 6C 6C 20 61 73 20 73    .well.as.s
68 65 20 0A 63 6F 75 6C 64 2C    he..could.
20 66 6F 72 20 74 68 65 20 68    .for.the.h
```

```
FF D8 FF E0 00 10 4A 46 49 46    ......JFIF
00 01 01 01 01 2C 01 2C 00 00    ..........
FF E1 2F 6C 45 78 69 66 00 00    ...lExif..
4D 4D 00 2A 00 00 00 08 00 0A    MM........
01 0F 00 02 00 00 00 12 00 00    ..........
00 86 01 10 00 02 00 00 00 0C    .-........
00 00 00 98 01 1A 00 05 00 00    ...リ......
00 01 00 00 00 A4 01 1B 00 05    .....L....
00 00 00 01 00 00 00 AC 01 28    ........ル..
00 03 00 00 00 01 00 02 00 00    ..........
01 31 00 02 00 00 00 0C 00 00    .1........
00 B4 01 32 00 02 00 00 00 14    .ル.2......
00 00 00 C0 01 3B 00 02 00 00    ..........
00 07 00 00 00 D4 02 13 00 03    ......ヰ....
00 00 00 01 00 02 00 00 87 69    ........ヨi
00 04 00 00 00 01 00 00 00 DC    .........l
00 00 0D EA 4E 49 4B 4F 4E 20    ....NIKON.
43 4F 52 50 4F 52 41 54 49 4F    CORPORATIO
4E 00 4E 49 4B 4F 4E 20 44 35    N.NIKON.D5
30 30 30 00 00 00 01 2C 00 00    000.......
00 01 00 00 01 2C 00 00 00 01    ..........
47 49 4D 50 20 32 2E 38 2E 31    GIMP.2.8.1
34 00 32 30 31 35 3A 31 31 3A    4.2015.11.
32 30 20 31 31 3A 32 36 3A 35    20.11.26.5
37 00 50 69 63 61 73 61 00 00    7.Picasa..
00 29 82 9A 00 05 00 00 00 01    ..ル......
00 00 02 CE 82 9D 00 05 00 00    ...ツ....
00 01 00 00 02 D6 88 22 00 03    ......ネ...
00 00 00 01 00 01 00 00 88 27    ........ネ.
00 03 00 00 00 01 00 C8 00 00    ..........
90 00 00 07 00 00 00 04 30 32    ミ.......02
32 31 90 03 00 02 00 00 00 14    21ミ.......
00 00 02 DE 90 04 00 02 00 00    ....ミ....
00 14 00 00 02 F2 91 01 00 07    .......ム...
00 00 00 04 01 02 03 00 91 02    ........ム.
00 05 00 00 00 01 00 00 03 06    ..........
92 04 00 0A 00 00 00 01 00 00    メ........
03 0E 92 05 00 05 00 00 00 01    ..メ......
```

Wie erwartet erscheint der Text nun hinter den hexadezimalen Werten. Wir sehen, dass zwischen den Buchstaben eine Reihe von unsichtbaren Steuerzeichen verborgen sind, z. B. hat das Leerzeichen den hexadezimalen Wert 20, was im Dezimalsystem 32 entspricht.

In Abbildung 8.4 (rechts) sehen wir die Inhalte einer JPEG-Datei, also eines Bildes. Sehr schön ist hier zu erkennen, was an Metadaten zusammen mit dem Bild abgespeichert wird und was man normalerweise nie zu sehen bekommt. Das Bild wurde anscheinend mit einer Nikon D5000 Kamera aufgenommen und mit den Bildbearbeitungsprogrammen GIMP sowie Picasa nachbearbeitet.

Aufgabe 2

Suchen Sie beliebige andere Dateien auf Ihrem Computer, kopieren Sie diese in den *data*-Ordner und öffnen Sie sie mit dem Sketch *textEditor-Byte*. Welche Informationen können Sie entnehmen?

Aufgabe 3

Wer mit einem Programm interagieren soll, braucht Informationen. Was ist zu tun? Welche Tasten müssen gedrückt werden? Welche Wirkung hat das Drücken bestimmter Tasten? Da wir gelernt haben, wie man Text ausgibt, sollte das kein Problem sein. In dieser Aufgabe programmieren Sie ein kleines Farbenspiel, bei dem der Benutzer, je nach Situation, bestimmte Anweisungen bekommt. Da das bloße Bereitstellen der Lösung nicht unbedingt einen Lernerfolg nach sich zieht, finden Sie im Ordner der Lösung eine sehr ausführliche Anleitung, in der auch die Kodierung der RGB-Farben wiederholt wird.

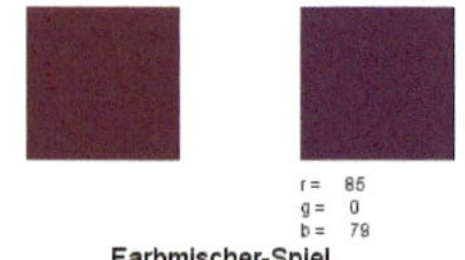

Farbmischer-Spiel

8.4   Informationen in Bilddateien

Wie man Bilddateien einliest, wissen wir nun. Wie aber kann man diese meist recht großen Dateien als Datei und nicht in erster Linie als Bild nutzen? Und was genau soll dann ausgegeben werden?

Wir werden hier zwei Arten der „Bildbearbeitung" kennenlernen, bei denen es ganz und gar nicht darum geht, ob das verwendete Foto gelungen ist oder nicht. Wir sind nicht an dem Bild an sich interessiert, sondern daran, welche Informationen in ihm transportiert werden.

Es gibt zwei Arten, Nachrichten vor unerwünschtem Mitlesen zu schützen: Man kann sie *verschlüsseln* und dafür sorgen, dass nur der gewünschte Empfänger die Nachricht entschlüsseln kann oder man *versteckt* die Nachricht in einer Datei, sodass niemand auf den Gedanken kommt, dass in dieser Datei etwas verborgen sein könnte. Methoden zum Verstecken von Botschaften nennt man auch *Steganographie*.

Verschlüsseln

Wir beginnen mit dem Verschlüsseln. Der Empfänger besitzt ein Bild, das ihm als Schlüssel dient. Auf ihm ist nichts als Farbrauschen zu sehen. Die Nachricht selbst ist ebenfalls ein Bild, auf dem aber ebenfalls außer Farbchaos nichts zu sehen ist, denn der Sender hat es so manipuliert, dass ohne Schlüsselbild keiner das ursprüngliche Bild daraus rekonstruieren kann. Wenn man die sogenannte *XOR-Verschlüsselung* verwendet, ist der ganze Vorgang ein Kinderspiel. Die Verknüpfung beschreibt das „entweder - oder" in einem Aussagesatz. Die *XOR-Verknüpfung* zweier Aussagen ist genau dann wahr, wenn entweder die eine oder die andere Aussage wahr ist, aber nicht beide oder keine wahr sind.

Es gilt daher: 1 XOR 1 = 0, 1 XOR 0 = 1, 0 XOR 1 = 1 und 0 XOR 0 = 0 Nun muss man nur noch wissen, dass RGB-Farben durch 3 Byte bzw. 24 Bit kodiert sind. Die ersten 8 Bit stehen für die Farbe blau, die nächsten für grün und die letzten für rot. Ein Beispiel: 00011010 10000001 11011110 bedeutet, dass blau (dezimal) 26, grün 129 und rot 222 eingestellt werden muss. Schreibt man zwei Farben binär untereinander, so kann man für jedes Bit sehr leicht die XOR-Verknüpfung realisieren:

```
      00011010 10000001 11011110  (26,129,222)   Originalfarbe
      11011000 00110001 01111010  (216,49,122)   Schlüsselfarbe
XOR   11000010 10110000 10100100  (194,176,164)  Verschlüsselte Farbe

      11000010 10110000 10100100  (194,176,164)  Verschlüsselte Farbe
      11011000 00110001 01111010  (216,49,122)   Schlüsselfarbe
XOR   00011010 10000001 11011110  (26,129,222)   Originalfarbe
```


Der Prozess ist symmetrisch: Sender und Empfänger benutzen den gleichen Schlüssel. Einmal zum Verschlüsseln und das zweite Mal zum Entschlüsseln. Unpraktisch ist nur, dass der Schlüssel auf sicherem Weg zum Empfänger gelangen muss. Aber das ist hier nicht unsere Sorge. Die bitweise Verschlüsselung kann man in Processing so schreiben:

*Sketch
xorSecureRandom*

```
bildVerschluesselt.pixels[k]= bild.pixels[k] ^ bildSchluessel.pixels[k];
```

Führt man dies für alle Pixel des Bildes durch, so erhält man das verschlüsselte Bild, auf dem natürlich nichts zu erkennen ist. Entschlüsselt wird analog. Hier ein Überblick mit allen Inputs und Outputs:

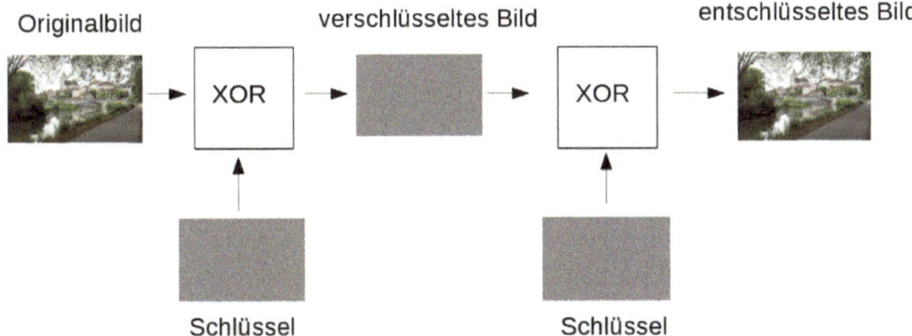

Abbildung 8.6
XOR-Verschlüsselung

Bleibt nur ein Problem: Wie besorgt man sich einen Schlüssel, also ein Bild, auf dem absolutes Farbchaos herrscht? Zwei Ideen: Verwenden Sie *SecureRandom* (siehe Kapitel 6 über Prozeduren) für die Farben der Pixel

```
bildSchluessel.pixels[i]= color(rand.nextInt(256),
              rand.nextInt(256),rand.nextInt(256));
```

und vertauschen Sie dann, wieder mit Hilfe von *SecureRandom* immer zwei Pixelfarben. Wenn man diese Vertauschungen hinreichend oft durchführt, ist das Chaos perfekt!

Aufgabe 4

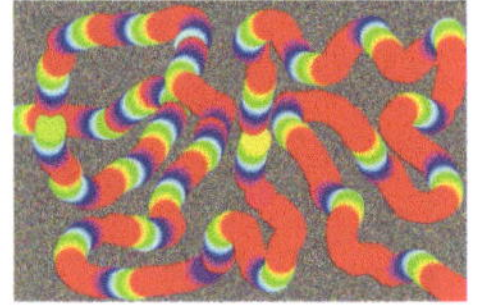

Was passiert, wenn der Schlüssel vieler seiner Informationen beraubt wird? Das können Sie ganz einfach testen: Öffnen Sie das Schlüsselbild in einem Bildbearbeitungsprogramm und malen kräftig mit einem beliebig farbigem Pinsel darauf herum. Speichern Sie das Ergebnis unter gleichem Namen ab und versuchen Sie damit das verschlüsselte Bild zu entschlüsseln. Wenn Sie alles richtig gemacht haben, müssten Sie nun sehen, dass erwartungsgemäß die nicht übermalten Teile des Schlüsselbildes nach wie vor diesen Bereich exakt entschlüsseln.

Aufgabe 5

Wie Sie in Aufgabe 4 gesehen haben, bringt auch ein nur teilweise korrektes Schlüsselbild einen entsprechenden korrekten Teil des Originalbildes. Das ist wenig erfreulich, aber es gibt Abhilfe. Bevor der XOR-Vorgang startet, kann man die Pixelfarben des Bildes paarweise vertauschen. Dazu benötigt man lediglich eine "Permutationsliste" für die x-Werte und eine für die y-Werte der Koordinaten. Sind die beiden ersten Eintragungen der x-Liste zum Beispiel 344 und 481 und die der y-Liste 181 und 522, dann wird die Farbe des Pixels (344;181) mit der von (481;522) vertauscht. Wenn man aber alle Permutationen protokolliert, dann muss man zur Herstellung des Originals einfach die Vertauschungen in umgekehrter Reihenfolge vornehmen. Die Permutationslisten kann man zum Beispiel so erzeugen:

$$permSchluesselX[i] \quad = \quad str(rand.nextInt(dimX));$$
$$permSchluesselY[i] \quad = \quad str(rand.nextInt(dimY));$$

Dann müssen die Schlüssel nur noch abgespeichert werden. Wie viele Permutationen sollten es denn sein? Damit Sie das ausprobieren können, muss der Sketch erst mal geschrieben werden. Wie immer gilt: Bei Problemen bitte in der Lösung nachsehen.

Verstecken

Bereits die Römer nutzten eine verblüffend wirksame Methode: Sie rasierten ihren Sklaven die Köpfe und brannten die Nachricht auf deren

Kopfhaut. Anschließend ließen sie die Haare wieder wachsen. Natürlich war die Methode nur solange wirksam, solange der Feind über dieses Verfahren nicht informiert war. Heute verwendet man für die Steganographie keine Sklaven mehr, sondern beispielsweise Bilddateien. Es versteht sich von selbst, dass derartig veränderte Bilder, wie seinerzeit die Sklaven, völlig unverdächtig aussehen müssen.

Die Methode, die wir hier verwenden, ist schnell erklärt: Wie Sie gelernt haben, besitzt jedes Pixel im RGB-Modus für jede Farbe einen Wert zwischen 0 und 255. Wir nehmen uns willkürlich den roten Farbkanal vor und wollen unsere Botschaft so in diesem Farbkanal verstecken, dass das Bild äußerlich betrachtet völlig normal aussieht.

Zunächst wird das Bild vorbereitet: Alle ungeraden Farbwerte verringern wir um eins, so dass es danach nur noch gerade Farbwerte für rot gibt. Diese Manipulation ist nicht zu sehen. Selbst bei Unterschieden von fünf Farbwerten haben wir typischerweise große Schwierigkeiten, etwas zu sehen. Aufgabe 3 hat dies sehr deutlich vor Augen geführt.

Nun stelle man sich vor, dass ein schwarzer geheimer Text über das Bild gelegt werden soll. An den Pixeln des Bildes, über denen die schwarzen Pixel der Schrift zu liegen kommen, wird der rot-Wert um eins erhöht und ist somit ungerade. Der Empfänger des Bildes muss dann nur mit einem geeigneten Programm diese ungeraden rot-Werte aufsuchen und in einem neuen leeren Bild dort schwarze Pixel setzen und kann auf diese Weise den wiedererstandenen Text als Bild ausgeben. Man kann den gleichen Vorgang übrigens auch mit Grün und Blau durchführen, so dass dann in jeder der drei Grundfarben jeweils eine Nachricht versteckt werden kann.

Wir haben drei Sketche vorbereitet, die das Verfahren demonstrieren. Der Sketch *textErzeugen* verwandelt die Benutzereingabe in ein Bild mit dem entsprechenden Text und speichert es unter dem Dateinamen „geheimtext.bmp" ab. Die Programmzeilen sind teilweise mit Kommentar versehen und daher nahezu selbsterklärend. Weshalb wir ein boolsches Attribut *fertig* benötigen, wird klar, wenn man weiß, wie die *Eingabe* des Strings erfolgt: Mit der Methode *keyPressed()* wird dem Programm bei jedem Tastendruck ein Zeichen übergeben. Dieses Zeichen wird dann an den (anfangs leeren) String *textEingabe* hinten angefügt. Um festzustellen, wann der Benutzer mit der Eingabe fertig ist, benutzen wir das selten benötigte Zeichen <#>. Sobald die entsprechende Taste gedrückt wird, bekommt das Attribut *fertig* den Wert *true* und die Zeichen in *textEingabe* werden als Bild abgespeichert.

Über den zweiten Sketch *textVerstecken* kombinieren wir jetzt die Botschaft mit dem Bild. Das Ergebnis wird nach Anwendung der Methode *botschaftEinbetten()* unter dem Namen *bildMitBotschaft* abgespeichert. Bezüglich *PImage* schauen Sie bitte in der Hilfe von Processing nach. Abweichend von den Angaben dort kann PImage auch Bilder im bmp-Format verarbeiten. bmp-Bilder sind nicht komprimiert. Das ist für uns sehr wichtig, denn durch eine Komprimierung können die ins Bild gebrachten Informationen ganz oder teilweise verschwinden. Noch ein

Hinweis: Das Bild mit der Botschaft („geheimtext.bmp") muss vor der Ausführung vom *textVerstecken()* in das entsprechende data-Verzeichnis von *textFinden* abgelegt werden.

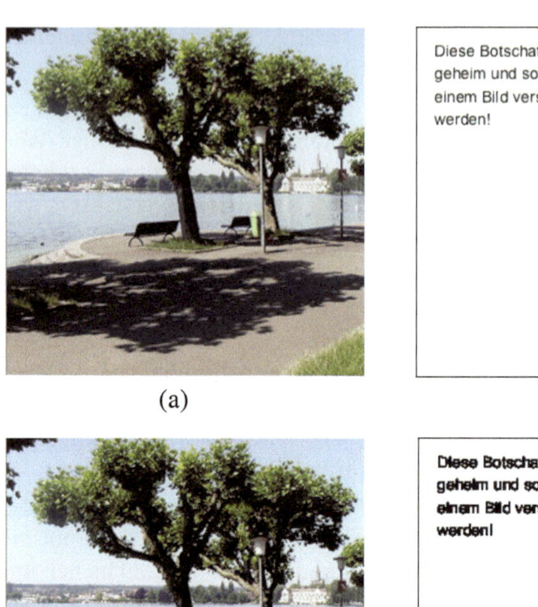

(a)   (b)

(c)   (d)

Bleibt die Frage offen, wie die Methode *botschaftEinbetten()* aussieht. Zur Erinnerung: Erst müssen alle ungeradzahligen rot-Werte durch Subtraktion von Eins gerade gemacht werden. Dann werden alle Pixel, „über" denen Text liegt, durch Addition von Eins ungerade gemacht:

```
void botschaftEinbetten() {
    PImage bildMitBotschaft = eingabeBild.get();
    for (int i = 0; i < eingabeBild.width*eingabeBild.height; i++) {
        rot = red(eingabeBild.pixels[i]);
        gruen = green(eingabeBild.pixels[i]);
        blau = blue(eingabeBild.pixels[i]);
        if (rot % 2 == 0) rot = rot +1;
        if (geheimText.pixels[i] != weiss) rot = rot -1;
        bildMitBotschaft.pixels[i] = color (rot,gruen,blau);
    }
    bildMitBotschaft.save("bildMitBotschaft.bmp");
}
```

Das Abspeichern des Bildes als bmp-Datei geschieht hier durch die *save( )*-Methode der PImage-Klasse.

Um den Text aus dem Bild wieder zu extrahieren, verwenden Sie den Sketch *textFinden* und kopieren die Bilddatei „bildMitBotschaft.bmp" in das entspechende Verzeichnis. Nach Aufruf des Programms sehen Sie die Botschaft als Bild. Der Kern des Sketches besteht aus folgendem Codefragment:


```
void botschaftAuslesen() {
   eingabeBild = loadImage("bildMitBotschaft.bmp");
   geheimText = createImage(eingabeBild.width,
                            eingabeBild.height,RGB);
   for (int i = 0; i < eingabeBild.width*eingabeBild.height; i++) {
      float rot = red(eingabeBild.pixels[i]);
      // Pixel mit geradzahligem Rotwert schwarz färben
      if (rot % 2 == 0)
            geheimText.pixels[i] = schwarz;
         else geheimText.pixels[i] = weiss;
   }
   geheimText.save("botschaft.bmp");
}
```

Aufgabe 6

Schauen Sie sich die Originaldatei „seestrasse.bmp" und die Datei „bildMitBotschaft.bmp" in einem Bildverarbeitungsprogramm an und versuchen Sie Unterschiede herauszufinden. Erweitern Sie die Sketche so, dass alle drei Farbkanäle zum Verstecken genutzt werden.

Game of Life

Komplexes Systemverhalten

© Springer Fachmedien Wiesbaden GmbH, ein Teil von Springer Nature 2018
O. Deussen, T. Ningelgen, *Programmieren lernen mit Computergrafik,*
https://doi.org/10.1007/978-3-658-21145-5_9

9.1 Eindimensionale zelluläre Automaten

Mit *Game of Life* bezeichnet man zweidimensionale *zelluläre Automaten*, die es trotz ihres mathematischen Konzepts zu einem gewissen Bekanntheitsgrad gebracht haben. Hilfreich war dabei sicher auch, dass zu Beginn der 80-er Jahre des letzten Jahrhunderts die ersten *Commodore 64*-Rechner dazu einluden, derartige „Lebensspiele" selbst zu programmieren. Aber es macht auch heute noch Spaß, der komplexen Entwicklung des „Pixel-Lebens" zuzuschauen.

Bevor wir uns zweidimensional bewegen, sollten wir den erstmals von John von Neumann veröffentlichten eindimensionalen Fall studieren. Das folgende Bild zeigt zehn linear angeordnete *Zellen.*

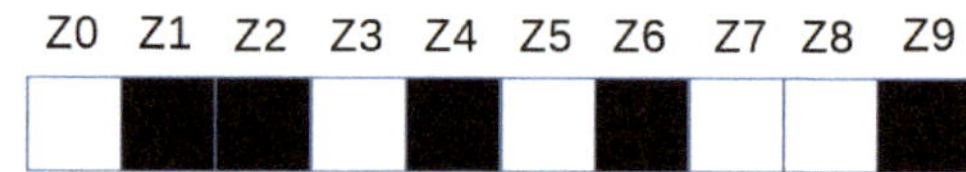

Im einfachsten Fall, mit dem wir uns hier beschäftigen, können die Zellen Z0 bis Z9 je genau zwei Inhalte haben: 0 oder 1. Ist der Inhalt 1, so malen wir die Zelle schwarz, im andern Fall weiß. Wir sehen in obigem Bild eine Momentaufnahme der zehn Zellen. Die Inhalte der Zellen verändern sich im Laufe der Zeit nach einfachen Regeln. Die Momentaufnahme nennen wir eine „Generation". Das nächste Bild erklärt, wie es funktioniert:

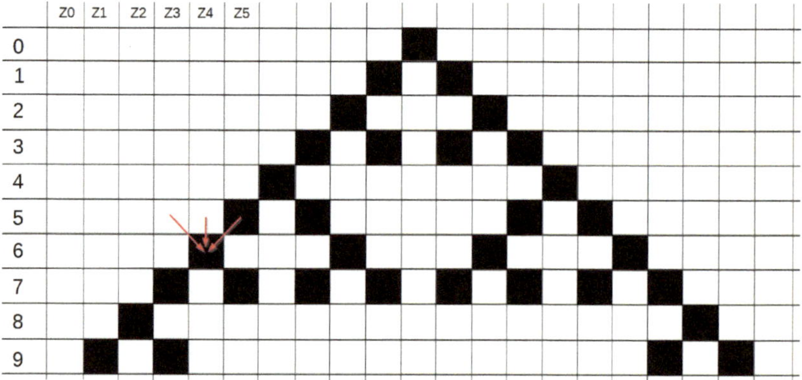

Schauen wir uns Zelle Z4 in der 6. Generation an. Ihr Zustand wurde, wie die roten Pfeile andeuten, durch den Zustand (0) von sich selbst und den ihrer beiden Nachbarn (0 und 1) in der 5. Generation bestimmt. In Kurzform beschreiben wir den Zustand von Z4 mit (0,0,1). Damit die Entwicklung auch immer eindeutig klappt, benötigt man Regeln. Sie legen fest, was aus (1,1,1), (1,1,0), ...(0,0,0) in der nächsten Generation werden soll. Der Regelsatz besteht hier offensichtlich aus acht Vorschriften. Das ist auch gleichzeitig die Anzahl der Zahlen, die man mit einer 3-stelligen Binärzahl schreiben kann. Eine Sonderrolle nehmen die beiden Randzellen ein. Ihnen kann man mit den Regeln keinen Nachfolger zuordnen, weil sie nur einen Nachbarn haben. Daher legen wir fest, dass sie unverändert bleiben sollen.

Aufgabe 1

Eine Regel kennen wir ja bereits: Die Entwicklung der Zelle Z4 in Generation 5. Durch die Nachbarschaft (0,0,1) wird der Wert zu 1. Versuchen Sie nun, weitere Regeln aus Abbildung 9.2 zu erschließen. Wie viele verschiedene Regelsätze gibt es?

Durch 10110001 = 179 (oben, links) ist ein Regelsatz einmal binär und einmal dezimal festgelegt. Die dezimale 179 wird mitunter zur Klassifizierung des Regelsatzes benutzt. In Bild 9.3 sehen Sie, wie 200 Generationen unter verschiedenen Regelsätzen aussehen können. Welcher Regelsatz ist mit der (binären) Bezeichnung 10110001 gemeint?

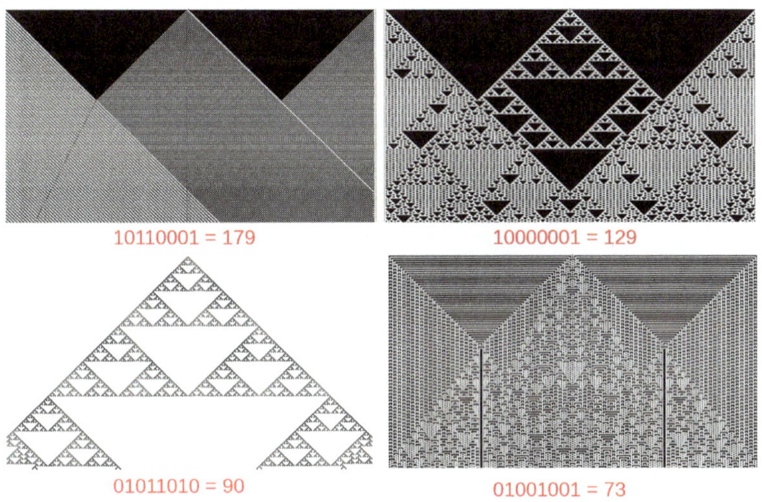

Abbildung 9.3
Entwicklung unter vier
verschiedenen Regelsätzen

Was muss ein Sketch leisten, der uns Generationen-Bilder wie in Abbildung 9.3 liefern soll? Klar ist eines: Sowohl die Generationen der Zellen als auch die Regelsätze lassen sich durch int-Arrays realisieren. Wir werden hier nicht jeden einzelnen Schritt des Programms erarbeiten. Vielmehr bekommen Sie einige Anregungen, mit deren Hilfe Sie sicher auch alleine klar kommen werden.

*Sketch
eindimZellAuto*

Durch die *draw()*-Methode lässt sich die Entwicklung der Zellen takten.

```
void draw() {
  for (int i = 0; i < zellen.length; i++) {
    if (zellen[i] == 1) fill(0);
      else fill(255);
    noStroke();
    rect(i*q, generation*q, q, q);
```

```
    }
    zellenErzeugen();
    naechsteGenerationErzeugen();
    if (generation == hoehe/q-5)noLoop();
}
```

Mit *q* bezeichnen wir die Seitenlänge der Zellen. Wenn die Bildhöhe 600 Pixel beträgt, dann können damit 200 Generationen gezeichnet werden. Die Methode *naechsteGenerationErzeugen()* könnte man so realisieren:

```
void naechsteGenerationErzeugen(){
    int [] naechsteGeneration = new int[zellen.length];
    // Mit Regelwerk nächste Generation berechnen
    // Ränder werden nicht beachtet
    for (int i = 1; i < zellen.length-1; i++) {
        int links = zellen[i-1];
        int mitte = zellen[i];
        int rechts = zellen[i+1];
        naechsteGeneration[i] = regeln(links, mitte,rechts);
    }
    zellen = naechsteGeneration;
    generation++;
}
```

Noch einen Tipp: Lassen Sie das Regelwerk auf Maus-Klick per Zufall erstellen.

Aufgabe 2

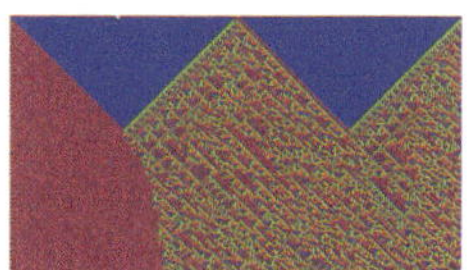

Schreiben Sie einen Sketch, der Zellen mit drei Zuständen zulässt. Beim Zeichnen der Zellen verwenden Sie zur Kodierung drei Farben. Wie viele verschiedene Regelwerke gibt es in diesem Fall?

Aufgabe 3

In einem weiteren Beispiel kann eine Zelle nur wieder zwei Zustände annehmen. Aber dieses Mal sind zwei Nachbarn links und zwei rechts Regel-relevant. Sie müssen daher Regelwerke aufstellen, bei denen fünf Zustände einem neuen Zustand zugeordnet werden. Wie viele verschiedene Regelwerke gibt es hier? Kombinieren Sie danach drei Zustände (Aufgabe 2) und vier relevante Nachbarn.

9.2 Game of Life

Das Spiel des Lebens (Game of Life) ist eine sehr einfache Form einer Simulation, die Leben und Sterben von Zellen auf einer zweidimensionalen Spielfläche darstellt. Es wurde im Jahr 1970 vom Mathematiker John Conway vorgestellt und fasziniert bis heute durch sein komplexes Verhalten, das sich aus ganz wenigen Regeln ergibt.

In jedem Feld der Spielfläche sitzt eine Zelle, die entweder lebt oder tot ist. Am Anfang wird eine zufällige Anzahl Zellen zum Leben erweckt. Dann werden für jede Zelle zwei Regeln zur Anwendung gebracht, die entweder eine lebende Zelle sterben lassen oder eine tote wieder zum Leben erwecken. Diese Regeln erzeugen ein komplexes Verhalten mit Fronten, die sich über das Spielfeld bewegen und auch von stationären Mustern, die über eine lange Zeit erhalten bleiben. Dennoch endet das Spiel meist früher oder später in einem stabilen Endzustand.

Abbildung 9.4
Game of Life: a) zufälliger Anfangszustand, lebende Zellen sind grün; b) Zustand nach 120 Iterationen.

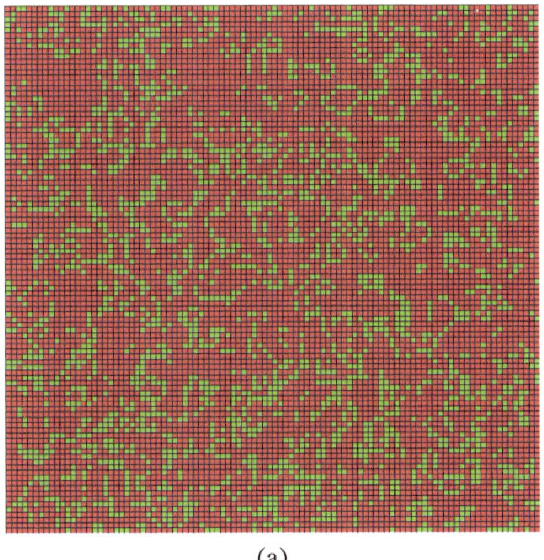

(a)

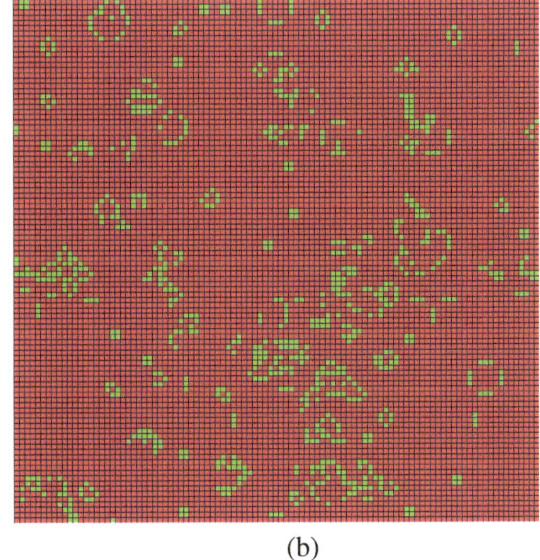

(b)

Im Verzeichnis „GameOfLife" ist der Processing-Code für das Spiel angegeben, er lässt beim Starten von einer zufälligen Anfangskonfiguration das Spiel des Lebens ablaufen und erzeugt die entsprechenden Muster. Als Voraussetzung benötigt man ein zweidimensionales Feld von Zellen mit Zustandswerten (Zelle lebt oder ist tot). Deshalb bauen wir ein solches Feld mit einstellbarer Breite und Höhe, in welchem man Felder mit der Prozedur *setze()* setzen, und ihren Zustand mit *lebt()* abfragen kann . Außerdem kann man das Feld initialisieren, löschen und darstellen. Alle diese Zugriffsfunktionen erlauben es, mit dem Feld etwas anzustellen, ohne direkt auf die Variable „feld" zuzugreifen. Diese wird damit vom Programmierer abgeschirmt. Wir werden später sehen, dass das in vielen Fällen Vorteile hat.

Sketch
gameOfLife2

Grundlage des „Game of Life" ist wie im eindimensionalen Fall die Erzeugung einer neuen Generation von Zellen aus einer alten. Dabei wird der Zustand einer Zelle in Abhängigkeit vom aktuellen Zustand ihrer Nachbarn verändert. Würden wir den Zustand einer Zelle nun direkt ändern, so würde dies die Nachbarschaft der Nachbarzellen ändern und den Ablauf des Spiels verändern. Deshalb müssen die neuen Feldwerte zuerst in ein zusätzliches Feld (*altesFeld*) kopiert werden. Für jede Zelle kann nun dort die Anzahl der Nachbarn bestimmt werden, dies geschieht über die Funktion *nachbarn()*. Unter "Nachbar" wird hier die *Von-Neumann-Nachbarschaft* verstanden: Nachbar einer Zelle sind nur diejenigen Zellen, die mit ihr eine gemeinsame Seite haben.

Bevor wir mit der Simulation beginnen, müssen wir noch klären, was am Rand geschieht. Hier gibt es verschiedene Möglichkeiten: Man kann alle Randzellen grundsätzlich als tot markieren, dann sterben alle lebenden Zellen in ihrer Nachbarschaft irgendwann. Oder aber man realisiert ein sogenanntes torodiales Feld. Hier wird der rechte Rand zum linken gebogen (als wäre unser Feld ein Zylinder) und zusätzlich der obere zum unteren (das geht jetzt geometrisch nicht mehr). Aber das Spielfeld hört nun nicht mehr an den Rändern auf, sondern was links verschwindet, erscheint rechts und was oben über den Rand läuft, erscheint unten. Auf diese Weise müssen keine Randzellen auf besondere Weise behandelt werden.

In jeder Iteration der Simulation werden die neuen lebenden Zellen aus den alten nach den folgenden Regeln gebildet:

1. Tote Zelle: Hat eine tote Zelle drei lebende Nachbarn, so wird sie zum Leben erweckt.

2. Lebende Zelle: Hat eine lebende Zelle weniger als zwei lebende Nachbarn, so stirbt sie aus Einsamkeit. Hat sie mehr als drei lebende Nachbarn, so stirbt sie aufgrund von Überfüllung.

Diese einfachen Regeln sind in der Prozedur *entwickleFeld()* implementiert. Der Rest des Programms sind Routinen zur Initialisierung und zum Zeichnen der Felder im Rahmen der Zeichenprozedur *draw()*.

Lassen Sie die Simulation nun laufen und beobachten Sie, was geschieht. Zum einen werden Sie Konfigurationen entdecken, die sich nicht verändern, etwa vier lebende Zellen in einem $2x2$ Quadrat. Da alle diese Zellen exakt drei Nachbarn haben, bleiben sie am Leben. Es gibt noch einige weitere statische Konfigurationen.

Außerdem gibt es oszillierende Muster, wie etwa drei in einer Zeile oder Spalte nebeneinander liegende lebende Zellen. Ist dieses Muster horizontal, so ist es in der nächsten Iteration vertikal und umgekehrt. In den meisten Fällen endet die Simulation nach vielen Schritten in einer Konfiguration, die nur noch aus statischen und oszillierenden Mustern besteht.

Bevor dies geschieht, wandern aber interessante Fronten, sogenannte Raumschiffe oder Gleiter über das Bild und erwecken den Anschein von

Leben. Sie bestehen aus lokalen Konfigurationen, die sich in eine Richtung bewegen, manchmal vergrößern, in vielen Fällen aber irgendwann zum Stillstand kommen.

9.3 Abgewandelte Regeln

Dass eine Zelle nur dann überlebt, wenn sie drei Nachbarn hat, ist eine ziemlich willkürliche Festlegung. Sie wurde wohl nur deshalb so festgeschrieben, weil auf diese Weise interessante Muster entstehen. Man kann diese Regel abändern und so das System zu völlig anderem Verhalten animieren.

1. Hat eine tote Zelle 1, 3, 5, 7 lebende Nachbarn, so wird sie zum Leben erweckt.

2. Hat eine lebende Zelle 0, 2, 4, 6, 8 Nachbarn, so stirbt sie.

Dieses System erzeugt von einem anfänglichen Muster viele Kopien, wobei es viele Zwischenzustände gibt, die völlig chaotisch aussehen. Abbildung 9.5 zeigt die Simulation am Anfang sowie nach sieben, neun und 17 Iterationen. Ausgehend von einem Muster entsteht eine wachsende, scheinbar chaotische Front, die irgendwann Kopien des Anfangszustandes erzeugt.

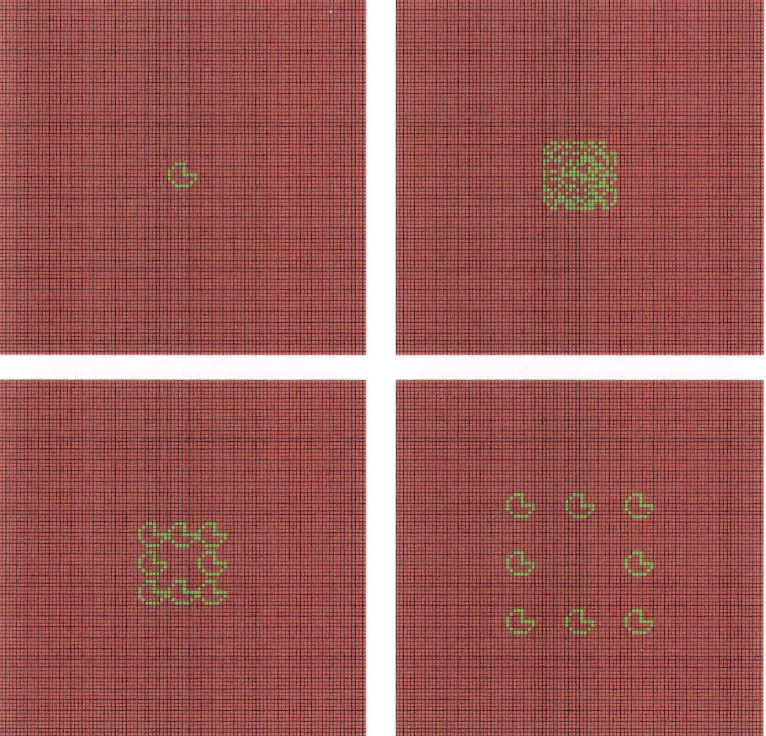

Es gibt noch viele weitere Abwandlungen, die unterschiedliches Verhalten zeigen. Schon bald nach Conways Veröffentlichung wurden auch Startkonfigurationen gefunden, die ins Unendliche wachsen, also niemals zum Stillstand kommen, wenn man ein unbegrenztes Spielfeld hat.

Aufgabe 4

Ändern Sie den Sketch so ab, dass er das replizierende Verhalten annimmt. (Die entsprechenden Programmzeilen sind nur auskommentiert.) Dazu müssen Sie die Regeln für die Zellen abändern und als Anfangskonfiguration in *setup()* ein Muster statt der Zufallsbelegung angeben.

Danach ändern Sie den ursprünglichen (nicht-replizierenden) Sketch so ab, dass Sie mit der Maus neue lebende Zellen einstreuen können. Es wird aber nicht ausreichen, nur die jeweils unter der Maus liegende Zelle zum Leben zu erwecken, sondern Sie müssen gleich mehrere Zellen in der Nähe des Mauszeigers aktivieren. Überlegen Sie sich eine Lösung und implementieren Sie diese.

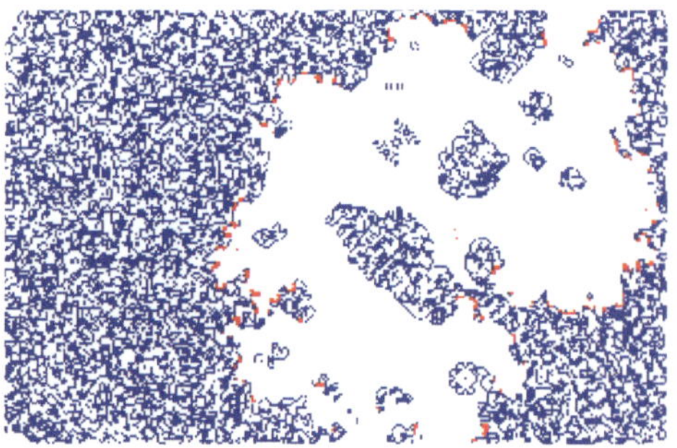

9.4   Räuber-Beute-Simulation

Zelluläre Automaten kann man zur Simulation vieler Vorgänge verwenden: Waldbrände, Straßenverkehr, Räuber-Beute-Entwicklung, Diffusion und mehr. Zum Abschluss des Kapitels wollen wir eine einfache Räuber-Beute-Simulation programmieren. Wie bei Game of Life gibt es ein aus Zellen bestehendes Feld. Die Zelle ist entweder leer (0) oder sie beherbergt einen Räuber (2) bzw. eine Beute (1), vergleichbar einer realen Fläche, auf der Füchse und Hasen leben.

*Sketch
raeuberBeute2*

Zu Beginn werden Räuber und Beute nach einem vorgegebenen Prozentsatz zufällig auf dem Feld verteilt. Als Taktgeber verwenden wir die *draw()*-Methode. Bei jedem neuen Takt werden, ausgehend vom aktuellen Bestand, Räuber, Beute und leere Zellen neu verteilt. Dazu benötigt man auch hier einen Regelsatz. Genauso wie oben wird der Begriff „Nachbarzelle" verwendet, allerdings in anderer Weise, als beim Game of Life. Hier sind Nachbarzellen auch solche Zellen, die nur eine

Ecke mit der Zelle gemeinsam haben (Moore-Nachbarschaft). Und hier nun die Regeln, die gelten, nachdem Fuchs und Hase bewegt wurden:

1. Zelle war leer:

   - Befinden sich zwei oder drei Füchse in der Nachbarschaft und gibt es dort mindestens drei Hasen, dann ist danach ein neu geborener Fuchs in der Zelle.

   - Ist dies nicht der Fall, dann gilt: Befinden sich mehr als zwei Hasen in der Nachbarschaft, dann ist danach ein neu geborener Hase in der Zelle.

   - In allen anderen Fällen bleibt die Zelle leer.

2. In der Zelle war ein Hase:

   - Befindet sich mindestens ein Fuchs in der Nachbarschaft und gibt es dort mindestens zwei Hasen, dann wird der Hase gefressen und ein neugeborener Fuchs zieht ein.

   - Ist dies nicht der Fall, dann gilt: Gibt es in der Nachbarschaft höchstens einen oder mindestens fünf Hasen oder aber gibt es fünf oder mehr Füchse dort, dann stirbt der Hase und das Feld bleibt leer.

   - In allen anderen Fällen bleibt der Hase in der Zelle.

3. In der Zelle war ein Fuchs:

   - Gibt es in der Nachbarschaft gleich viel oder mehr Füchse als Hasen, dann stirbt der Fuchs

   - In allen anderen Fällen bleibt der Fuchs, wo er ist.

Es liegt nun an Ihnen, für jeden Durchgang Bewegungsregeln zu formulieren. Wohin laufen Fuchs und Hase? Was passiert, wenn da schon jemand ist? Sobald Sie den Sketch erfolgreich gestartet haben, sollten Sie überprüfen, wie sich das Verhalten bei etwas anderen Regeln ändert...

Fraktale

Mathematische Schönheit und Komplexität

© Springer Fachmedien Wiesbaden GmbH, ein Teil von Springer Nature 2018
O. Deussen, T. Ningelgen, *Programmieren lernen mit Computergrafik*,
https://doi.org/10.1007/978-3-658-21145-5_10

Lewis Fry Richardson (1881–1953) war ein äußerst begabter Mathematiker (er berechnete die erste numerische Wettervorhersage) und engagierter Pazifist. Im Rahmen der Friedensforschung wollte er eigentlich herausfinden, ob die Länge der Grenze zwischen zwei Staaten einen Einfluss darauf hat, ob die Staaten Krieg miteinander führen. Dabei fiel ihm auf, dass die Grenzlängen in verschiedenen Quellen zum Teil erheblich voneinander abwichen.

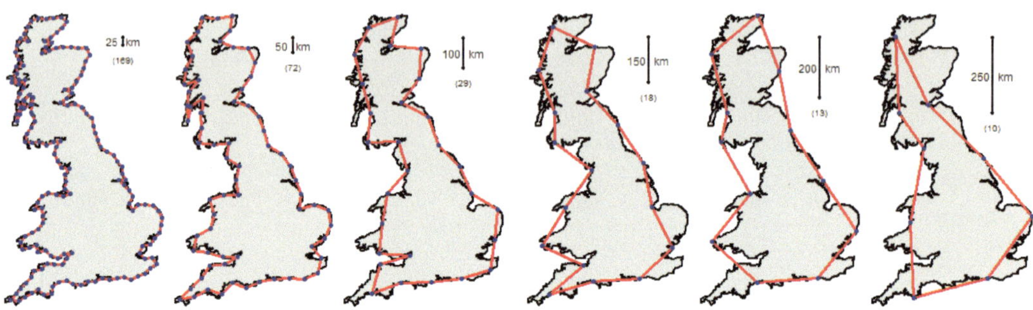

Abbildung 10.1
Je genauer man eine Küstenlinie misst, desto länger wird sie.

Später formulierte er das so genannte Küstenlinienparadoxon: Je genauer man eine Küstenlinie vermisst (also je mehr Messpunkte man verwendet) desto länger wird diese. Eine Messung läuft normalerweise so ab, dass man in einer genauen Karte mit dem Zirkel an einem Punkt der Küste einsticht, dann in einer durch den Zirkel festgelegten Entfernung den nächsten Küstenpunkt sucht und dort erneut einsticht. Dies wird fortgeführt, bis man die gesamte Küstenlinie abgemessen hat. Abbildung 10.1 zeigt solche Messungen für verschiedene Messlängen.

Richardson untersuchte verschiedene Küstenlinien und fand einen Zusammenhang zwischen dem Punktabstand G und der Küstenlänge $L(G)$:

$$L(G) = FG^{1-D}$$

wobei F ein positiver konstanter Faktor ist und D eine Konstante, welche die Küstenlinie charakterisiert. Je unregelmäßiger die Küstenform, desto höher ist D. Für die englische Westküste bestimmte er einen Wert von $D = 1.25$, die Küstenlänge steigt hier um den Faktor 1.19, wenn man die Messgenauigkeit verdoppelt.

Obwohl seine Arbeit in Vergessenheit geriet und erst von Benoît Mandelbrot (wir werden noch mehr von ihm hören) wiederentdeckt wurde, fanden sich ähnliche Zusammenhänge auch für andere natürliche Phänomene. Vielen Mathematikern der damaligen Zeit war dies ein Graus. Schließlich konvergierten solche Prozesse nicht mehr in Richtung eines Wertes, sondern stiegen potentiell ins Unendliche. Andere Mathematiker wie Mandelbrot, Wacław Sierpiński und Gaston Maurice Julia fanden dies hingegen inspirierend und begründeten die Theorie der Fraktale.

Ein Fraktal ist ein geometrisches Objekt, das ein hohes Maß an *Selbstähnlichkeit* aufweist und eine Selbstähnlichkeitsdimension besitzt. Diese ist größer als seine Euklidsche Dimension und auch keine ganze Zahl. Der Begriff *Fraktal* ist erst 40 Jahre alt. Geprägt hat ihn Benoît Mandelbrot wohl in der Absicht, dass die des Lateins kundigen Leser darin *fractus* (deutsch *gebrochen*) erkennen, für das gebrochene Maß der Selbstähnlichkeitsdimension.

Das klingt jetzt erst einmal kryptisch, ist aber, wie wir gleich sehen werden, gar nicht so kompliziert. In der Natur finden sich neben Küstenlinien viele fraktale Formen, in Abbildung 10.2 sind einige davon zu sehen. Selbstähnlichkeit bedeutet hier, dass man die Form des Gesamtobjekts immer wieder auch in seinen Details entdeckt, d. h. wenn man sich Ausschnitte des Objektes ansieht, so findet man immer wieder Ähnlichkeiten zu seinem Gesamtaussehen. Das Romanescu-Gemüse zeigt die geschraubten Spiralen in vielfachen Vergrößerungen, ein Teilbaum sieht dem Gesamtbaum ähnlich.

Abbildung 10.2
Fraktale Objekte in der Natur (Schnecke: Chris 73/Wikimedia Commons)

Selbstähnlichkeit ist also einfach zu verstehen, aber wie kann man sie messen? Dazu bauen wir uns ein künstliches selbstähnliches Objekt, die so genannte *Kochkurve*. An dieser Stelle geht es aber nicht um den Programm-Code, der dieses Fraktal erzeugt. Damit beschäftigen wir uns später. Hier wollen wir erst einmal nur das Prinzip erläutern.

Die Konstruktion eines selbstähnlichen Objekts geschieht meistens durch ein Ausgangsobjekt wie z. B. eine Strecke sowie eine Regel, die dieses Ausgangsobjekt in ein komplexeres Objekt verwandelt. Bei der Kochkurve wird die Ausgangsstrecke durch einen Zacken (untere Zeile links in Abbildung 10.3) ersetzt. Auf die jetzt entstandenen vier kleineren Strecken kann man wieder die Ersetzungsregel anwenden und man erhält ein komplexeres Objekt aus jetzt 16 Strecken (oben rechts). Würde man die Ersetzung unbegrenzt fortsetzen, so erhielte man ein Objekt aus unendlich vielen Strecken, wobei bei allen Verfeinerungen genau ein Drittel der ursprünglichen Streckenlänge hinzugefügt wird. Damit ist die Gesamtlänge unbeschränkt (bzw "unendlich").

Abbildung 10.3
Konstruktion der Kochkurve durch fortgesetzte Ersetzung.

Wir wollen die Selbstähnlichkeit dieses Objektes messen und benötigen daher nun die Definition der Selbstähnlichkeitsdimension. Man kann sie auf ganz normale Objekte wie Linien, Quadrate und Kuben anwenden, aber eben auch auf Fraktale. Für gewöhnliche Objekte entspricht die Dimension der gewohnten Euklidschen Dimension, also Eins für eindimensionale Objekte und Zwei für zweidimensionale. Spannend wird es für fraktale Objekte. Sie wird folgendermaßen berechnet:

$$D = -\frac{log(\textit{Anzahl selbstähnlicher Teile})}{log(\textit{Verkleinerungsfaktor})}$$

Man unterteilt also das Objekt in lauter gleich große Teile, die dasselbe Aussehen haben und bestimmt dann, um wie viel man jedes dieser Teile verkleinern muss, um von der Form des Ausgangsobjektes zum Teilobjekt zu gelangen. In Abbildung 10.4(a) ist eine Strecke in drei gleichlange Teilstrecken unterteilt, die alle um den Faktor $1/3$ verkleinert werden müssen, um von der Ausgangsstrecke zu den Teilstrecken zu gelangen.

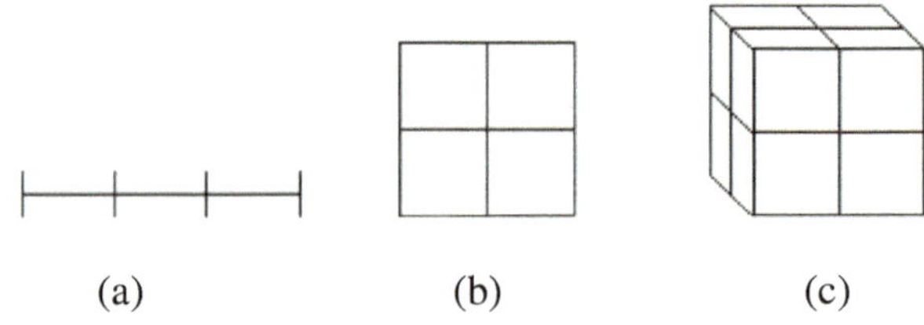

Abbildung 10.4
Selbstähnlichkeit normaler Objekte: a) Strecke; b) Quadrat; c) Kubus.

(a)   (b)   (c)

Die Selbstähnlichkeitsdimension für die Strecke ist demnach:

$$D_{Strecke} = -\frac{log(3)}{log(\frac{1}{3})} = 1$$

und entspricht, wie oben schon erwähnt, der gewohnten Euklidschen Dimension einer Strecke. Was geschieht nun mit dem Quadrat? Hier haben wir vier Teile und einen Verkleinerungsfaktor von 1/2, also

$$D_{Quadrat} = -\frac{log(4)}{log(\frac{1}{2})} = 2$$

Dasselbe Ergebnis würden wir übrigens auch erhalten, wenn wir das Quadrat in 16 Teile unterteilen, die dann jeweils um den Faktor 1/4 verkleinert werden müssten. Analog auch der Quader, hier hat man acht Teilquader mit einem Verkleinerungsfaktor von 1/2 und damit eine Selbstähnlichkeitsdimension von Drei.

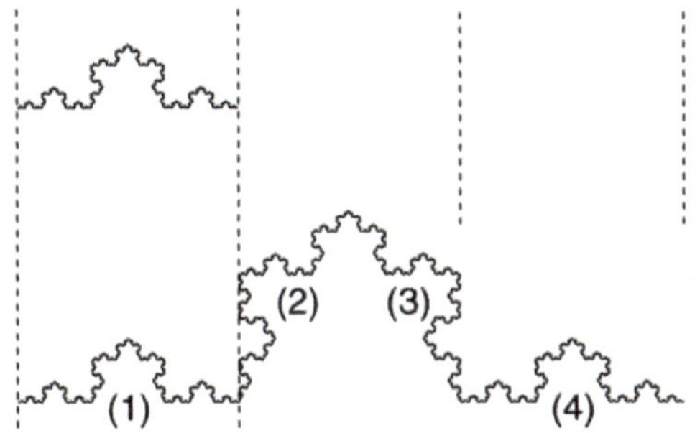

Abbildung 10.5
Selbstähnlichkeit der Kochkurve.

Für die Dimension der Kochkurve benötigen wir die Anzahl ihrer selbstähnlichen Teile. In Abbildung 10.5 erkennen wir, dass es vier sind, die jeweils um den Faktor drei verkleinert werden müssen. Der Verkleinerungsfaktor ist hier also 1/3 und somit erhalten wir:

$$D_{Koch} = -\frac{log(4)}{log(\frac{1}{3})} = 1,26$$

Anschaulich formuliert: Die Kochkurve ist "mehr" als nur ein eindimensionales Objekt. Sie füllt größere Teile des Raumes aus. An der Selbstähnlichkeit gibt es durch die Konstruktion auch keine Zweifel. Wir haben es hier also mit einem Fraktal zu tun.

Nun aber zurück zu der Frage, welche Länge eine Küste hat. Nehmen wir die britische Küstenlinie aus Abbildung 10.1. Trägt man die Relation zwischen der Länge der einzelnen Segmente und deren Anzahl in einer sogenannten doppelt-logarithmschen Darstellung auf (siehe Abbildung 10.6), so ergibt sich eine Linie mit einer Steigung, die der Selbstähnlichkeitsdimension gleicht. Für die westliche Küstenlinie von Großbritannien hat schon Mandelbrot den Wert von 1,25 ausgerechnet.

Abbildung 10.7 zeigt ein weiteres künstliches Fraktal, eine so genannte Hilbert-Kurve. Die Ersetzungsregel ist hier der Übergang von Teilbild (a) nach Teilbild (b): Jeder U-förmige Bogen wird durch die Figur in Teilbild (b) ersetzt. Nach einigen dieser Iterationen, vorausgesetzt man skaliert die einzusetzende Kurve immer mit dem gleichen Faktor, bekommt man den Eindruck, dass die Fläche irgendwann vollständig mit der Kurve ausgefüllt ist.

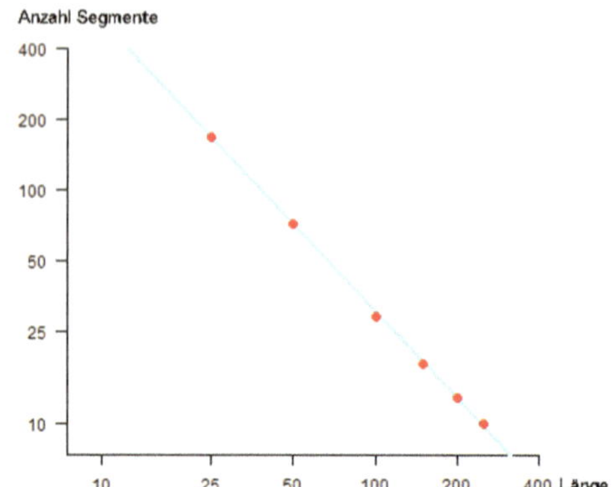

Abbildung 10.6
Doppelt logarithmische Darstellungen der Relation zwischen Segmentlänge und Anzahl der Segmente bei der Küstenlinienmessung.

Dieses flächenfüllende Verhalten spiegelt sich auch in der Selbstähnlichkeitsdimension wider. In Abbildung 10.7(c) ist zu sehen, dass vier der Teilkurven aus Teilbild (b), jeweils um den Faktor 1/2 skaliert, die Gesamtkurve bilden.

$$D_{Hilbert} = -\frac{log(4)}{log(\frac{1}{2})} = 2$$

Die Selbstähnlichkeitsdimension ist hier also zwei, man kann sagen, die Kurve verhält sich wie eine Fläche, die ja ebenfalls eine Dimension von zwei aufweist. Abbildung 10.7(f) zeigt dieses Verhalten recht gut, die Kurve sieht hier nach ein paar Iterationen schon aus wie eine Fläche.

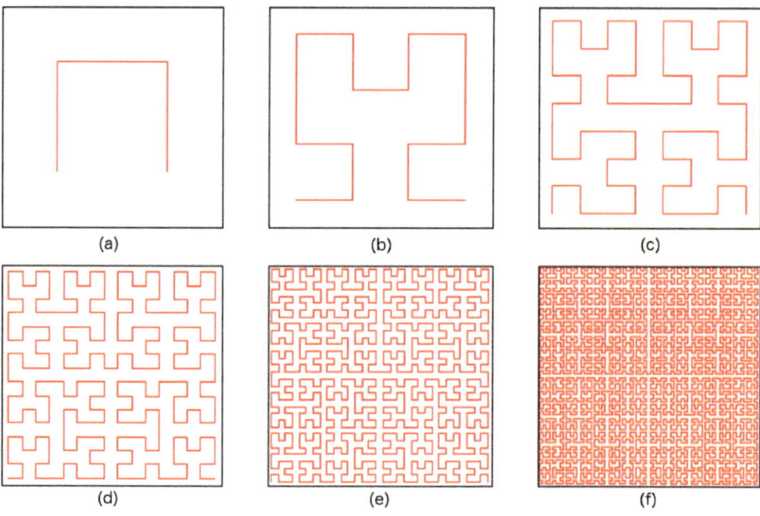

Abbildung 10.7
Die flächenfüllende Hilbert-Kurve.

10.1 Die Mandelbrotmenge

Jetzt wollen wir ein Fraktal programmieren. Im Gegensatz zu den eben besprochenen Koch- und Hilbertkurven behandeln wir eine fraktale Funktion, d. h. wir bekommen für jeden Eingabewert ein Ergebnis, und dieses Ergebnis wird wunderschöne selbstähnliche Strukturen zeigen.

Soweit so gut, nur müssen wir uns jetzt noch mit einem Detail beschäftigen: Die Mandelbrotmenge ist über den komplexen Zahlen definiert. Komplexe Zahlen sind eine Erweiterung der reellen Zahlen um einen Imaginärteil i, sie bestehen also aus einem Realteil und einem imaginären Teil, der durch das Anhängsel i charakterisiert ist. Beispiel:

$$v = 0.23 + 0.78i$$

Mit den komplexen Zahlen löste man das Problem, dass es für die reellen Zahlen kein Ergebnis für die Wurzel einer negativen Zahl gab. Die Wurzelfunktion einer Eingabezahl erzeugt ja die Zahl, die, wenn man sie mit sich selbst multipliziert, die Eingabezahl erzeugt.

$$a = \sqrt{b} \qquad \Leftrightarrow \qquad b = a * a$$

Ist b nun eine negative Zahl, so gibt es kein a, das mit sich selbst multipliziert dieses b erzeugt, weil selbst wenn a negativ ist, das Ergebnis von $a * a$ immer positiv sein wird. Oder anders ausgedrückt, für die Gleichung

$$x^2 = -1$$

gibt es in den reellen Zahlen keine Lösung, in den komplexen Zahlen aber die Zahl $v = i$, denn $i^2 = -1$.

Mit den komplexen Zahlen kann man nun alles machen, was man mit den reellen Zahlen machen kann, man kann sie addieren, subtrahieren, multiplizieren und selbst dividieren. Die Operationen werden einfach komponentenweise durchgeführt und das Ergebnis wird aus den Einzelergebnissen zusammengesetzt.

$$
\begin{aligned}
(3 + 5i) + (6 + 2i) &= 3 + 5i + 6 + 2i \\
&= 9 + 7i \\
(3 + 5i) * (6 + 2i) &= 3 * 6 + 3 * 2i + 5i * 6 + 5i * 2i \\
&= 18 + 6i + 30i + 10i^2 \\
&= 8 + 36i \qquad\qquad (10.1)
\end{aligned}
$$

Die Mandelbrotmenge wird durch eine Iteration in der Menge der komplexen Zahlen erzeugt. Wir definieren dazu ein Intervall. Dieses Intervall ist zweidimensional, weil wir ja zwei Komponenten in jeder Zahl haben. Für ein gegebenes Intervall $[-2, 5..1, 5] \times [-2, 2]i$ erhält jedes Pixel auf dem Bildschirm nun seinen individuellen imaginären Zahlenwert, wenn wir durch die x-Komponente des Pixels den Realteil der Zahl bestimmen und durch den y-Wert den Imaginärteil.

Mit jeder dieser Zahlen wird jetzt eine Iteration durchgeführt und wir färben das Pixel mit einer Farbe, die der Geschwindigkeit entspricht, mit der die Zahl während der Iteration größer wird: Alle Zahlen, die gegen Null streben werden schwarz, alle anderen werden bunt, wobei die Zahlen, die am schnellsten größer werden, rot markiert sind.

Wählen wir als Iteration nun das Quadrieren der Zahl – wir quadrieren den Anfangswert, quadrieren noch einmal usw.

$$z_0 = (x + yi); \quad z_1 = z_0^2; \quad z_2 = z_1^2; \dots$$

dann streben alle imaginären Zahlen $v = (a + bi)$, deren Betrag $L = \sqrt{a^2 + b^2}$ kleiner als Eins ist, gegen den Wert Null, alle anderen werden größer, die am weitesten außenliegenden sind am schnellsten. Hierfür messen wir wieder den Betrag der Zahl, nun aber nach jeder Iteration. Abbildung 10.8(a) zeigt ein entsprechendes Bild, in Weiß sind die beiden Koordinatenachsen eingezeichnet.

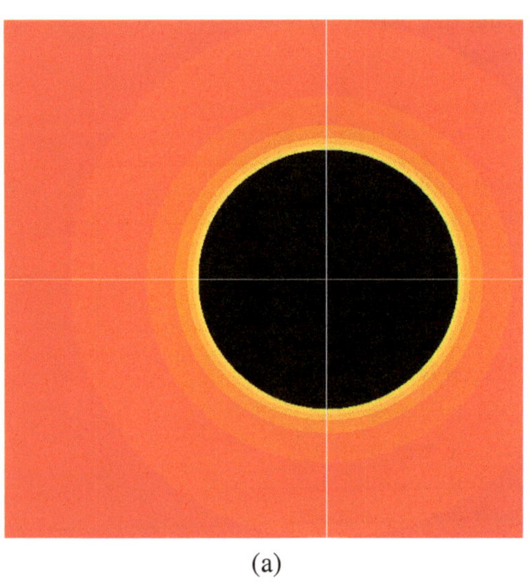

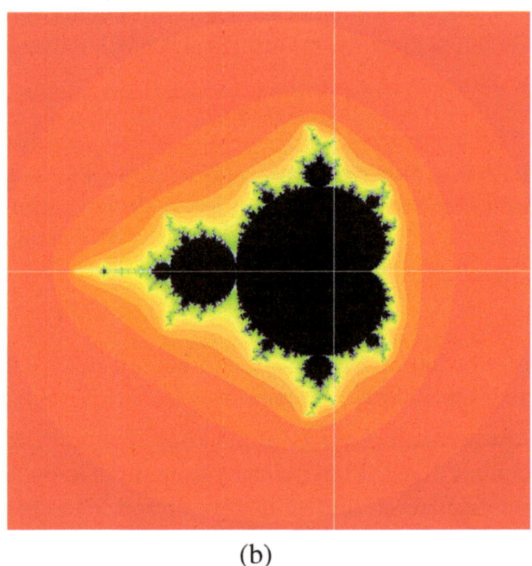

(a) (b)

Jetzt bedarf es nur noch einer kleinen Änderung und wir erhalten die Mandelbrotmenge aus Abbildung 10.8(b). Die Iteration wird so abgeändert, dass in jedem Schritt die Ursprungszahl auf das Ergebnis aufaddiert wird.

$$z_0 = (x + yi); \quad z_1 = z_0^2 + (x + yi); \quad z_2 = z_1^2 + (x + yi); \dots$$

Sketch
mandelbrotMenge

Das Spannende an dieser Menge ist, dass man (fast) beliebig in einen Teil hineinzoomen kann und immer neue Muster entdeckt. Im Verzeichnis „Fraktale" finden Sie das Unterverzeichnis „mandelbrotMenge" mit dem entsprechenden Sketch. Per linkem Mausklick können Sie in die Menge hineinzoomen, mit dem rechten hinaus. Mit „+" kann man die Anzahl der Iterationen , nach denen jeweils die Geschwindigkeit des Größerwerdens jeder Zahl gemessen wird, erhöhen. Dadurch werden noch mehr Details sichtbar (Abbildung 10.9).

Allerdings ist der Sketch noch nicht ganz fertig und zeigt nur ein Bild wie in Abbildung 10.8, und auch das nur als Grauwertverlauf.

Aufgabe 1

Ändern sie die Anweisungen oben so ab, sodass die Mandelbrotmenge erzeugt wird und von den Farben her das Ganze der Abbildung entspricht. Hinweis: Verwenden Sie das HSB-Farbmodell (siehe Processing-Beschreibung), bei dem Farben anders als in RGB erzeugt werden.

  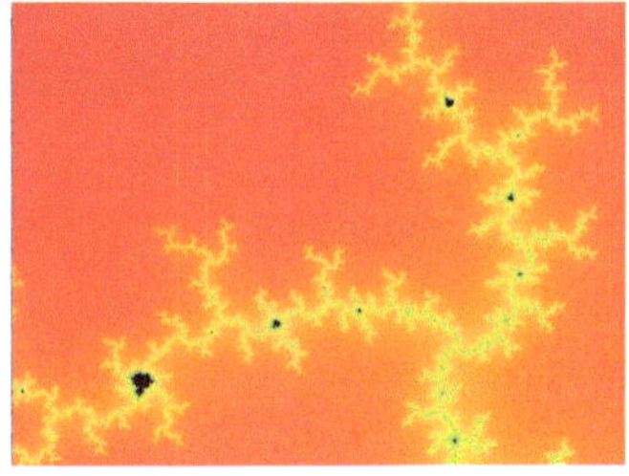

Sehr schön ist in Abbildung 10.9 zu sehen, wie immer wieder kleine Versionen der Gesamtmenge auftauchen, hier haben wir es also mit einem besonders interessanten Fall von Selbstähnlichkeit zu tun.

Auf der Basis von Mandelbrotmengen sind in der Vergangenheit eine große Menge von schönen Bildern erzeugt worden, die Menge wurde abgewandelt oder ins dreidimensionale übertragen (siehe Abbildung 10.10).

Was wir hier als Mandelbrotmenge bezeichnet haben, ist eigentlich eine Map, also Abbildung, die das sogenannte Fluchtverhalten der einzelnen Startpunkte beschreibt. Wo die Punkte geometrisch enden ist eine ganz andere Frage, hier haben wir nur gemessen, wie schnell sie sich vom Absolutbetrag her vergrößern und den Prozess irgendwann gestoppt. Im nächsten Abschnitt werden wir sehen, dass man auch noch ganz andere Maps herstellen kann. Aber zuerst wollen wir eine weitere Fluchtdarstellung erzeugen.

10.2 Seltsame Attraktoren

Als 1971 einige Physiker das Entstehen turbulenter Strömungen zu verstehen versuchten, fanden sie beim Aufstellen der entsprechenden Gleichung erstaunliche Lösungen. Selbst wenn zwei Anfangspunkte der Iteration extrem nah beieinander lagen, wurden sie zu ganz unterschiedlichen *seltsamen Attraktoren* hingezogen.

Zu Berechnung dieser Systeme musste man sich mit Differentialgleichungen beschäftigen, die nicht unerheblichen Rechenaufwand erforderten.

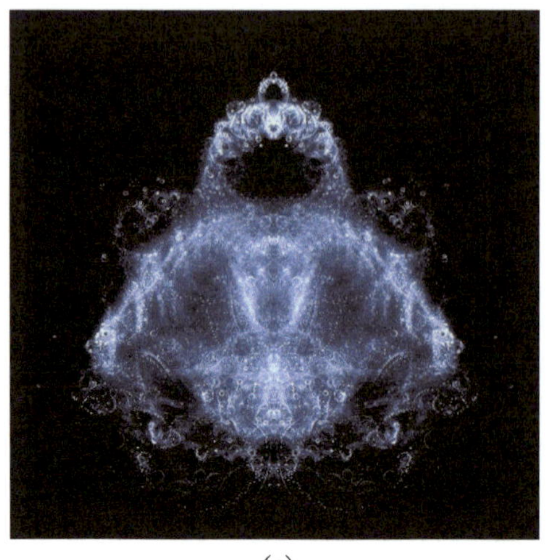

(a)

(b)

Michel Hénon versuchte einige Jahre später, möglichst einfache Gleichungen zu finden, deren iterierte Ausführung zu ähnlich chaotischen Bildern führte. Nach diversen Versuchen fand er diese einfache Abbildungsvorschrift der Ebene auf sich selbst:

$$\begin{aligned} x_{n+1} &= 1 - \alpha x_n^2 + y_n \\ y_{n+1} &= \beta x_n \end{aligned} \tag{10.2}$$

Im Grunde genommen handelt es sich hierbei um ein Modell, das die Bewegung von Luft durch Wärmezufuhr (Konvektion) für Wettervorhersagen beschreibt. Es ist eine sehr vereinfachte Darstellung eines sogenannten Lorenz-Systems, das ebenfalls ein chaotisches Verhalten aufweist.

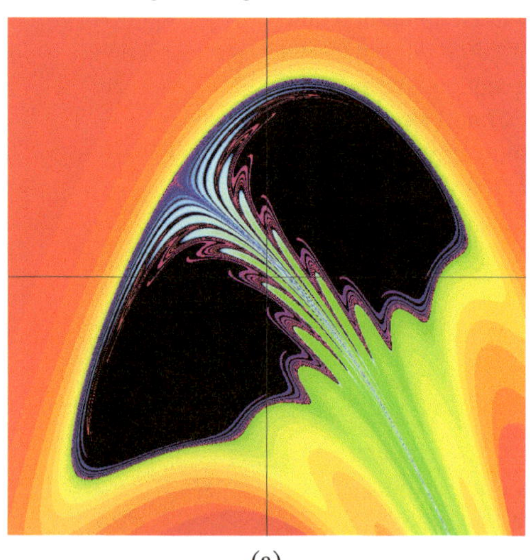

(a)

(b)

Sketch henon Fluchtgeschwindigkeit

116

Zur Untersuchung dieser Abbildung verwenden wir zunächst die Parameter $\alpha = 0.2$ und $\beta = 1.01$. Jetzt machen wir dasselbe wie mit der

Mandelbrotmenge: Wir berechnen, wie schnell sich die Punkte bei der fortgesetzten Anwendung der Gleichungen vom Nullpunkt entfernen und färben das Ganze entsprechend ein. Öffnen Sie dazu den Sketch *henonFluchtgeschwindigkeit*, es erscheint ein Bild ähnlich Abbildung 10.11(a).

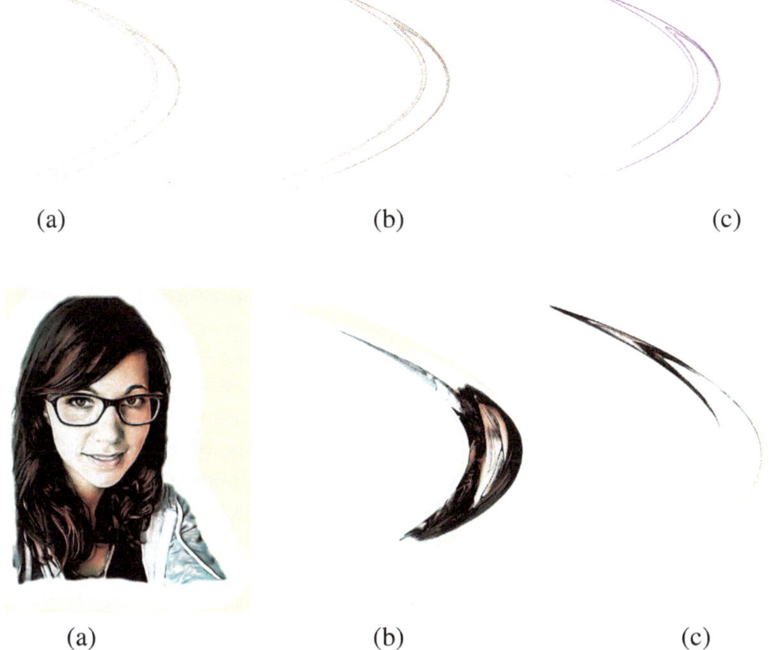

(a) (b) (c)

(a) (b) (c)

Wenn wir hineinzoomen, so erscheint ein Muster wie in Abbildung 10.11(b). Es zeigt farbige Bänder, die aus weiteren, feineren Linien zu bestehen scheinen. Später werden wir erkennen, dass es sich auch hier um die Darstellung eines Fraktals handelt.

Was aber hat das mit den *seltsamen Attraktoren* auf sich, die dieses System angeblich hat? Dazu basteln wir uns eine andere Darstellung: Es werden verschiedene Startpunkte auf ihrem Weg durch die Iteration verfolgt (Sketch *henonZufallspunkte*). In Abbildung 10.12 ist zu sehen, was mit zufälligen Punkten aus dem Intervall $x = [-2.5, 2.5]$ und $y = [-0.4, 0.4]$ geschieht, wenn man einmal, zehnmal und hundertmal die Gleichungen auf die Punkte anwendet.

*Sketch
henon-
Zufallspunkte*

Anstelle Zufallspunkte zu nehmen, kann man auch ein Bild so verformen und jedes Pixel über die Gleichungen verschieben (siehe Abbildung 10.13(a)). Drei geometrische Operationen lassen sich bei der *Hénon-Abbildung* erkennen: Stauchen, biegen und Achsen spiegeln. Wenn man das Ergebnis zwei weitere Male abbildet, dann ändert sich das Bild wie in Abbbildung 10.13(b) und (c) zu sehen.

Aufgabe 2

Damit Sie selbst die Abbildung ein- oder mehrfach auf beliebige andere Bilder anwenden können, erstellen Sie nun einen passenden Sketch. Nehmen Sie als Vorlage den Sketch, der die Zufallspunkte abbildete, und ändern ihn so ab, dass er nun auf allen Pixeln eines Bildes eine Iteration vornimmt. Alle Bild-Ergebnisse sind im data-Ordner mit aufsteigender Nummer zu speichern, damit bei jedem erneuten Druck auf die ENTER-Taste das errechnete Bild neu abgespeichert werden kann (siehe Dokumentation zum *save()*-Kommando). Es wird davon ausgegangen, dass sich das Eingabebild ebenfalls im data-Ordner des Sketches befindet. Lassen Sie bei jedem Pixel des Bildes die Farbe auslesen. Dann verwandelt man die Pixelkoordinaten mit dem *map()*-Befehl in Koordinaten der abzubildenden Ebene, bildet sie nach Vorschrift ab, verwandelt sie wieder zurück in Pixelkoordinaten und setzt dort wieder die gespeicherte Farbe ein.

save()

Sie sehen, dass alle Bildpunkte bei weiterer Iteration von dem Bumerang-ähnlichen Gebilde, das wir schon aus Abbildung 10.12 kennen, angezogen werden. Aber warum? Um diese Frage zu beantworten, werden wir uns auf die Iteration einzelner Punkte beschränken. Folgende Fragen sind zu untersuchen:

- Wie hängt die Abbildung vom Startpunkt ab?

- Ist die Abbildung von der Wahl der beiden Parameter α und β abhängig?

- Ist die Hénon-Map bei permanenter Iteration eines Punktes ein Fraktal?

Sketch henon-Startpunkte

Die Abhängigkeit des Bildes vom Startpunkt lässt sich mit einem passenden Sketch untersuchen, bei dem der Benutzer per Mausklick den Startpunkt (etwas größer gezeichnet) aussucht. Mit diesem werden dann die nächsten 50–100 Punkte ausgerechnet und im Bild eingetragen. Beim nächsten Klick sollte sich die Farbe verändern, so dass man die Folgepunkte vergleichen kann. Verlassen die Folgepunkte das Bild, so erscheint eine entsprechende Textinformation (Abbildung 10.14).

Man sieht, dass die Folgepunkte bei nur leicht verschiedenen Startpunkten zwar nicht beieinander liegen, aber doch alle zum Attraktor gezogen werden. Ist der Startpunkt aber zu weit außerhalb, dann divergieren die Folgepunkte und landen im Unendlichen.

Die logischen Variablen *rechne* und *startPunktZeichnen* liefern der *draw()*-Methode die Information, was zu zeichnen ist. Falls es noch weitere Dinge zu tun geben sollte, wie etwa das Zeichnen eines Koordinatensystems, verwendet man eine weitere logische Variable, wie in unserem Fall zum Beispiel *achsenZeichnen*. Man darf allerdings nicht vergessen, diese nach getaner Arbeit wieder auf *false* zu setzen.

Im *setup( )*-Teil kann man über das Attribut n die Anzahl der zu zeichnenden Punkte festlegen. Dies ist dann genau die Anzahl der Henon-Abbildungen, denen man den Startpunkt unterwirft. Es muss aber noch eine zweite Ausstiegsmöglichkeit geben, wenn wir nicht wollen, dass unser Programm mit einer Fehlermeldung stoppt. Bei manchen Startpunkten divergieren die Folgepunkte recht schnell, was dann innerhalb des *map( )*-Befehls wegen zu großen Eingangswertes mit einer Fehlermeldung quittiert würde. Soweit lassen wir es nicht kommen, denn durch die Abfrage:

if (Math.abs(xNeu) >= 10 || Math.abs(yNeu) >= 10)

wird die Iteration für diesen Punkt gestoppt und der Benutzer bekommt eine Textinformation über die (vermutliche) Divergenz.

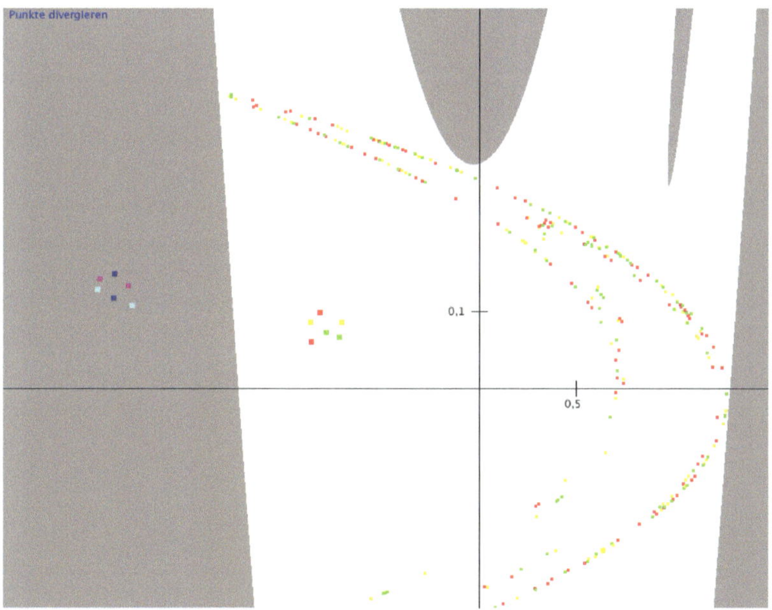

Abbildung 10.14
Henon-Abbildungen mit verschiedenen Startpunkten: Die Punkte links neben der y-Achse werden zum Attraktor gezogen, nicht aber die Punkte links oben im Bild, sie divergieren.

Ist aber die Anzahl der gewünschten Iterationen erreicht ($i = n$), wird bei erneutem Klicken mit anderem Startpunkt die Farbe gewechselt. Das kann man, wie hier, mit einem color-Array lösen oder man bestimmt die nächste Farbe per Zufall. Der Startpunkt wird etwas größer als die restlichen Punkte gezeichnet, um ihn im Bild leicht erkennen zu können.

Vermutlich haben Sie bemerkt, dass mitunter auch Startpunkte, die relativ weit vom Attraktor entfernt sind, von diesem dennoch angezogen werden. Um dies genauer zu untersuchen, werden wir in der *draw( )*-Methode noch den Auftrag für ein *Fluchtdiagramm* unterbringen. Dieses Diagramm soll uns zeigen, in welchem Bereich der Startpunkt sein darf, damit der Attraktor wirkt. Man nennt diesen Bereich den Gefangenen-Bereich, er ist in Abbildung 10.14 weiß hinterlegt.

Dazu muss, nachdem der zu untersuchende Bereich festgelegt wurde, jede Pixelkoordinate in die zugehörige kartesische Koordinate mit *map()* umgerechnet werden. Auf diesen Startpunkt wendet man die Hénon-Abbildung mindestens hundert Mal an. Ist der so errechnete Punkt weiter als 100 Einheiten vom Ursprung entfernt, wird das Pixel grau eingefärbt.

Wie hängen nun die Hénon-Maps von den Parametern α und β ab? Um das zu untersuchen, müssen wir unseren Hénon-Startpunkte-Sketch an die neuen Anforderungen anpassen. Die Tatsache, dass bisher nur eine überschaubare Menge an Punkten bzw. Rechtecken gezeichnet werden musste, ließ es zu, dass man die Iteration in der *draw()*-Prozedur unterbringen konnte. Der Vorteil war, dass man auf diese Weise das Zeichnen der Punkte beobachten konnte.

Bei größerer Punktezahl muss eventuell eine Anpassung an der *frameRate()*-Prozedur vorgenommen werden – aber eine Wartezeit, in der es minutenlang nichts Neues zu sehen gibt, wird uns so erspart. Der Nachteil soll dabei aber auch nicht verschwiegen werden: Das Programm ist bei einer Million und mehr Iterationen viel zu langsam! Wenn wir verstehen wollen, dass die Hénon-Map ein Fraktal ist, sind aber eben viele Millionen Iterationen nötig. Die Lösung ist ein Kompromiss: 50.000 Iterationen werden gleich zu Beginn des Programms ausgeführt. Reicht das nicht, so kann der Benutzer mit der TAB-Taste jeweils weitere 500.000 Iterationen nachfordern.

Sketch
henonFraktal

Wichtig ist bei der Implementierung, dass alle x- und y-Werte der Iteration als double-Variablen deklariert werden. Nur so kann man weit in das Bild hinein zoomen. Leider kann *map()* nichts mit double-Werten anfangen. Deshalb benötigt man diese Werte auch noch als float-Größe. Dadurch, dass man die aktuellen xAlt- und yAlt-Werte als Parameter mitgibt, kann die Iteration solange immer wieder aufgerufen werden, wie die Genauigkeit der double-Variablen es erlaubt.

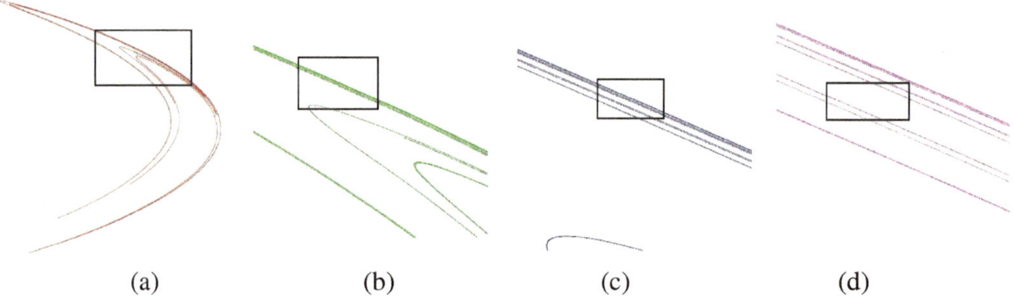

(a)   (b)   (c)   (d)

Bei jedem Mausklick auf das Bild soll der dem Pixel entsprechende Punkt als Zentrum des neuen Bildes gewählt werden. Die Vergrößerung wollen wir 5-fach pro Klick wählen. Dann bekommt man für fünffaches Vergrößern immerhin einen Faktor 3125, was vorerst reichen sollte. In der Methode *keyPressed()* wird festgelegt, welche Aktionen der Benutzer starten kann. Hier die Wunschliste: Beliebig oft iterieren, Fluchtbereich zeichnen, Parameter α und β verändern.

Der Grund, weshalb man hier bei Drücken der Taste TAB eine Schleife für je 50.000 Iterationen zehnmal durchlaufen lässt, ist dem Umstand geschuldet, dass die *map()*-Methode irgendwann einen zu großen Eingangswert bekommen kann und dann die Arbeit verweigert. Mit der Schleife kann es immerhin sein, dass drei oder vier Durchläufe sauber durchlaufen – und erst danach eine Fehlermeldung erscheint. Je weiter Sie in das Bild zoomen, desto mehr Iterationen müssen durchgeführt werden, da der kleinere Bildausschnitt ja nur von viel weniger Punkten getroffen wird.

Die Mathematik liefert bei der Hénon-Map eine fraktale Dimension, die in etwa der Dimension der Kochkurve entspricht (ca. 1.25). Wir können das hier nicht überprüfen – die Selbstähnlichkeit allerdings zeigt sich beim Hineinzoomen in die Menge (Abbildung 10.15). Man erkennt, dass jede Linie in Wirklichkeit aus vielen weiteren Linien besteht, und diese wiederum aus vielen weiteren Linien usw.

Aufgabe 3

Erweitern Sie den Sketch *henonFraktal* so, dass ein Benutzer durch Drücken der '1' bzw '2'-Taste den Parameter c1 bzw. c2 um 0.002 erhöhen kann. Im Anschluss daran soll automatisch mit diesen Werten die veränderte Map in einer anderen Farbe gezeichnet werden.

Wenn Sie alles richtig gemacht haben, werden Sie feststellen, dass man die Fraktale kaum voneinander unterscheiden kann, so nahe liegen sie beisammen. Bis zu einem Wert von $\beta = 0.315$. Dann meldet die Methode *map()* einen zu großen Eingangswert.

10.3 Dynamische Systeme

Vor über 200 Jahren vertrat der französische Mathematiker und Astronom *Laplace* die These, dass es eine Art *Weltgeist* geben müsse, der bei vollständiger Kenntnis der Gegenwart, die Zukunft in allen Einzelheiten ausrechnen könne.

„Wir müssen also den gegenwärtigen Zustand des Universums als Folge eines früheren Zustandes ansehen und als Ursache des Zustandes, der danach kommt. Eine Intelligenz, die in einem gegebenen Augenblick alle Kräfte kennt, mit denen die Welt begabt ist, und die gegenwärtige Lage der Gebilde, die sie zusammensetzen, und die überdies umfassend genug wäre, diese Kenntnisse der Analyse zu unterwerfen, würde in der gleichen Formel die Bewegungen der größten Himmelskörper und die des leichtesten Atoms einbegreifen. Nichts wäre für sie ungewiss, Zukunft und Vergangenheit lägen klar vor ihren Augen. “ [6]

Man nennt diesen hypothetischen Weltgeist den *Laplaceschen Dämon*. Laplace vertrat also ein deterministisches Weltbild, in dem es im Prinzip möglich ist, die komplette Zukunft vorherzusagen, wenn man nur den aktuellen Zustand der Welt akkurat messen kann.

Einige Jahre später allerdings zeigte die Mathematik nichtlinearer dynamischer Systeme, dass es diesen Dämon nicht geben kann. Solche Systeme verlangen zur Beschreibung eines physikalischen Vorgangs mitunter Gleichungen, die so „empfindlich" sind, dass bei einer noch so kleinen Störung das System in einen instabilen, chaotischen Zustand übergehen kann. Wenn also die tausendste oder millionste Stelle hinter dem Komma für die Berechnung der Zukunft wichtig ist, heißt das, dass die der Rechnung vorausgehenden Messungen beliebig genau sein müssen.

Dies aber ist unmöglich. Heute wissen wir beispielsweise, dass durch die Heisenbergsche Unschärferelation eine prinzipielle Grenze für die Messbarkeit atomarer Systeme gegeben ist – man kann den aktuellen Ort und die aktuelle Geschwindigkeit eines Teilchens nicht gleichzeitig beliebig genau messen.

Aber wir müssen gar nicht in die Quantenphysik schauen, auch bei ganz normalen Körpern treten diese Probleme auf, etwa bei den schon angesprochenen nichtlinearen dynamischen Systemen. Übrigens sind viele Fraktale bei dem Versuch, solche dynamischen Systeme rechnerisch zu erfassen, entstanden. So verhält es sich auch mit dem nächsten Beispiel. Die Gleichungen beschreiben näherungsweise die Bahn eines vergleichsweise massearmen Körpers (z. B. ein Komet), der sich zusammen mit einem Körper erheblich größerer Masse (Erde) um ein Zentralgestirn (Sonne) bewegt.

Nach *Lagrange* ist dies ein Spezialfall des sonst chaotischen Dreikörperproblems, das zu stabilen Bahnen führen kann, aber eben nicht muss – das werden wir gleich sehen. Die Bewegung des Kometen wird durch die folgende Gleichung beschrieben:

$$\begin{aligned} x_{n+1} &= x_n cos(\alpha) - (y_n - x_n^2)sin(\alpha) \\ y_{n+1} &= x_n sin(\alpha) - (y_n - x_n^2)cos(\alpha) \end{aligned}$$

Wir sehen, dass dies ein Gleichungssystem ist, das dem Hénon-Fraktal relativ ähnlich ist, nur dass wir hier eine andere physikalische Interpretation haben. Statt Luftkonvektion geht es nun um Kometenbahnen (oder die von Raumschiffen).

Deshalb ist hier auch die Auswertung etwas anders. Die Koordinaten x und y sind hier nicht Koordinaten im Raum, sondern im sogenannten Phasenraum, der zum Beispiel Geschwindigkeit auf der y-Achse und Winkel auf der x-Achse anzeigt. Zur Veranschaulichung schauen wir uns ein anderes System an, ein schwingendes Pendel. Hier werden Geschwindigkeit und Winkel im Phasenraum durch eine Spirale dargestellt, weil die Winkelausschläge und die zugehörige Geschwindigkeit über eine trigonometrische Funktion (also Sinus, Cosinus) miteinander gekoppelt sind und außerdem beides immer kleiner wird, wenn das Pendel langsam zur Ruhe kommt. Anschaulich: Das Pendel hat bei einem großen Winkelausschlag immer eine niedrige Geschwindigkeit und umgekehrt. Die

Phasenraumdarstellung hat also die Form einer Spirale (siehe Abbildung 10.16).

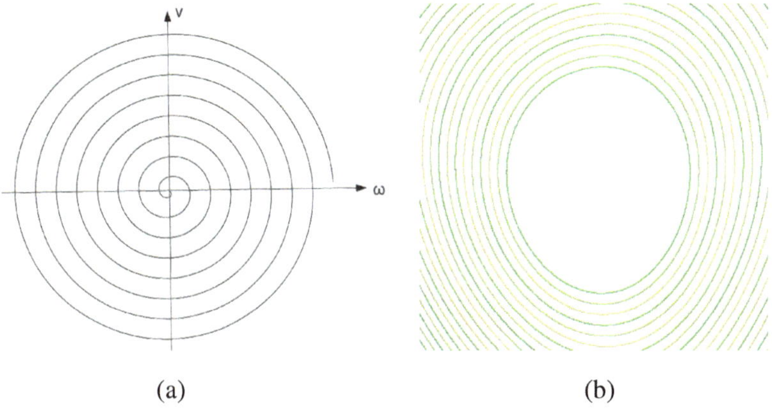

Nun machen wir es für das Dreikörperproblem ähnlich. Man wählt einen Startpunkt im Phasenraum, z. B. $x_0 = 0.1, y_0 = 0.1$, und legt den Parameter α als Startbedingung fest. Bei der Anwendung der Gleichungen ergibt sich bei der Darstellung der Punkte (der *Map*, wie im vorangehenden Abschnitt) ein kreisähnliches Gebilde, also mit Sicherheit erst einmal kein Fraktal. Danach vergrößern wir die Koordinaten des Startpunktes jeweils um 0.001 (siehe Abbildung 10.16(b)). Diese kleine Veränderung des Startpunktes ist als periodische Störung der Kometenbahn durch einen Planeten interpretierbar. Ganz offensichtlich bewegt sich der Komet aber weiterhin auf einer elliptischen Bahn im Phasenraum. Die einzig erkennbare Wirkung ist die leichte Vergrößerung des Bahnradius. Bleiben seine Bahnen immer stabil? Kann es irgendwann zu einer größeren Veränderung kommen?

periodische Störung

Aufgabe 4

Um das auszuprobieren, öffnen Sie bitte Sketch „dynamischesSystem", in dem alle wesentlichen Funktionen schon angelegt sind. Zunächst muss die Methode *iteriere()* angepasst werden. Bei der Gelegenheit soll auch die bisherige Farbe durch einen geeigneten Farbverlauf ersetzt werden. Wie beim Hénon-Fraktal sollte man für die Koordinaten der Iteration mit double-Variablen arbeiten, um so möglichst wenig Rundungsfehler zu bekommen. Beim Einsetzen in die *map()*-Methode müssen die Koordinaten wieder in *map()*-verträgliche float-Größen umgewandelt werden. Beim Zeichnen der Bahnen in *draw()* soll man die Information bekommen, aus welchem Grund ein Abbruch erfolgte: Entweder wurde die maximale Anzahl an Startpunkten erreicht oder es trat Divergenz auf. Zu guter Letzt sollte die Methode *mousePressed()* noch angepasst werden. Das Ziel ist unverändert: 5-fache Vergrößerung an der Stelle, an der der Benutzer auf die Zeichenebene geklickt hat. Da die Punktdichte auf dieser Teilfläche deutlich geringer ist, erhöht man die Anzahl n der Iterationen.

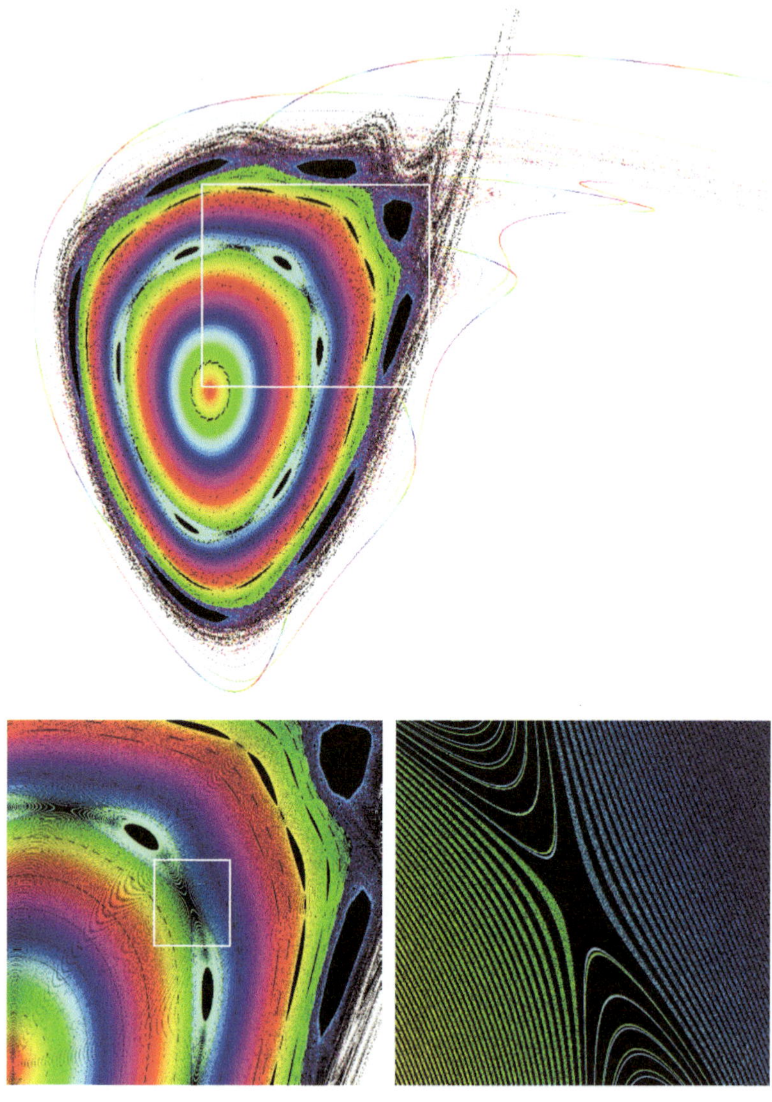

Das Fluchtdiagramm bleibt bis auf die Farbe unverändert. Hier wurde weiß für Divergenz (Fluchtbereich) und schwarz für Konvergenz (Gefangenenbereich) gewählt. In der Vergrößerung in Abbildung 10.17 kann man erkennen, dass es für größere Radien im mittleren Bereich sechs Felder gibt, die einerseits einen Konvergenzbereich bilden und andererseits die Bahn des Kometen sehr stark verändern. Dabei handelt es sich um die sogenannte *1/6-Resonanz*. Das heißt, dass es für den Fall, dass die Umlaufdauer des Kometen exakt ein Sechstel der Umlaufdauer der Erde beträgt, zu einer sogenannten *Resonanzkatastrophe* kommt und der Komet aus seiner Bahn geworfen wird. Weiter außen gibt es

Resonanz

sieben solche Bereiche. Das wäre dann die *1/7-Resonanz*. Einige wenige Bahnen zeigen den Fall, dass der Komet das System Sonne-Erde verlässt. An den Stellen, an denen nur einzelne Punkte zu sehen sind, ist das System *chaotisch*. Man kann dort nicht berechnen, was mit dem Kometen wirklich passieren würde.

10.4   Ein fraktales Gebirge

Auch Gebirge sind fraktale Objekte. Dies gilt für den dreidimensionalen Fall, aber auch für ihre zweidimensionale Silhouette. Man kann das sehr schön an Abbildung 10.18 sehen. Hier sind zwei Bergrücken markiert, einer ganz im Vordergrund und einer am Horizont. Wenn man sich beide Kurven ohne den Kontext ansieht, so wie in Abbildung 10.19, wirken sie sehr ähnlich wenn man das Verhältnis von kleinen zu großen Erhebungen betrachtet. Die vordere Kurve könnte auch am Horizont stehen und umgekehrt – wieder ein Fall von Selbstähnlichkeit.

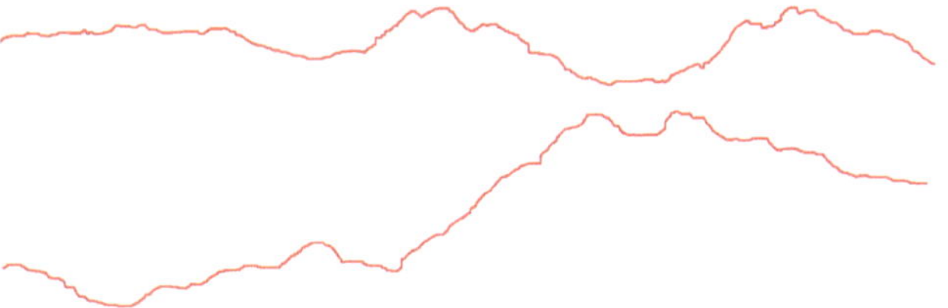

Nun wollen wir einen Streckenzug erzeugen, der diesen beiden Silhouetten ähnlich sieht. Wir erzeugen aber nicht genau denselben Streckenzug, sondern einen statistisch ähnlichen, also einen, der von der Charakteristik her ähnlich aussieht. Dazu benutzen wir einen ganz einfachen Algorithmus: Eine Strecke wird in der Mitte unterteilt und nach dem Unterteilen wird der Unterteilungspunkt zufällig ein wenig angehoben oder abgesenkt. Dann werden die beiden entstandenen Strecken genauso unterteilt, bis wir einen genügend komplexen Streckenzug erhalten haben.

Wenn wir diese zufällige Anhebung allerdings ohne weitere Modifikation vornehmen, so erhalten wir ein Ergebnis wie in Abbildung 10.20 links, das nicht wirklich einem Gebirgszug entspricht. Wenn wir die zufällige

Anhebung mit der Länge S der jeweiligen Teilstrecke multiplizieren (rechte Seite der Abbildung), so sieht das Ganze schon relativ gut aus.

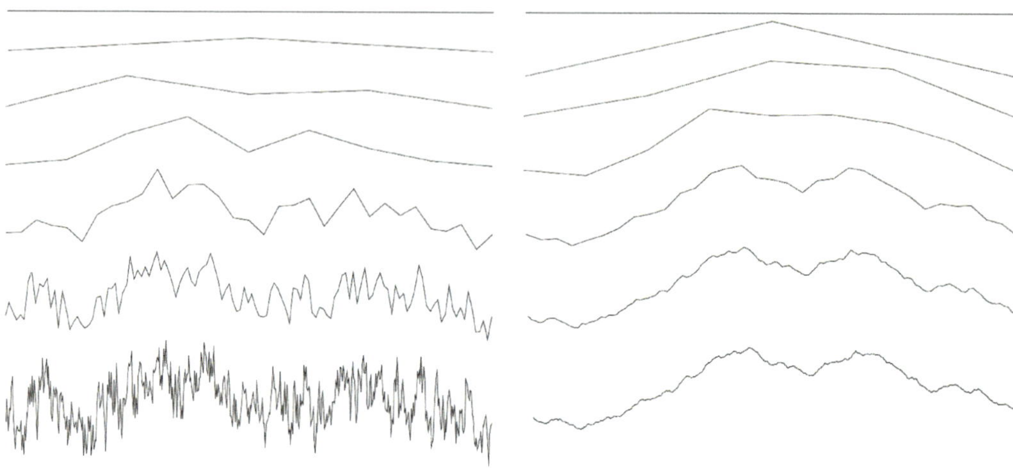

Abbildung 10.20
Fortgesetzte Unterteilung einer Strecke (1, 2, 4, 8, 32, 128, 512 Linien): links mit Zufall, rechts mit skaliertem Zufall.

Für eine noch bessere Annäherung führen wir nun noch einen Skalierungsfaktor H ein, der die Streckenlänge potenziert, dadurch werden kleinere Strecken noch einmal weniger stark angehoben. Bei der Unterteilung ist die Streckenlänge erst eins, dann 0.5, 0.25, usw.

$$\text{Zufallsamplitude} \approx S^H$$

In Abbildung 10.20 rechts haben wir $H = 1$ verwendet, aber ein etwas größerer Wert von $H = 1.25$ lässt die Streckenzüge noch etwas natürlicher erscheinen. Interessanterweise entspricht dieser Skalierungsfaktor der Ähnlichkeitsdimension, die wir am Anfang des Kapitels beschrieben haben, bestimmt er doch gerade, um wie viel man einen Teil der Kurve skalieren muss, um ähnlich zur Gesamtkurve zu sein. Abbbildung 10.21 zeigt zwei Beispiele mit $H = 1.25$.

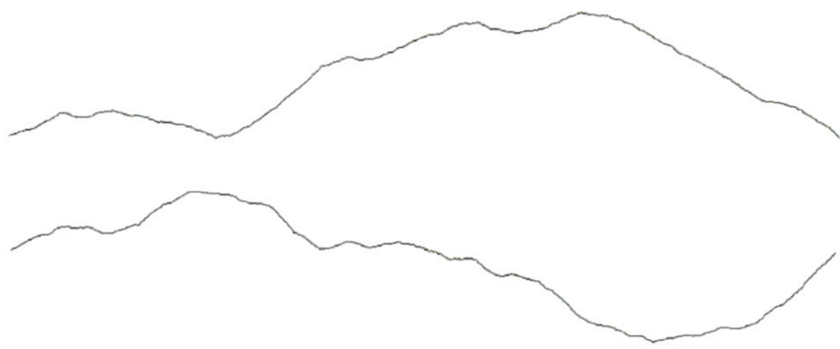

Abbildung 10.21
Zwei künstlich erzeugte Silhouetten mit $H = 1.25$

Aufgabe 5

Schreiben Sie einen Sketch, der eine gegebene Strecke so lange unterteilt, bis eine festgesetzte Anzahl Strecken erreicht ist. Die zufällige Anhebung der Mittelpunkte geschieht wie oben beschrieben. Sinnvoll ist es, für die Streckenzüge einfach die y-Koordinaten zu speichern und dafür eine variable Liste, etwa eine FloatList, zu verwenden (siehe Processing-Dokumentation). Im untenstehenden Beispiel legen wir eine globale Liste *values* an und erzeugen dann in der *subdivideValues*-Prozedur eine zweite Liste, die doppelt so lang ist. Am Ende wird diese Liste dann als globale Liste verwendet.

```
FloatList values;
...
void subdivideValues() {
   FloatList tmp = new FloatList();
   // Relation der zufälligen Anhebung zur Länge des Segments
   float amplitude = ...
   for (int i=0; i<values.size()-1; i++) {
      float v0 = values.get(i);
      float v1 = values.get(i+1);
      tmp.append(v0);
      // Hier muss die zufällige Anhebung hinkommen:
      tmp.append((v1+v0)/2 + amplitude*random ...
   }
   tmp.append(values.get(values.size()-1));
   values = tmp;
}
```

Zeichnen Sie diese Silhouette, indem Sie nacheinander die einzelnen Iterationsstufen zeichnen, bis eine gewünschte Komplexität des Streckenzuges erreicht ist. Abbildung 10.21 zeigt zwei Beispiele, falls Ihre nicht genauso aussehen, so verändern Sie beispielsweise die vertikale Skalierung, die in jedem Fall notwendig ist.

Turtle-Grafik

Komplexe natürliche Objekte

© Springer Fachmedien Wiesbaden GmbH, ein Teil von Springer Nature 2018
O. Deussen, T. Ningelgen, *Programmieren lernen mit Computergrafik*,
https://doi.org/10.1007/978-3-658-21145-5_11

Bisher haben wir Rechtecke mit linker oberer Ecke auf (400,400), der Breite 150 und der Höhe 100 mit einem einfachen Befehl gezeichnet: (Aufruf: *rect(400,400,150,100)*). Grundlage dieser Beschreibung ist das kartesische Koordinatensystem, in dem alle Positionen direkt über ihre *x*- und *y*-Positionen angegeben werden. Man könnte dasselbe Rechteck aber auch noch auf eine andere Weise beschreiben: über die sogenannte *Turtle*-Metapher (Turtle deutsch: Schildkröte).

Die Idee hinter dieser Metapher ist die Vorstellung von einer laufenden Schildkröte. Diese läuft nämlich, wenn man sie hochhebt, in eine andere Richtung dreht und dann wieder absetzt, in diese Richtung weiter. Dieses (sicher für viele Schildkröten nicht zutreffende) Verhalten simuliert man nun mit einer künstlichen Schildkröte im Rechner. Wir nehmen an, diese malende Schildkröte befindet sich aktuell im Ursprung mit der Nase nach rechts. Nun bekommt sie eine Reihe von einfachen Befehlen:

1. Gehe 400 Einheiten geradeaus.

2. Drehe um -90 Grad (also gegen den Uhrzeigersinn).

3. Gehe 400 Einheiten geradeaus.

4. Setze den Stift in Schreibstellung.

5. Gehe 100 Einheiten geradeaus.

6. Drehe um 90 Grad.

7. Gehe 150 Einheiten geradeaus.

8. Drehe um 90 Grad.

9. Gehe 100 Einheiten geradeaus.

10. Drehe um 90 Grad.

11. Gehe 150 Einheiten geradeaus.

12. Hebe den Stift wieder hoch.

Danach ist das Rechteck gezeichnet und unterscheidet sich in keiner Weise von dem Rechteck, das über *rect()* definiert wurde. Zugegeben, die Turtle-Methode ist mit mehr Schreibarbeit verbunden. Dafür sind die notwendigen Befehle äußerst einfach. Sie können bereits von Schülern in der Unterstufe nachvollzogen werden.

LOGO

Bekannt wurde die *Turtle* durch die Programmiersprache LOGO, die früher mitunter als erste Programmiersprache in der Schule eingesetzt wurde. In dieser Sprache gibt es nur 12 Befehle, was zunächst ja recht erfreulich ist. Leider aber lassen sich dort Schleifen nur durch Rekursionen erzeugen. Rekursionen sind besonders für Anfänger schwer verständlich und erleichtern nicht wirklich das Leben, weshalb in vielen Schulen heute Java oder andere Programmiersprachen unterrichtet werden.

Daher wollen wir in diesem Abschnitt eine Turtle-Steuerung auf der Basis von Processing programmieren. Dazu öffnen Sie bitte den Processing-Sketch *turtle1*. Die Turtle wird im *initTurtle()* initialisiert, dort werden die Variablen, die ihren Zustand beschreiben, auf die gewünschten Werte gesetzt. Die anderen Kommandos für die Turtle sind selbsterklärend, bis vielleicht auf das *move()*-Kommando. Hier ist es:

Sketch turtle1

```
void move(float len) {
    float dx = cos(radians(actW))*len;
    float dy = sin(radians(actW))*len;
    if (penIsDown)
        line(actX,actY,actX+dx,actY+dy);
    actX+=dx;
    actY+=dy;
}
```

Das Kommando zeichnet eine Strecke in der aktuellen Richtung. Diese Richtung wird durch den aktuellen Winkel *actW* bestimmt. Die trigonometrischen Funktionen *sin()* und *cos()* führen diese Drehung durch, die Länge der Linie wird durch den Parameter *len* angegeben. Falls der Stift unten ist, wird die Linie gezeichnet, dann wird die Position auf den neuen Wert gebracht.

Sketch turtle2

Das oben angesprochene Beispiel eines Rechtecks wird von *turtle1* gezeichnet, Abbildung 11.2(a) zeigt das Ergebnis. Im Sketch *turtle2* wird die Funktionalität der Turtle erweitert, nun zeichnen wir eine Reihe von Quadraten, die gegeneinander verdreht sind und immer kleiner werden.

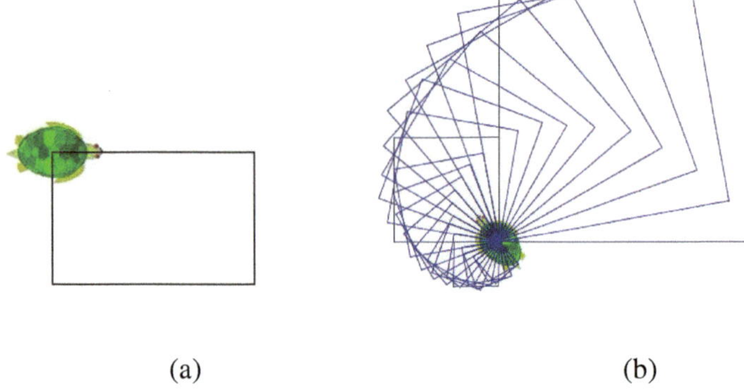

Abbildung 11.2
a) Rechteck, von der Turtle gezeichnet; b) gedrehte Quadrate

Aufgabe 1

Natürlich kann die Turtle auch farbig zeichnen! Ein Ergebnis wie in Abbildung 11.3 lässt sich mit einfachen Mitteln erzeugen. Sowohl der Prozedur *move()* also auch *turn()* kann je ein zufälliger Parameter übergeben werden. Wechselt man dann noch alle 100 Strecken die Farbe, so ergibt sich ein interessanter zufälliger Streckenzug. Versuchen Sie, einen solchen Sketch zu schreiben.

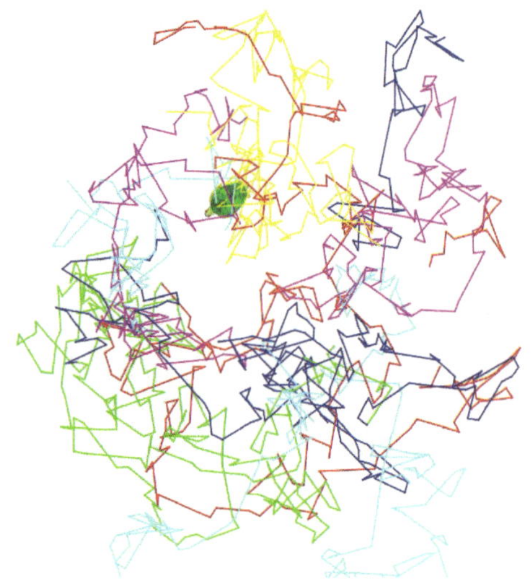

Abbildung 11.3
Turtle außer Rand und Band

Aufgabe 2

Versuchen Sie zur Übung außerdem, die Turtle ein Bild zeichnen zu lassen, das Abbildung 11.1 ähnelt. Es ist viel einfacher, als Sie vielleicht vermutet haben: Bei einem regelmäßigen Sechseck müsste man sich die Turtle immer um 60 Grad an jeder Ecke drehen. Nehmen Sie stattdessen einen leicht größeren Winkel, also z. B. 60,9 Grad, und lassen Sie die Seitenlänge nach dem Zeichnen immer um eine Einheit größer werden. Kleine Hilfe gefällig? Na gut: Die *draw()*-Methode könnten zum Beispiel so aussehen:

```
void draw() {
    // Farbe zyklisch wechseln, alle sechs Linien dieselbe Farbe,
    // hierfür muss das HSB-Farbmodell gewählt werden.
    hue= (hue+60) % 360;
    setColor(color(hue,360,360));
    turn(60.9); // Turtle Kommandos
    move(laenge);
    laenge += 1; // Mallänge verlängern
    // Abbruch, wenn Länge so groß wie Fensterbreite
    if (laenge == width) noLoop();
}
```

11.1 Rekursionen mit Turtle-Grafik

In Kapitel 6 hatten Sie bereits die Möglichkeit, sich mit der nicht ganz einfachen Materie der *Rekursionen* zu beschäftigen. Nun können Sie mit Hilfe der *Schildkröten* dieses Wissen vertiefen. Wir wollen aber erst einmal die Implementierung der Turtle-Grafik nochmals vereinfachen. Ebenfalls in Kapitel 6 hatten wir nämlich schon die Transformationen des Koordinatensystems von Processing kennen gelernt, mit denen man die darauffolgenden Zeichenbefehle verschieben, rotieren und skalieren kann. Das wollen wir jetzt hier verwenden, um die Turtle auf einfache Weise zu implementieren. Im Sketch *turtlePeanokurve* wurde das gemacht und alle Befehle entsprechend umgebaut. In der *draw()*-Methode werden die Koordinaten des Nullpunktes in die untere linke Ecke des Fensters mit *translate(50,height-50);* gesetzt. Eine Kurve innerhalb der *draw()*-Methode wird nun immer von hier starten. Die Befehle *move()* und *turn()* werden nun wie folgt formuliert:

*Sketch
turtlePeanokurve*

```
void move(float len) {
    if (penIsDown) line(0,0,len,0);
    // bewege Turtle weiter
    translate(len,0);
}
void turn(float ang) {
    rotate(radians(-ang));
}
```

In *move()* wird eine Strecke nun immer in aktueller *X*-Richtung gezeichnet und dann das Koordinatensystem in die selbe Richtung verschoben, allerdings in Bezug zum lokalen Koordinatensystem, das mit *turn()* gedreht wird. Damit haben wir die kompakteste Version der Turtle erzielt, die nebenbei auch noch ziemlich schnell ist.

Das erste rekursive Programm, das wir auf diese Weise schreiben können, ist die *Hilbert-Kurve* (siehe Abbildung 11.4). Sie ist rekursiv definiert und füllt, wie schon in Kapitel 10 beschrieben, potentiell die ganze Ebene aus, wenn man beliebig viele Rekursionsstufen durchläuft. Daher hat sie auch eine fraktale Dimension von zwei. Im Processing-Sketch *turtlePeanokurve* gibt es nun die Prozedur *kurve()*, die jetzt vier rekursive Aufrufe beinhaltet.

```
void kurve(int tiefe,int laenge,float winkel) {
  if (tiefe>0) {
    turn(winkel);
    kurve(tiefe-1,laenge,-winkel); // erster rekursiver Aufruf
    move(winkel);
    turn(-winkel);
    kurve(tiefe-1,laenge,winkel);
    move(winkel);
    kurve(tiefe-1,laenge,winkel);
    turn(-winkel);
    move(winkel);
    kurve(tiefe-1,laenge,-winkel);
    turn(winkel);
  }
}
```

Hierbei gibt der Parameter *tiefe* die Tiefe der Rekursion an, *laenge* bezeichnet die Länge der Grundstrecke und *winkel* den Drehwinkel. Ist eine Tiefe von null erreicht, so stoppt die Rekursion und das Programm springt aus der Prozedur direkt heraus, ohne etwas zu tun. Startet man die Prozedur mit einer Tiefe von Eins, so wird sie viermal rekursiv aufgerufen, dort wird außer dem Zeichnen nichts gemacht und das Ergebnis ist das an einer Seite offene Quadrat aus Abbildung 11.4 links. Bei einem Aufruf mit einer Tiefe von Zwei entsteht ein entsprechend größeres

Objekt, welches das Grundelement viermal zeigt, in drei verschiedenen Orientierungen. Verbunden werden diese vier Elemente durch die blau gezeichneten Strecken.

Der Platzbedarf der Figur wächst hierbei exponentiell mit der Tiefe. Falls das erste Element einen Platzbedarf von einem Dezimeter (10x10cm) hat, dann sind es bei der n-ten Rekursion schon $9^{n-1}dm^2$, für $n = 6$ sind das fast $600m^2$.

Aufgabe 3

Versuchen Sie nachzuvollziehen, weshalb die Verbindungslinie zwischen den roten offenen Quadraten in blau gezeichnet werden (*colorMode HSB, color(225,360,360)*). Um den Vorgang leichter zu durchschauen, deaktivieren Sie die beiden letzten move/kurve/turn-Blöcke in der Methode *kurve*.

Aufgabe 4

Wandeln Sie den Sketch *turtlePeanokurve* so um, dass eine ähnliche Kurve wie in Abbildung 11.5 gezeichnet wird. Hier ist das Grundelement kein nach einer Seite offenes Quadrat, sondern drei im Winkel angebrachte Linien, die zweimal nach innen und einmal nach außen rekursiv ersetzt werden. Dies wird für jede Iteration weiter geführt, bis schließlich eine Dreiecksform entsteht. Hierbei müssen Sie zwei verschiedene rekursive Prozeduren (einmal für den Bogen auf der einen Seite und einmal für den anders orientierten Bogen) definieren, die sich wechselseitig aufrufen.

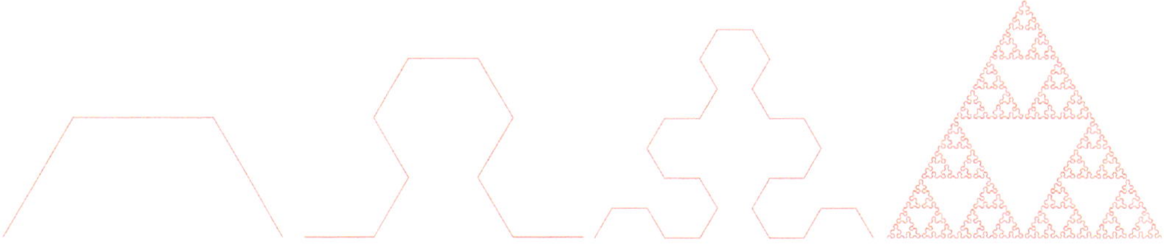

11.2 Ein rekursiver Baum

Rekursive Aufrufe können auch hervorragend zur Erzeugung von Baumstrukturen verwendet werden. Bereits in Kapitel 6.7 haben wir über rekursive Prozedur-Aufrufe diverse Bäume erzeugt. Mittels der Turtle geschieht dies jetzt noch einfacher.

*Sketch
binaerBaum*

Der Baum aus Abbildung 11.6 entsteht durch folgenden einfachen rekursiven Prozeduraufruf mit der Turtle. Hierbei ist *laenge* die geometrische Länge der Äste in Pixeln und *tiefe* ein Zähler für die Rekursionstiefe, von der bei jedem weiteren Aufruf eins abgezogen wird, bis bei Stufe Null die Rekursion beendet wird.

```
void tree(int laenge, int tiefe) {
    if ( tiefe != 0 ) {
        move(laenge);
        turn(30);
        tree(0.66*laenge,tiefe-1);
        turn(-60);
        tree(0.66*laenge,tiefe-1);
        turn(30);
        move(-laenge);
    }
}
```

Abbildung 11.6
Binärbaum

Aufgabe 5

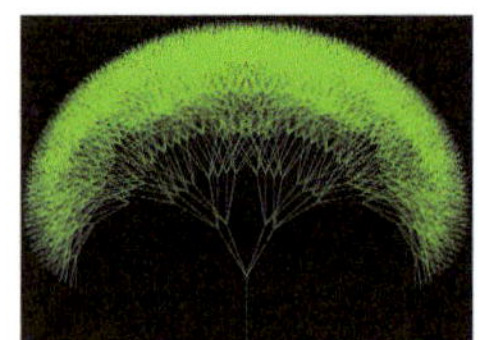

Beobachten Sie zunächst, was bei einer Startlänge von einem Drittel der Fensterhöhe passiert, wenn als Tiefe 13 oder mehr gewählt wird. Weshalb ist dies sinnlos?

Leider kann man im Sketch *binaerBaum* nicht erkennen, dass es bei großen Rekursionstiefen noch ein zweites Problem gibt. Daher ändern Sie den Sketch so ab, dass die Rekursion vier Zweige an jedem Verzweigungsknoten zeichnet. Verwenden Sie außerdem eine Längenverkleinerung von 90%. Nun wählen Sie eine Rekursionstiefe von Zehn. Worin besteht nun dieses zweite Problem?

11.3 Lindenmayer-Systeme

Wir haben gesehen, dass sich mit der Turtle-Grafik-Metapher komplexe graphische Muster einfach beschreiben lassen. Für diese Beschreibung haben wir bisher aber immer noch die rekursiven Prozeduren benötigt und es stellt sich die Frage, ob man den grafischen Inhalt unserer Sketche nicht auch auf andere Weise beschreiben kann. Genau dieselbe Frage stellte sich der polnisch/kanadische Wissenschaftler Przemysław Prusinkiewicz, als er die von seinem Kollegen Aristid Lindenmayer zur Beschreibung biologischer Phänomene hergestellten Systeme mit dem Computer darstellen wollte. Lindenmayer hatte Zeichenketten und Ersetzungsregeln für Zeichen in diesen Zeichenketten verwendet, um Zellwachstum und andere Prozesse zu beschreiben. Prusinkiewicz verwendete nun die Turtle-Metapher, um die Zeichenketten auszuwerten.

Um das besser zu verstehen, schauen wir uns ein einfaches System mal an. Es besteht aus drei Elementen: Einer am Anfang gegebenen Zeichenkette (dem Axiom), einer Menge von Ersetzungsregeln und einer Zahl n, die angibt, wie oft die Zeichen in der Zeichenkette ersetzt werden sollen. Das System könnte nun so aussehen:

- Axiom: $\omega = F$

- Regeln: $\{F := F + F - - F + F\}$

- Parameter: $n = 1$

Wir haben hier also nur eine einzige Regel, die ein „F" jeweils durch die Zeichenkette „F+F- -F+F" ersetzt. Wenn wir also zweimal die Ersetzung auf das Axiom ω anwenden, so erhalten wir

$$F+F--F+F+F+F--F+F--F+F--F+F+F+F--F+F$$

Soweit so gut, aber wie kommen wir nun zur grafischen Ausgabe? Dies ist ganz einfach, denn jedem Zeichen in der Zeichenkette wird nun eine Aktion der Turtle zugeordnet:

F   : move(laenge);

+   : turn(winkel);

-    : turn(-winkel);

Jetzt müssen wir noch die beiden zusätzlichen Parameter *laenge* und *winkel* mit Werten belegen, sagen wir *laenge* $= 512$ und *winkel* $= 60$, so erhalten wir eine Schneeflockenkurve oder Kochkurve (siehe Abbildung 10.3). In den beiden Sketchen *Schneeflockenkurve* und *Schneeflockenkurve_LSystem* ist das System einmal über rekursive Aufrufe der Prozedur *maleSchneeflocke()* und einmal über die Erzeugung und Interpretation der Zeichenkette realisiert. Hierzu wird die Prozedur *ersetzeBuchstaben* angewendet, in der mittels der Methode *replaceAll()* im String alle „F" durch das Substitut „F+F- -F+F" ersetzt werden.

Diese einfache Methode des Ersetzens mit *replaceAll()* funktioniert leider dann nicht mehr, wenn wir mehr als einen Buchstaben in der Zeichenkette ersetzen möchten. Betrachten wir dazu das Lindenmayer-System (oder auch L-System), welches die Peano-Hilbertkurve aus Abbildung 11.4 erzeugt. Hier benötigen wir zwei Regeln:

- Axiom: $\omega = L$

- Regeln: $\{L := +RF - LFL - FR+, R := -LF + RFR + FL-\}$

- Parameter: $n = 4$

Beachten Sie: Im Gegensatz zum obigen Beispiel wird F nicht ersetzt! Die Regeln entsprechen dem senkrechten „Türmchen" aus der zweiten Rekursionsstufe von Abbildung 11.4 sowie dessen waagrechtem Pendant, welches man in der dritten Stufe sehen kann. Hier sind zwei senkrechte und zwei waagrechte Varianten zu sehen. Wir haben jetzt die zusätzlichen Zeichen „R" und „L" in der Zeichenkette, die bei der anschließenden grafischen Interpretation einfach ignoriert werden.

Im Sketch *hilbert_LSystem* ist das System realisiert. Dort findet man in *ersetzeBuchstaben()* den Ersetzungsmechanismus, der die Zeichenkette nun Buchstabe für Buchstabe durchgeht und die jeweilige Ersetzungsregel anwendet. Man könnte denken, stattdessen hätte man auch zweimal hintereinander die bisherige Prozedur *replaceAll()* anwenden können, dies funktioniert aber nicht, weil dann bei der zweiten Anwendung die bereits durch die erste Anwendung erweiterte Zeichenkette noch einmal erweitert worden wäre. In diesem Fall ergibt sich keine Hilbert-Kurve.

Aufgabe 6

Abbildung 11.7 wurde ganz ähnlich wie Sketch *hilbert_LSystem* erzeugt. Das Axiom ist identisch und auch die beiden Regeln unterscheiden sich kaum. Im folgenden Bild sehen Sie die beiden ersten Rekursionsstufen: Versuchen Sie, mit dieser Angabe die beiden Regeln zu finden. Sicher schaffen Sie es auch, dass wie oben jede Linie mit einer anderen Farbe gezeichnet wird.

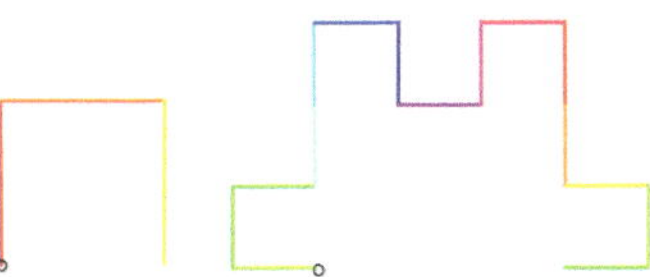

Abbildung 11.8
Lösung von Aufgabe 6

Zustände in L-Systemen

Schauen wir uns noch einmal den Baum an, den wir oben gezeichnet haben. Die Schildkröte bewegt sich vorwärts, dreht sich um 30 Grad, rekursiv wird das Baumzeichnungskommando aufgerufen, dann wird der Winkel um 60 Grad vermindert und noch einmal wird das Baumzeichnungskommando – entsprechend verkleinert – rekursiv aufgerufen, dann kehrt die Turtle zum Ausgangspunkt zurück.

Damit das Ganze funktioniert, muss die Turtle nach dem Zeichnen eines Teilbaumes immer wieder zum Ausgangspunkt zurückkehren, sonst würde danach an einem falschen Ort oder mit einem falschen Winkel fortgefahren. Diesen, manchmal enormen und eigentlich unnötigen Aufwand kann man sich ersparen, indem man den Zustand der Turtle, also ihre aktuelle Position, die aktuelle Länge der zu malenden Strecken und den aktuellen Winkel, abspeichert und zu einem späteren Zeitpunkt wieder aufruft. Vor einem rekursiven (oder anderweitigen) Aufruf würde man den Zustand speichern, die Turtle etwas machen lassen und danach den Zustand einfach wieder auf den alten Wert einstellen.

Hierbei reicht es für die meisten Anwendungen, die Zustände in einer Reihenfolge abzuspeichern und in der umgekehrten Reihenfolge wieder zurückzusetzen, das heißt, immer den zuletzt abgespeicherten Zustand zuerst zurückzuholen. Eine Datenstruktur, die dies erlaubt, wird Stapel (Stack) genannt.

Prozessing hat solch eine Datenstruktur für grafische Zustände schon eingebaut, mit *pushMatrix()* speichert man den aktuellen Zustand ab und mit *popMatrix()* setzt man die Grafik auf den zuletzt gespeicherten Zustand und löscht ihn vom Stapel.

In unserem L-System benötigen wir nun zwei weitere Buchstaben, um das Abspeichern des Zustandes und das Zurückholen des letzten Zustands anzuzeigen. Wir verwenden dafür die Klammern "[" (fürs Abspeichern) und "]" (fürs Zurückholen). Ein Binärbaum sieht dann folgendermaßen aus:

*Sketch
binaerbaum_LSystem*

- Axiom: $\omega = F$

- Regeln: $\{F := F[+F][-F]\}$

- Parameter: $n = 5$, *winkel* $= 30$, *laenge* $= 100$

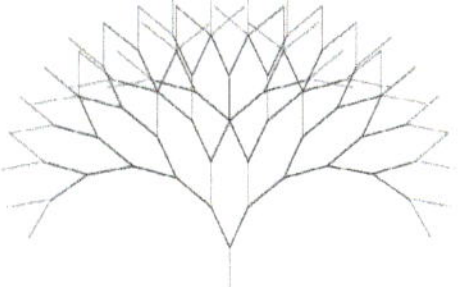

Er sieht ein wenig anders aus als der bereits gezeichnete (siehe Abbildung nebenan), denn hier wird beim rekursiven Aufruf die Länge der Zweige nicht verringert, aber das Prinzip ist hoffentlich dennoch ersichtlich.

Sketch
Baum_LSystem

Abwandlungen der Regeln des Binärbaums könnten nun so aussehen:

$$F := F[+F]F[-F]F$$

$$F := F[+F]F[-F][F]$$

$$F := F-[-F+F+F]+[+F-F-F]$$

und eine Hilbert-Kurve so:

$$\omega = X, \{X := F-[[X]+X]+F[+FX]-X , F ::= FF\}, \text{Winkel: 90 Grad}$$

Das Ganze ist im Sketch *Baum_LSystem* schon fertiggestellt. Die Prozedur *wendeRegelnAn()* haben wir noch einmal etwas umprogrammiert. Sie funktioniert jetzt mit einer beliebigen Anzahl Regeln, die in einem Array von Strings namens *rules* gespeichert sind. Es wird davon ausgegangen, dass die linke Seite einer Regel immer aus einem Buchstaben besteht. Bitte schauen Sie sich die Ausführung an, Sie werden sie noch brauchen.

Aufgabe 7

Im Sketch haben wir bereits ein paar L-System-Objekte definiert, die Sie durch Auskommentieren aktivieren können, siehe Abbildung 11.9. Ihre Aufgabe ist es nun, zwei Änderungen einzubauen:

- Machen Sie die Objekte etwas natürlicher, indem Sie die Winkel und Längen während des Aufbaus zufällig etwas variieren.

- Nehmen Sie sich noch einmal den Binärbaum vor und implementieren Sie einen Mechanismus, der die Länge der Zweige verringert beim rekursiven Aufruf. Realisieren Sie diesen Mechanismus über weitere Buchstaben.

Objektorientierung

Objekte, Klassen und Vererbung

© Springer Fachmedien Wiesbaden GmbH, ein Teil von Springer Nature 2018
O. Deussen, T. Ningelgen, *Programmieren lernen mit Computergrafik,*
https://doi.org/10.1007/978-3-658-21145-5_12

Beim sogenannten „imperativen" Programmierstil ist ein Programm eine Folge an Anweisungen, Sprüngen und Schleifen, die dem Computer mitteilen, was er tun soll. Um den Überblick zu behalten, gibt es Prozeduren und Funktionen. So haben wir bisher programmiert.

Die Welt um uns herum, genauso wie auch viele Prozesse des täglichen Lebens, kann aber viel besser über *Objekte* und ihre Interaktionen beschrieben werden. „Peter eröffnet ein Konto bei der Sparkasse Köln" lässt sich beschreiben als ein Objekt, ein einzelner Mensch namens Peter, das mit einem anderen Objekt, der Sparkasse Köln, interagiert, welche eine Menge von Objekten – die Konten mit ihren einzelnen Nummern – verwaltet. Die Interaktion ist also zweistufig: Das Objekt Peter interagiert mit dem Objekt Sparkasse, diese interagiert daraufhin mit einem Element ihrer Menge von Konten: Sie weist das Objekt „Konto 123456789" dem Personen-Objekt Peter zu.

In einem objektorientierten Programm sind solche Objekte der zentrale Bestandteil des Programms. Sie werden erzeugt, gelöscht und schicken sich untereinander Nachrichten, bzw. rufen objektbezogene Prozeduren, sogenannte Methoden, auf. Das Programmziel wird nun durch die Kommunikation von Objekten realisiert. Das mag auf den ersten Blick verwirrend scheinen, hat aber eine Reihe von Vorteilen, wie wir gleich sehen werden. Objekte können dabei reale Dinge repräsentieren, wie der Mensch Peter oder rein virtuelle, digitale Dinge wie das Konto.

Wir werden in diesem Kapitel hauptsächlich *geometrische Objekte* wie Punkte, Linien, etc. beschreiben und schrittweise ein kleines Geometrie-Programm herstellen. Die unserer Processing-Umgebung zugrundeliegende Programmiersprache Java ist eine objektorientierte Programmiersprache, nur haben wir das bisher versteckt, um erst einmal etwas Übung im Umgang mit allgemeinen Programmieraufgaben zu vermitteln. Jetzt werden wir diese objektorientierte Seite vorstellen und Objekte definieren.

Ein Objekt besteht aus *Attributen* und *Methoden*. In den Attributen ist der Zustand des Objekts festgehalten, durch die Methoden wird das Verhalten des Objekts bestimmt. In der Regel sind die Attribute von außen nicht erkennbar – dadurch sind sie als Zustands-Daten des Objekts geschützt. Realisiert werden sie über Variablen, die im Rahmen eines Objekts genauso angelegt werden, wie wir das bisher in unseren Programmen gemacht haben. Methoden sind Prozeduren und Funktionen, die ebenfalls im Rahmen des Objekts angelegt werden. Die „Anfragen" an ein Objekt sind in Java nichts anderes, als Aufrufe der Methoden des Objekts von außen.

Durch eine Anfrage wird die Objektmethode aktiv und liefert dem Anfragenden eine Antwort, ohne nach außen zu zeigen, was im Inneren des Objekts vorgeht. Diese Antwort besteht aus den gewünschten Daten oder aber aus einer Zustandsänderung des Objektes. Nebenbei können in diesem Zusammenhang neue Anfragen an weitere Objekte gestellt werden. Es entsteht also eine Kaskade von Objektnachrichten, deren Ende in einem neuen Zustand des gesamten Systems mündet.

12.1 Objektklassen

Objekte lassen sich zu Klassen zusammenfassen. Peter im obigen Beispiel ist ein Objekt der Klasse Mensch, ein anderes Objekt dieser Klasse könnte Paula heißen. Beide könnten in ihrer Repräsentation durch ein Computerprogramm dieselben Objektmethoden besitzen, zum Beispiel eine Methode *getFirstName()*, die den Vornamen des jeweiligen Objektes zurückgibt. Sie würden sich aber in ihren Attributwerten unterscheiden: Während das Attribut *Vorname* bei einem der Objekte den Wert „Markus" hat, ist es beim anderen der Wert „Paula". Methoden und Attribute werden also auf der Klassenebene definiert, Objekte sind spezifische Ausprägungen einer Klasse, die sich durch ihre jeweiligen Attributwerte unterscheiden.

Objektorientierte Programmiersprachen haben oftmals außerdem ein Klassenkonzept. Sie erlauben die Definition von Klassen und ganzen Klassenhierachien, in denen Klassen verschiedener Komplexität verwaltet werden. Die Idee dahinter ist, dass es oftmals eine Basisklasse gibt, von der sich weitere Klassen *ableiten* lassen. Kaffeemaschinen sind eine Klasse von Maschinen, lassen sich also von der Klasse *Maschine* ableiten mit zusätzlichen Attributen wie etwa *Wasserstand* oder *Anzahl gefüllter Tassen*. Während die generelle Klasse Maschine grundsätzliche Attribute wie etwa eine Kennung oder das Attribut *istAngeschaltet* hat, ist die Klasse der Kaffeemaschinen spezieller, es kommen weitere Attribute hinzu, die sich auf die spezielle Funktion dieser Klasse von Maschinen beziehen. Für die Klasse Kaffeevollautomat, die man von der Klasse Kaffeemaschine ableiten könnte, käme etwa noch der Mahlgrad für das Mahlwerk hinzu. Insgesamt schreiben wir:

$$\text{\textit{Maschine}} \leftarrow \text{\textit{Kaffeemaschine}} \leftarrow \text{\textit{Kaffeevollautomat}}$$

Oder ausgeschrieben: Ein Kaffeevollautomat ist eine Kaffeemaschine und diese ist eine Maschine. Im Beispiel mit der Kontoeröffnung könnte man ähnlich argumentieren: Die Sparkasse Köln ist ein Objekt der Klasse Sparkasse, diese ist eine Bank und eine Bank ist eine Firma. Daneben gibt es aber auch noch eine weitere Beziehung: Die Sparkasse *hat* eine Liste von Konten. Ein Objekt (die Sparkasse Köln beispielsweise) hat eine Menge von anderen Objekten (Konten mit jeweils einer eigenen Kontonummer). Die Konten sind in diesem Fall Attribute des Objekts Sparkasse Köln, welche ihrerseits aus der Klasse Sparkasse stammt. Sie werden also typischerweise als Listenobjekt in der Klasse Sparkasse angelegt.

12.2 Punkte

Jetzt aber zu den geometrischen Objekten. Das einfachste Objekt in der Geometrie ist ein Punkt. Will man Punkt-Objekte erzeugen, benötigt man also eine Klasse, in der alle nötigen Anweisungen stehen, die man für die Erzeugung eines Punkt-Objekts braucht.

Der sogenannter *Konstruktor* erzeugt ein Objekt, sobald er aufgerufen wird. Durch mehrmaligen Aufruf kann der Konstruktor beliebig viele verschiedene Objekte, in unserem Fall verschiedene Punkte, erzeugen. Die Eigenschaften eines Punktes sollen für uns zuerst einmal seine Koordinaten sein. Nach Euklid hat ein Punkt keine Ausdehnung. Da wir die Punkte aber sehen möchten, symbolisieren wir sie durch kleine Quadrate. Nun verliert man bei sehr vielen Punkten leicht die Übersicht, weshalb wir ihnen zusätzlich eine Farbe zuordnen. Zur besseren Übersicht sieht man ein *UML Klassendiagramm* (UML = **U**nified **M**odeling **L**anguage) der Punktklasse in Abbildung 12.1(a).

Abbildung 12.1
a) Point-Klasse als UML-Diagramm; b) Attribute und Konstruktor der Point-Klasse

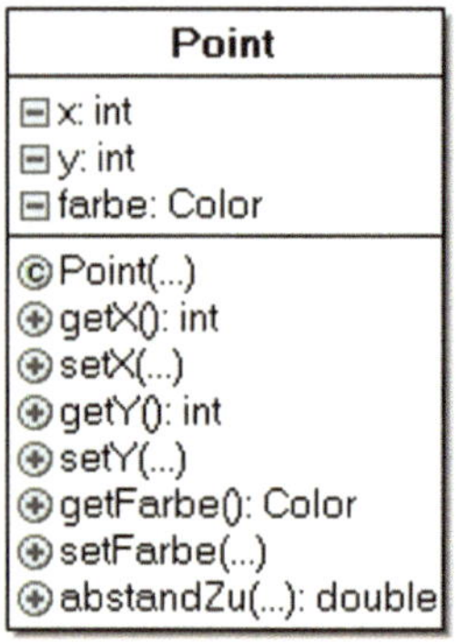

```
              Point
 ⊟ x: int
 ⊟ y: int
 ⊟ farbe: Color

 © Point(...)
 ⊕ getX(): int
 ⊕ setX(...)
 ⊕ getY(): int
 ⊕ setY(...)
 ⊕ getFarbe(): Color
 ⊕ setFarbe(...)
 ⊕ abstandZu(...): double
```

(a)

```
class Point {        // Klassenname

    private int x,y;     // Attribute
    private color farbe;

    public Point(int px, int py) {
        x = px;
        y = py;
        farbe = color (0,0,0);
    }
    ...
}
```

(b)

Im oberen Abschnitt des Diagramms erkennt man die Attribute *x*, *y* und *farbe* der Klasse *Point*. Von außen dürfen diese Attribute nicht gesehen werden (Geheimnis-Prinzip). Das erreicht man durch den „Zugriffsmodifizierer" *private*, der vor die Definition der Attribute gestellt wird, siehe Abbildung 12.1(b). Man kann den Code für die Klasse Point in einen neuen Tab der Processing-Oberfläche unterbringen. Gespeichert wird dieser Teil dann als Datei „Point.pde" im Programmordner.

Sketch
geoGUI

Man könnte die Klasse auch im Hauptprogramm *GeoGUI* unseres Geometrieprogramms zusammen mit *setup()* und *draw()* unterbringen, dies würde aber zu einem unübersichtlicheren Quellcode führen. Im Sketch *geoGUI* im Kapitelverzeichnis findet man daher zwei Dateien: „geoGUI.pde" und „Point.pde". Bitte beachten Sie, dass wir zur besseren Unterscheidung den Namen des Hauptprogramms mit einem kleinen Buchstaben, unsere eigenen Klassen aber mit einem großen beginnen lassen.

Dem Konstruktor von Point werden in diesem Fall die beiden Koordinaten übergeben, man könnte auch noch weitere Konstruktoren hinzufügen, etwa einen ohne jegliche Argumente, bei dem alle Attribute auf Standardeinstellungen gesetzt werden. Der Aufruf zum Erzeugen eines Punktes im Hauptprogramm sieht dann so aus:


```
Punkt p1 = new Punkt(10,30);
```

Er sieht damit der Konstruktion ganz ähnlich, die wir schon zum Anlegen von Arrays kennen gelernt haben. Und das kommt nicht von ungefähr. Mit dem Konstruktor wird nämlich genauso wie für die Arrays Speicher reserviert und alles angelegt, was für den Betrieb des Objektes notwendig ist.

Oben hatten wir gesagt, dass Objekte ihre Daten von äußerem Zugriff abkapseln sollten. Die Idee dahinter ist, dass es für den Zugriff auf die Attribute nur vom Objekt selbst festgelegte Wege geben sollte. Damit kann vermieden werden, dass ungültige Werte entstehen, z. B. könnte man verhindern, dass jemand negative Werte für die Punktposition eingibt. Wenn auf die Koordinaten der Punkte nicht direkt zugegriffen werden darf, muss es von außen aufrufbare (also mit *public* bezeichnete) Methoden geben, die ein kontrolliertes Auslesen oder Verändern ermöglichen. Dies erledigen traditionell *set-* bzw *get-*Methoden, die wir nach den Konstruktoren in die Punkt-Klasse einbauen. Hier ein Beispiel für die x-Koordinate eines Punktes:

```
public int getX() { return x; }

public void setX(int px) { if (px>=0) x = px; else x = 0; }
```

Ferner benötigt die Klasse Point noch eine Methode, mit deren Hilfe vom Hauptprogramm aus ein konkreter Punkt eines Objekts der Klasse auf dem Bildschirm gezeichnet werden kann. In unserem Beispiel heißt diese Methode *display()* und wird z. B. von der *draw()*-Prozedur des Sketches aufgerufen. So könnte sie aussehen, wenn der Punkt durch ein schwarzes Rechteck repräsentiert werden soll:

```
public void display() {
    stroke(0);
    strokeWeight(3);
    rectMode(CENTER);
    rect(x,y,7,7);
}
```

Wir möchten später Punkte auf dem Bildschirm mit der Maus selektieren. Deswegen benötigen wir noch eine Objektmethode, die für einen beliebigen Punkt den Abstand zum Objekt berechnet. Die Methode *abstandZu()* (eine Funktion) erledigt das, bitte schauen Sie nach, falls Sie sich an die Verwendung von *sq()* und *sqrt()* nicht mehr erinnern, *x* und *y* sind hier die im Objekt definierten Werte.

```
public float abstandZu(int mx, int my) {
    return sqrt(sq(x-mx) + sq(y-my));
}
```

Nun zum Hauptprogramm, das in unserem Beispiel im Reiter *GeoGUI* zu finden ist. Es soll die Klasse Point nutzen und für den Anfang erst einmal drei Punkt definieren und darstellen:

```
Point p1,p2,p3;

void setup() {
    size(800,800);
    p1 = new Point(200, 300);
    p2 = new Point(400, 500);
    p3 = new Point(350, 250);
}
void draw() {
    background(255);
    p1.display();
    p2.display();
    p3.display();
}
```

Nach der Deklaration der *Point*-Objekte am Anfang des Programms, werden p1, p2 und p3 in der *setup()*-Prozedur unseres Programms per Konstruktor erzeugt und damit im Heap des Arbeitsspeichers angelegt. Ein *Objekt* gibt es also erst dann, wenn der Konstruktor der Klasse die zugehörigen Daten erzeugt hat. Da die Methode *display()* in der Klasse Point das Attribut „public" bei der Definition bekam (im Gegensatz zu den Objektattributen, die in den Variablen x, y und *farbe* gespeichert sind), kann sie vom Hauptprogramm (also von außerhalb des Objektes) für jeden einzelnen, per Konstruktor erzeugten Punkt p durch *p.display()* aufgerufen werden.

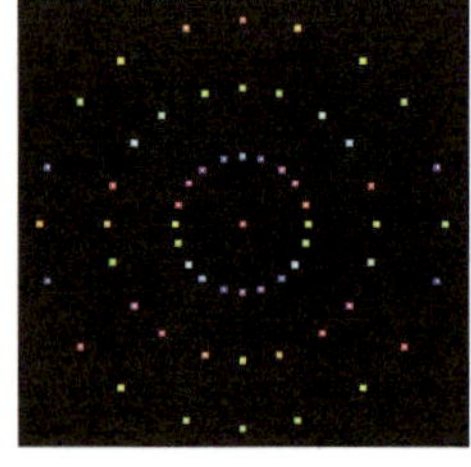

Aufgabe 1

Schreiben Sie den Sketch *geoGUI* so um, dass "alle" Punkte gezeichnet werden, die von der Mitte (400,400) einen Abstand von 100, 200 oder 300 Pixeln haben.Versuchen Sie zusätzlich alle Punkte mit einer anderen Farbe zeichnen zu lassen. Weshalb werden so wenige Punkte gezeichnet?

12.3   Ein Geometrie-Editor

Der Benutzer soll in unserem Editor Punkte und später auch andere Formen durch Mausklicks erzeugen können. Wie aber kann man diese Punkte, deren Anzahl man vorher nicht kennt und die darüber hinaus ja Objekte sind, speichern und später dann zeichnen? Hierfür bietet sich die *ArrayList* an, ein dynamisches Array, dessen Größe man nicht vorher festlegen muss, und das sich automatisch an die benötigte Anzahl

Elemente anpasst. Neue Elemente kann man bequem mit der Methode *add* eintragen. Die nächste Version unseres Geometrieprogramms *geoGUI_Version1* verändert sich dabei nur im Hauptteil gegenüber unserer ersten Version:

```
ArrayList<Point> Points = new ArrayList<Point>();
...
void draw() {
  background(255);
  for (Point p : Points) p.display();
}
...
```

In der ersten Zeile wird eine ArrayList namens *Points* deklariert. Möglicherweise wundern Sie sich über die Spezifizierung *<Point>* der ArrayList. Der Zusatz ist wichtig, denn dieser Datentyp erlaubt die Aufbewahrung ganz unterschiedlicher Objekte. Die runden Klammern am Ende der Zeile zeigen an, dass wir den Standard-Konstruktor der Klasse ArrayList aufrufen, der keine Argumente benötigt.

In *draw()* läuft eine for-Schleife über alle Punkte in *Points*[1]. Jeder vorhandene Punkt wird so durch *p.display()* gezeichnet. Ein Index oder verschiedene Namen für die Punkte sind hier nicht nötig. Die Methode *mousePressed()* schließlich sorgt dafür, dass jeder Punkt, der durch einen Maus-Klick markiert wurde, auch in der ArrayList *Points* landet. Dafür verwenden wir die *add()*-Methode der Klasse ArrayList, die ein Objekt an die Liste anhängt:

```
void mousePressed() {
  Point newPoint = new Point(mouseX, mouseY);
  Points.add(newPoint);
}
```

Soll das Programm noch dynamischer werden, so sollten die Punkte mit der Maus auch noch verschoben werden können. Aber wie entscheidet man, ob ein Punkt an einer angeklickten Stelle neu erzeugt werden soll, oder ob ein existierender verschoben wird? Man könnte z. B. die rechte Maustaste zum Verschieben verwenden und die linke zum Erzeugen. Oder aber man prüft, ob die Maus in der Nähe eines Punkte ist, d. h. ob bei einem Mausklick die Distanz des Mauszeigers zu einem bereits vorhandenen Punkt kleiner als ein bestimmter Wert ist. Ist dies der Fall, wird der vorhandene Punkt zum „DraggPoint" (Bezeichnung: *dPoint*). Mit der Methode *mouseDragged()* können dann die Koordinaten eines solchen Punktes – falls vorhanden – aktualisiert werden. Wir passen also *mousePressed()* an und übergeben *mouseDragged()* über die Variable *dPoint* das Punktobjekt, das verschoben werden soll:

---

[1]Hierbei verwenden wir die kurze Form der *for*-Schleife, in der alle Elemente eines Arrays durchlaufen werden

*Sketch
geoGUI_Version1*

```
void mousePressed() {
  dPoint = null;
  for (Point p : Points ) {
    float d = p.abstandZu(mouseX, mouseY);
    if (d < 5) dPoint = p;
  }
  if (dPoint == null)
    Points.add(new Point(mouseX, mouseY););
}
```

Was genau bedeutet eigentlich *dPoint = p*? Werden hier wirklich alle Attribute und Methoden des Objekts *p* an das Objekt *dPoint* übergeben, um sie in einem neuen Speicher für *dPoint* festzuhalten? Nein, denn bei *dPoint* und bei *p* handelt es sich um *Objekt-Zeiger*, also um Adressen im Arbeitsspeicher, unter denen die Objekte verwaltet werden. Die Gleichheit bedeutet also nur, dass beide Variablen nun auf das gleiche Objekt zeigen. Wenn also nun in der nachfolgenden Methode *mouseDragged()* dPoint andere Koordinaten bekommt, dann natürlich auch *p*.

Objektzeiger

Objektzeiger sind ein ganz wichtiges Konzept von Processing und der zugrundeliegenden Programmiersprache Java. Objekte werden immer nur über Zeiger verwaltet. Wir kopieren, wenn wir zwei Objekt-Variablen *dPoint* und *p* gleich setzen, nie den Inhalt des Objektes in die andere Variable, sondern setzen immer nur die Zeiger auf denselben Wert. Setzen wir einen Zeiger auf *null*, machen wir damit klar, dass er nirgendwo hin zeigen soll. Das Objekt, auf das er gerade noch zeigte, ist damit nicht gelöscht, sondern existiert im Speicher weiter. Allerdings verfügt Java über eine Speicherbereinigung (engl. garbage collection), die Objekte löscht, wenn kein Zeiger mehr auf sie zeigt.

Speicherbereinigung

Zurück zu unserem Sketch. Haben wir einen Punkt selektiert, zeigt die Variable *dPoint* nicht mehr auf den Wert *null*, sondern auf einen Punkt, der beim Klicken der Maus nahe lag. Die Koordinaten dieses Punktes werden jetzt beim Bewegen der Maus mit gedrückter Taste mitbewegt.

```
public void mouseDragged() {
  if (dPoint != null) {
    dPoint.setX(mouseX);
    dPoint.setY(mouseY);
  }
}
```

Mehrere Punkte selektieren

Nun wollen wir Strecken, Kreise, Rechtecke und Polygone hinzunehmen. Alle diese geometrischen Objekte haben gemein, dass sie durch mehrere Punkte definiert sind. Das bedeutet, wir müssen einen oder mehrere Punkte gleichzeitig *markieren* können. Sind etwa zwei Punkte markiert, könnte man durch Drücken beispielsweise der Taste 's' später eine Strecke zwischen die beiden Punkte zeichnen.

Zunächst brauchen wir dafür eine weitere ArrayList bestehend aus *Point*-Objekten. Ergänzen Sie die vorhandenen Deklarationen im Sketch *Geo-GUI* durch eine solche Liste:

```
ArrayList<Point> selectedPoints= new ArrayList<Point>();
```

Auch die Methode *mousePressed( )* muss ergänzt werden. Ein vorhandener bisher nicht markierter Punkt soll dann markiert sein, wenn man ihn mit der rechten Maustaste anklickt. Dadurch landet er in *selectedPoints* und das ihn repräsentierende kleine Quadrat soll zur Information des Benutzers schwarz gefüllt werden. War der Punkt aber bereits markiert, dann soll er durch rechten Mausklick wieder aus der Liste der markierten Punkte entfernt werden. Nach wie vor muss sich jeder Punkt, markiert oder nicht markiert, mit der Methode *mouseDragged( )* verschieben lassen.

Da die Berücksichtigung all dieser Erfordernisse nicht ganz einfach ist, benutzen wir zum besseren Verständnis ein *Struktogramm* (siehe Abbildung 12.2). Mit seiner Hilfe können Sie die neue Methode *mousePressed( )* leicht nachvollziehen. Die Klasse Point benötigt dafür noch eine weitere boolsche private Variable. Nennen wir sie *selected*. Da diese von außen nicht einsehbar ist, benötigt Point noch die Methoden *getSelected( )* und *setSelected( )*.

*Sketch
geoGUI_Version2*

Aufgabe 2

Ihre Aufgabe ist es nun, aus dem Sketch *geoGUI_Version1* die Klasse Point rauszuwerfen und statt dessen eine Klasse Square zu erstellen. Da wir den Quadraten neben dem Ort verschiedene Längen und Farben (inklusive Transparenz) mitgeben wollen, wird der Konstruktor von Square vier Eingaben brauchen. Lassen Sie in der *display( )*-Methode auch ein kleines Quadrat mitzeichnen, damit man es, wie bei den Points, dort verschieben kann. So ist es auch im Nachhinein noch möglich, die Quadrate unter künstlerischen Gesichtspunkten zu ordnen.

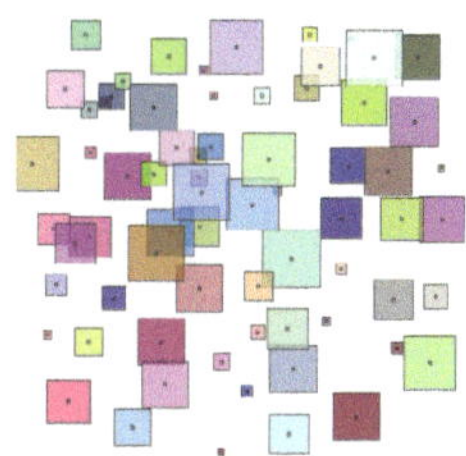

12.4   Klassen ableiten

Eine wichtige Eigenschaft von Klassen in ihrer ursprünglichen Bedeutung ist ja, dass man aus ihnen Hierarchien mit generelleren und spezielleren Klassen erzeugen kann. In einer objektorientierten Sprache wird dies nun ganz genauso gemacht. Hierbei hat eine Basisklasse wenige Eigenschaften und eine von ihr abgeleitete Klasse bekommt weitere Eigenschaften hinzu.

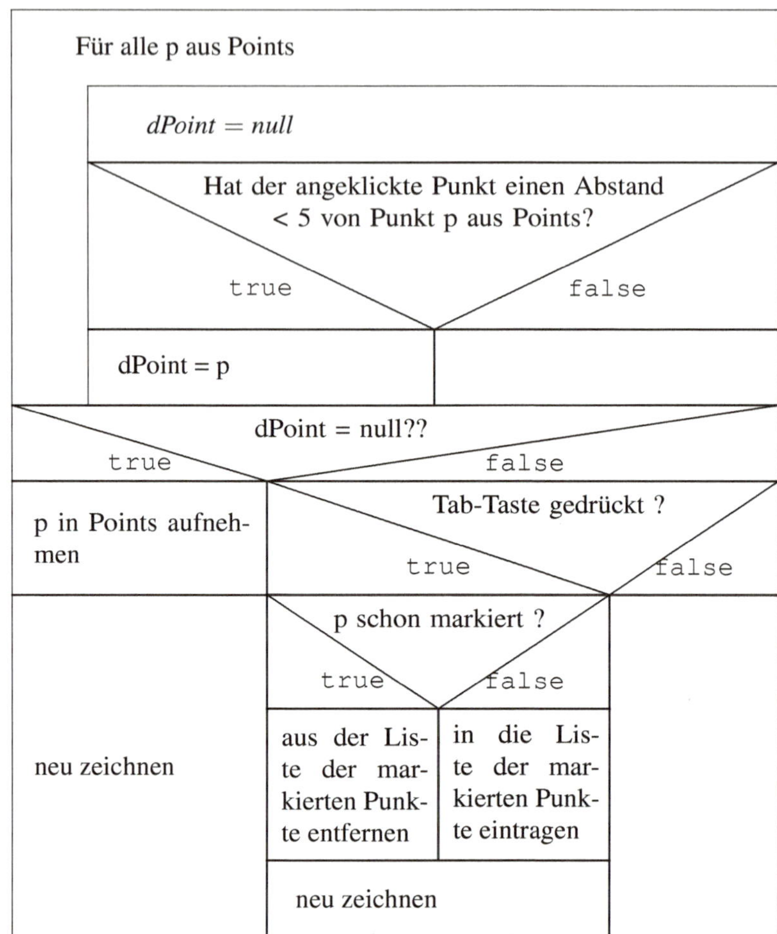

Abbildung 12.2
Struktogramm für die
Selektion mehrerer
Objekte

In unserem Beispiel wollen wir das an einer weiteren Punktklasse verdeutlichen, die im Gegensatz zur schon bestehenden Klasse Point durch einen roten Kreis mit jeweils unterschiedlichem Radius dargestellt wird. Diese Klasse benötigt daher noch eine Variable für den Radius und eine andere *display*-Methode. Processing bzw. Java erlaubt die Ableitung einer Klasse durch einen einfachen Mechanismus.

Die Klasse *PointCircle* erweitert hierbei die Klasse *Point* um ein weiteres Attribut *rad* und besitzt den entsprechenden neuen Konstruktor mit drei Parametern. Die Zeile „super(px,py)" benötigt man, weil bei jeder abgeleiteten Klasse zusätzlich zum eigenen Konstruktor der Konstruktor der Basisklasse aufgerufen werden muss:

Sketch
geoGUI_Version3

```java
class PointCircle extends Point {
    private int rad;

    public PointCircle(int px, int py, int prad) {
        super (px,py);
        x = px;
        y = py;
```

```java
      rad = prad;
    }

    public void display() {
      stroke(255, 0, 0);
      if (selected) fill(255, 0, 0); else fill(255);
      ellipse(x, y, rad, rad);
    }
  }
```

Außerdem gibt es eine neue *display*-Methode. Für jedes Objekt dieser Klasse wird bei Aufruf von *display()* nun diese neue Funktion verwendet. Sie *überschreibt* die existierende, gleichnamige Methode der zugrundeliegenden Klasse *Point*. Abgeleitete Klassen können also Methoden hinzufügen sowie existierende überschreiben. Sie können neue Variablen besitzen.

Im Sketch *geoGUI_Version3* wird, wenn der Benutzer einen Mausklick ausführt, nach dem Zufallsprinzip entweder ein „PointCircle" oder ein „Point" erzeugt. Obwohl die Ortskoordinaten x und y auch in PointCircle verwendet werden, sind sie dort nicht in der Liste der Attribute zu finden. Das liegt daran, dass wir mit der Klasse Point nicht allzu streng waren und für die Attribute den Zugriffsmodifikator *protected* verwendet haben. Das bewirkt, dass alle abgeleiteten Klassen auf diese Attribute zugreifen dürfen. Wenn man darin kein Problem sieht, kann man sich einige Schreibarbeit sparen.

protected

Übrigens: Gibt man keinen Zugriffsmodifikator an, so wird von Java automatisch die *private*-Version verwendet.

Aufgabe 3

Erweitern Sie den in Aufgabe 2 erstellten Sketch um eine Klasse Rectangle, die von Square abgeleitet ist. Auf Linksklick soll ein Quadrat und auf Rechtsklick ein Rechteck gezeichnet werden.

12.5 Abstrakte Klassen

Klassen und Klassenableitungen dienen unter anderem dazu, ein Programm zu strukturieren. Sie erlauben aber auch, eine Änderung an nur einer Stelle der Basisklasse durchzuführen und damit automatisch in allen abgeleiteten Klassen eben diese Änderung zu erhalten. Wird also zum Beispiel in einer Basisklasse die Funktionalität verändert, indem etwa eine neue Methode hinzugefügt wird, so wirkt dies automatisch auf alle von ihr abgeleiteten Klassen. Das hat in der Praxis weitreichende Konsequenzen, wenn beispielsweise große Softwaresysteme verwaltet werden müssen oder Firmen viele ähnliche Geräte mit ihrer Software immer auf dem aktuellsten Stand halten wollen.

Aber zurück zu unserem Beispiel: Nachdem wir nun in der Lage sind, Punkte zu markieren, können wir uns auch an Strecken-Objekten und später auch an Geraden-Objekten versuchen (eine Gerade ist eine Strecke mit unendlicher Länge). Zur Erzeugung von Strecken-Objekten benötigt man eine weitere Klasse, hier *Line* genannt.

Im ersten Moment käme man vielleicht auf den Gedanken, diese Klasse genauso wie die Klasse *Point* zu gestalten, nur eben mit einem zweiten Paar Koordinaten. Oder aber man könnte die Klasse von der Klasse Punkt ableiten und zusätzlich ein zweites Koordinatenpaar dazu definieren. Beides ist aber strukturell nicht optimal, denn die erste Lösung hieße ja, man würde doch wieder alle Klassen nebeneinander definieren, also ohne Ableitung, und die zweite würde suggerieren, eine Linie sei ein erweiterter Punkt.

Dazu kommt noch das Problem, dass die ArrayList, in der wir die Punkte bisher gespeichert haben, keine Objekte verschiedener Klassen speichern kann, und genau das möchten wir nun tun. Denn eigentlich geht es ja nicht nur um Strecken, wir wollen auch Kreise, Rechtecke und Polygone zeichnen können.

abstrakte Klasse

Die Lösung für dieses Problem ist eine *abstrakte* Klasse. Aus solchen Klassen kann man keine Objekte erzeugen. Sie dienen aber als „Vorbild" oder auch „Oberklasse". Etwas salopp könnte man sie auch „den kleinsten gemeinsamen Nenner" all derjenigen Klassen bezeichnen, die sich aus ihr ableiten lassen. Wir werden sie gleich *GeoObject* nennen.

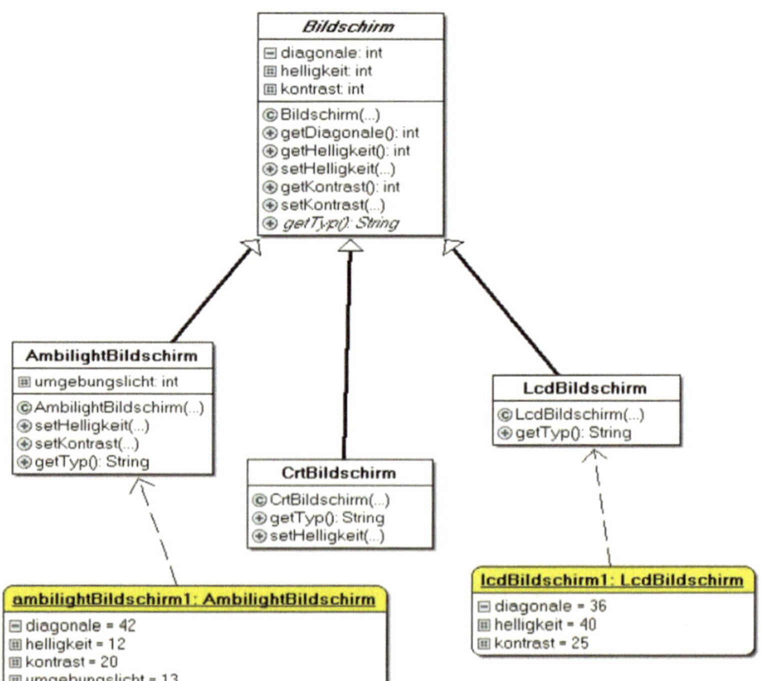

Vorher aber noch ein anderes Beispiel zu diesem Thema: Heute gibt es ganz verschiedene Bildschirme für Fernsehgeräte. Alte Röhrenfernseher, CRT genannt, LCD-Bildschirme oder sogenannte Ambilight-Bildschirme, die sich nach dem Umgebungslicht einstellen. Die drei genannten Bildschirmarten gibt es tatsächlich. In Worten der objektorientierten Programmierung (OOP) könnte man sagen, dass man Objekte per Konstruktor aus diesen Klassen herstellen können sollte. Ganz anders bei der Klasse *Bildschirm*. Welches konkrete Objekt könnte man daraus konstruieren? Bildschirm ist ein eher abstrakter Begriff, der alle Arten von Bildschirmen umfasst und genau die Elemente besitzt, die allen Bildschirmen gemeinsam ist. In der objektorientierten Programmierung wäre Bildschirm das ideale Beispiel für eine abstrakte Klasse. Zur besseren Übersicht zeigt Abbildung 12.3 ein *UML* (Unified **M**odeling **L**anguage) Diagramm der Situation.

Hier sind die Attribute und Methoden von *Bildschirm* genau solche, die es auch in den abgeleiteten Klassen gibt. Tauchen sie dort nicht mehr auf, dann "erben" sie die Methode der abstrakten Methode *Bildschirm*. Wenn beispielsweise die Methode *setHelligkeit()* auch in abgeleiteten Klassen vorkommt, dann wird sie dort überschrieben, was nichts anderes bedeutet als dass die Methode dort verändert bzw. angepasst wird. Anders verhält es sich bei der kursiv gedruckten Methode *getTyp()* in der Klasse *Bildschirm*. Sie ist eine sogenannte *abstrakte Methode*, die in *Bildschirm* lediglich als Rumpf existiert. In allen abgeleiteten Klassen muss es dann eine Methode *getTyp()* geben, und zwar nicht nur als Methodenrumpf sondern als konkrete, ausprogrammierte Methode. In Abbildung 12.3 sind noch zwei erstellte Objekte zu sehen (gelbe Überschrift). Diese entsprechen dann jeweils einer existierenden Bildröhre.

Zurück zu unserem Geometrie-Programm. So wie oben können wir hier ebenfalls eine abstrakte Klasse erstellen. Sie soll die Basisklasse aller geometrischen Klassen sein, wir nennen sie, wie schon gesagt, *GeoObject*. Der Programmcode zur Herstellung einer abstrakten Klasse ist ganz ähnlich dem einer normalen Klasse:

Abstrakte Klasse
GeoObject

```
public abstract class GeoObject {
    private color farbe ;
    public GeoObject() {
        farbe = color (0, 0, 0);
    }
    public color getfarbe() { return farbe; }
    public void setfarbe(color pfarbe) { farbe = pfarbe; }
    public abstract void display();
}
```

Das dort vorkommende Attribut *farbe* ist nun in allen abgeleiteten Klassen bereits vorhanden. Die Methode *display()* ist als abstrakte Methode nur mit ihrem Rumpf definiert, ohne jeglichen ausführbaren Programmiercode. Sie muss also von jeder abgeleiteten Klasse, die nicht ebenfalls abstrakt ist, ausprogrammiert werden. Der Sinn dieser abstrakten Deklaration ist, dass jede Klasse diese Methode implementieren muss. So kann man später davon ausgehen, dass alle von *GeoObject* abgeleiteten Klassen genau diese Funktionalität auch besitzen.

Die Klasse *Point* wird nun von *GeoObject* abgeleitet mit

```
public class Point extends GeoObject{ ...
```

Bei der Definition der Klasse müssen wir also die *display( )*-Methode ausprogrammieren und außerdem noch den Konstruktor anpassen, da wir ja nun die Position des Punktes beim Anlegen gleich mit festlegen wollen:

```
public Point(int px, int py) {
    super ();
    x = px;
    y = py;
}
```

Die Zeile *super();* kennen Sie ja bereits. Mit dieser Anweisung wird erreicht, dass der Konstruktor der Oberklasse, also von *GeoObject*, der keine Argumente hat, hier ausgeführt wird. Er ist dann dafür zuständig, dass die Farbe gesetzt wird, während der aktuelle Konstruktor noch zusätzlich die x- und y-Koordinate setzt.

Die neu zu erstellende Klasse *Line* ist nun schnell definiert, sie enthält zwei Punktobjekte zur Aufbewahrung der Koordinaten, einen erweiterten Konstruktor und eine Displaymethode. Im Sketch *GeoObject_Version2* sind Punkt und Linie genauso wie eine Polygonklasse definiert.

Im Hauptprogramm müssen nun noch einige Änderungen vorgenommen werden. So legen wir eine ArrayList von *GeoObject* an, in der nun die verschiedenen Objekte gespeichert werden können. Das funktioniert nun ganz wunderbar, weil ja alle Objekte von *GeoObject* abgeleitet sind. Allerdings möchte man manchmal, je nach Art des Objektes, etwas Unterschiedliches mit den Listenelementen tun, so beispielsweise, wenn die Maus gedrückt wird.

```
for (GeoObject obj : geoObjects ) {
    if (obj instanceof Point){
        Point p = (Point) obj;
        float d = p.abstandZu(mouseX, mouseY);
        if (d < 5) { dPoint = p; }
    }
}
```


Dies gelingt mit der Zeile „if (obj instanceof Point)". Hiermit wird geprüft, ob das aktuelle Objekt aus der Liste ein Objekt der Klasse *Point* ist. In diesem Fall wird in der nächsten Zeile noch etwas Interessantes gemacht. Aus dem Objekt mit Namen *obj* und aus der Klasse *GeoObject* wird per *casting* ein Objekt der Klasse *Point*, also mit deren zusätzlichen Attributen und Methoden. Das geht natürlich nur, wenn vorher mit „instanceof" abgeprüft wurde, ob das Objekt diese Attribute auch wirklich hat, es also vom Typ *Point* ist, andernfalls könnte zur Laufzeit des Programms an dieser Stelle ein Fehler auftreten. So können wir auch alle anderen von *GeoObject* abgeleiteten Klassen überprüfen und die Objekte entsprechend umwandeln.

Zum Definieren einer Strecke werden die zwei Endpunkte der zukünftigen Strecke markiert und danach die Taste 'l' (wie Line) gedrückt. Sobald die neue Strecke in der ArrayList *GeoObject* eingetragen ist, müssen alle Punkte in der ArrayList *selectedPoints* gelöscht werden, um für neue Markierungen bereit zu sein. Dies erledigen wir mit der ArrayList-Methode *clear( )*. Und noch etwas gibt es zu tun: Das boolsche Attribut *selected* eines Punktes aus der Liste muss von *true* auf *false* umgestellt werden.

Aufgabe 4

Ihre Aufgabe ist es, dem Sketch *geoGui_Version4* eine Klasse *Polygon* hinzuzufügen. Ein Polygon ist ja nichts weiter, als eine Strecke an die andere gesetzt, wobei am Ende Anfangspunkt und Endpunkt zusammen fallen. Das einzige Problem ist dabei, dass man nicht im Voraus weiß, wie viele Strecken vom Benutzer selektiert werden. Verwenden Sie daher auch hier eine *ArrayList*, nur dieses mal nicht für Punkte, sondern für Strecken. Beachten Sie, dass der Konstruktor eines Polygons eine Array-List aus Strecken als Eingabe erwartet. Beim Aufruf in *GeoGUI* muss außerdem noch beachtet werden, dass es mindestens drei *selectedPoints* geben muss, um ein Polygon zu konstruieren. Gezeichnet werden soll das Polygon, wenn der Benutzer eine Taste, z. B. 'p' drückt.

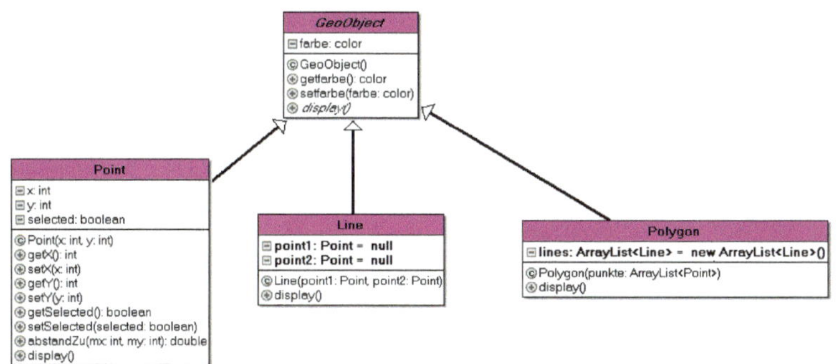

Noch ist unsere Menge an Klassen überschaubar, wie Sie am UML-Diagramm (siehe Abbildung 12.4) erkennen können. Die Pfeile, die auf *GeoObject* zeigen, signalisieren, dass die Klassen, bei denen der Pfeil startet, abgeleitete Klassen von der Klasse sind, an der die Pfeile enden.

Mit dem Geometrie-Editor sollen auch Geraden, Rechtecke und Kreise gezeichnet werden können. Wir benötigen daher die Klassen *Gerade,*

*Sketch
geoGUI_Version5*

Polymorphismus

*Sketch
geoGUI_Version6*

Rechteck und *Kreis*. Alle sollen als Erben der Klasse *Line* definiert werden. Was hat aber ein Kreis mit einer Strecke zu tun? Optisch gesehen nicht viel, aber darum geht es nicht. Entscheidend ist für uns hier nur, dass sowohl Strecke als auch Kreis durch zwei Punkte eindeutig definiert werden. Vergleicht man die Daten eines Kreis-Objekts mit denen eines Strecken-Objekts, so haben beide zwei Punkte abgespeichert, aus denen der Konstruktor dann das jeweilige Objekt bastelt. Wenn der Konstruktor das in *Line* schon tut, könnte man ihn doch auch bei der Erzeugung von Kreisobjekten bitten, behilflich zu sein. Das klappt sehr gut, wenn man die Klasse *CircleLine* von *Line* ableitet.

Beginnen wir mit einer Geraden. Natürlich können wir keine unendlich langen Größen zeichnen, es reicht uns aber, wenn die Zeichnung der Geraden auf dem Bildschirm den Eindruck von Unendlichkeit erweckt. Dazu dürfen sie auf der Zeichenoberfläche nicht enden. Wieder müssen zwei Punkte markiert sein. Aus den Koordinaten der beiden Punkte lässt sich nun eine Geradengleichung erstellen:

$$y = \frac{y_2 - y_1}{x_2 - x_1} \cdot x + \frac{x_2 y_1 - x_1 y_2}{x_2 - x_1}$$

Nun können wir zwei x-Werte außerhalb des Zeichenbereichs wählen (z. B. $x_1 = -10$ und $x_2 = 1010$ für ein Fenster der Breite 1000 Pixel) und die y-Werte dazu berechnen. Zwischen diesen Punkten lassen wir die Strecke zeichnen. Aufgrund des großen Wertebereichs des *int*-Datentyps klappt das selbst dann, wenn sich die beiden x-Werte nur um 1 unterscheiden. Sind die beiden x-Werte aber gleich, muss man zwei y-Werte außerhalb des Fensters finden (z. B. -10 und 810 für eine Fensterhöhe von 800 Pixeln). Das bedeutet aber, dass man für diese Art Geraden tatsächlich eine neue Klasse braucht, denn die Methode *display()* muss geändert werden. Wir nennen die neue Klasse *StraightLine*, bitte sehen Sie dazu im Sketch *geoGUI_version5* nach, wie sie implementiert ist.

Noch eine Bemerkung zu diesem Sketch: In der *draw()*-Methode des Hauptprogramms wird über alle Objekte *obj* in *geoObjects* der Befehl *obj.display()* ausgeführt. Ist das nicht erstaunlich – wie kann das funktionieren? Die *display()*-Methoden sind doch „überschrieben" und daher ganz unterschiedlich. Es funktioniert deshalb, weil die Objekte in Java bzw. in Processing *polymorph* sein dürfen. Einfach ausgedrückt: Jedes Objekt „weiß" hier, welche Methoden zu ihm gehören und ausgeführt werden müssen. Beim Durchgang durch die Schleife wird dann mit *obj.display()* die jeweils ganz unterschiedliche *display()*-Methode der jeweiligen Klasse des Objekts ausgeführt.

Überraschenderweise sind die noch fehlenden Klassen *Rectangle* und *CircleLine* in wenigen Zeilen abgehandelt. Der einzige Unterschied zu *StraigthLine*, also der Geraden, ist in der *display()*-Methode zu finden. Hier wird zum Zeichnen des Rechtecks die Anweisung *rectMode(CORNERS)* verwendet. Dieser Modus erwartet als erste Eingabe den Punkt links oben und dann rechts unten, was uns zur Berechnung der Minima der *x*- und *y*-Koordinaten zwingt.

In Aufgabe 4 hatten Sie ja schon eine Klasse *Rectangle* definiert und (hoffentlich) erfolgreich getestet. Da Sie zu diesem Zeitpunkt noch keine Klasse *Line* kannten, andererseits *Rectangle* als abgeleitete Klasse schreiben sollten, blieb nur die Möglichkeit, sie von *Point* abzuleiten. Und auch das ging gut. Es gibt also nicht nur eine richtige Lösung im „Klassen-Zoo" – man kann auf vielen Wegen zum Ziel kommen.

Ähnlich wie bei *Rectangle* müssen für den Kreis die beiden Halbachsen angegeben werden. Eine zusätzliche Erweiterung wären Klassen, um eine Mittelsenkrechte zu definieren – *StraightLineMS* – oder eine Seitenhalbierende *StraightLineSH*, diese könnten von *Line* abgeleitet sein.

In *geoGUI_Version7* finden Sie noch viele weitere Klassen. Damit lassen sich geometrische Erkenntnisse veranschaulichen, wie zum Beispiel, dass sich die Mittelsenkrechten eines Dreiecks immer in einem Punkt schneiden, nämlich dem Umkreismittelpunkt. Schauen Sie sich die Klassen an und ergänzen Sie eventuell den „Klassen-Zoo" mit eigenen Klassen.

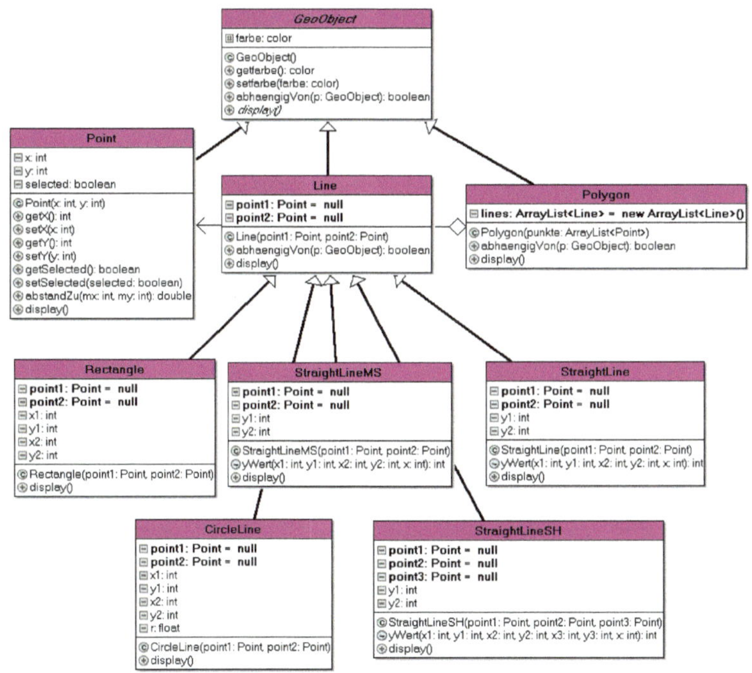

Objekte Löschen

Wir können jetzt die verschiedensten geometrischen Objekte zeichnen, leider aber nicht löschen. Es lohnt sich aber, kurz über dieses Problem nachzudenken. Hätten wir nur Punkte in unserer *geoObjects*-ListArray, wäre das Problem mit dem Befehl *geoObjects.remove(p)* für einen Punkt und mittels einer for-Schleife für viele Punkte erledigt. Will man aber ein Polygon-Objekt löschen, dann würde man mit obigem Befehl nur die markierten Punkte des Polygons löschen, das Polygon selbst aber bliebe stehen. Daher muss die „Abhängigkeit" eines Objekts von den beteiligten Punkten geprüft werden. Da von der abstrakten Klasse GeoObject nie ein Objekt erzeugt wird, kann hier immer *false* zuückgegeben werden. In der Klasse *Line* und allen abgeleiteten Klassen sind die beteiligten Punkte zu prüfen:

```java
public boolean abhaengigVon (GeoObject p) {
   return (p == point1) || (p == point2);
}
```

Sind drei Punkte zur Konstruktion nötig, muss auch noch der dritte Punkt oben eingebunden werden. Die einzige Klasse außer *Point*, die nicht von *Line* abgeleitet ist, ist *Polygon*. Da diese aber aus lauter *Line*-Objekten besteht, ist auch hier die Funktion nicht mehr nötig. Die Methode zum Löschen von Objekten kann dann im Hauptprogramm formuliert und in der *keyPressed( )*-Prozedur ausgelöst werden.

13

Physikalische Simulation

Pendel und mehr

© Springer Fachmedien Wiesbaden GmbH, ein Teil von Springer Nature 2018
O. Deussen, T. Ningelgen, *Programmieren lernen mit Computergrafik,*
https://doi.org/10.1007/978-3-658-21145-5_13

Der Wunsch des Menschen, etwas für ihn Neues nicht einfach nur nach dem Prinzip von *Versuch und Irrtum* durchzuführen, dürfte viele Jahre alt sein. Aber erst seit es Computer gibt, ist man in der Lage, auch das Verhalten komplexer Systeme so gut zu simulieren, dass man sich in vielen Fällen reales Ausprobieren ersparen kann. Das klappt allerdings nur, wenn ein Algorithmus gefunden werden kann, der den jeweiligen Vorgang zuverlässig beschreibt. In diesem Kapitel werden wir uns mit bestimmten physikalischen Ereignissen des Alltags beschäftigen, weil sie das Prinzip einer Simulation gut illustrieren.

gleichförmige Bewegung

Eine ganz einfache Simulation kann man berechnen, wenn man über eine Weg-Zeit-Funktion verfügt, mit deren Hilfe man bei gegebenen Anfangsbedingungen den Ort zu einem beliebigen Zeitpunkt exakt berechnen kann. Bei gleichförmigen Bewegungen, wie etwa einer rollenden Kugel ist dies kein Problem, denn die Geschwindigkeit ist hier betrags- und richtungsmäßig konstant und es gilt:

$$s = vt + s_0,$$

wobei s für den zurückgelegten Weg steht, v für die Geschwindigkeit und t für die Zeit. Die Konstante s_0 ist der zur Zeit $t = 0$ bereits zurückgelegte Weg. Es gilt: In gleichen Zeitabschnitten werden gleiche Wege zurückgelegt. Gibt es solche Bewegungen überhaupt? Vielleicht im Weltraum, auf der Erde hingegen kann man die Formel nur näherungsweise und für kleine Zeitabschnitte anwenden.

beschleunigte Bewegung

Anders ist es bei einem fallenden und somit beschleunigten Körper. Ist die Beschleunigung hinreichend konstant, und davon darf man bei nicht zu großen Fallstrecken ausgehen, dann wird in gleichen Zeitabschnitten die Geschwindigkeit immer um den gleichen Betrag größer oder (bei negativer Beschleunigung) um den gleichen Betrag kleiner. Man nennt diese Art der Bewegung eine gleichmäßig beschleunigte Bewegung, wir können hier die Geschwindigkeit-Zeit-Gleichung angeben:

$$v = at + v_0.$$

Hier steht a für die konstante Beschleunigung. Kennt man den Ort des Körpers zu Zeit $t = 0$, dann kann man den neuen Ort einen kleinen Zeitabschnitt später mit der Gleichung $s = vt + s_0$ für die gleichförmige Bewegung berechnen. Das klappt deswegen so gut, weil man beispielsweise bei einer Millionstel Sekunde davon ausgehen darf, dass sich in dieser Zeit die Geschwindigkeit praktisch nicht ändert. So bekommt man also vom Computer die Orte des Körpers geliefert, obwohl man die Weg-Zeit-Funktion selbst nicht kennt.

Kann man auf dieselbe Weise auch die Bewegungsgleichung für ein Pendel erhalten? Klar ist, dass ein Pendel keine gleichmäßig beschleunigte Bewegung durchführt. Trägt man die Eigenschaften des Pendels zusammen, so bekommt man für kleine Ausschläge (also kleine Winkel) eine sogenannte *Differentialgleichung* als Winkel-Zeit-Funktion:

harmonische Schwingung

$$\ddot{\alpha} + \frac{g}{l}\alpha = 0$$

Hierbei steht $\ddot{\alpha}$ für die zweite zeitliche Ableitung der Winkelfunktion, g für die Erdbeschleunigung und l für die Pendellänge. Welche Funktionen $\alpha(t)$ erfüllen die obige Differentialgleichung? Es ist gar nicht so einfach, im Allgemeinen die Lösung einer Differentialgleichung zu finden, in diesem Fall ist sie allerdings bekannt:

$$\alpha(t) = \hat{s}\sin\omega t$$

Bewegt sich das Fadenpendel, dann ändert sich der Winkel α. Der Faktor ω ist zunächst eine beliebige Konstante. Damit die Differenzialgleichung aber erfüllt wird, muss $\omega^2 = \frac{g}{l}$ gelten. Eine derartige Bewegung heißt harmonische Schwingung.

Sobald man jedoch größere Winkel als $5°$ zulässt, beschreibt die obige Winkel-Zeit-Funktion die Bewegung nicht mehr korrekt. Noch komplizierter wird die Angelegenheit, wenn man ein Doppelpendel (ein Pendel mit zwei Armen) durch zwei Winkel-Zeit-Funktionen (zwei Pendel ergeben zwei Winkel) beschreiben will. Die passenden Differentialgleichungen lassen sich durchaus noch finden, aber sie dann auch noch exakt zu lösen, ist oftmals nicht mehr möglich. Mit Hilfe eines Computers lassen sich aber numerische Näherungslösungen finden, die, ähnlich wie für die gleichmäßig beschleunigte Bewegung, Schritt für Schritt die Berechnung des nächsten Zustandes erlauben.

Wir werden in den nächsten Abschnitten alle drei Bewegungsarten mit kleinen Processing-Programmen simulieren und auf diese Weise in die Simulation einführen. Wichtig ist uns hierbei auch, dass wir Programme schreiben, die auch mit Sondersituationen umgehen können oder diese zumindest bemerken und eine geeignete Fehlermeldung für den Benutzer ausgeben.

13.1 Billard: Gleichförmige Bewegung

Die Simulation eines sich gleichförmig bewegenden Körpers ist auf dem Bildschirm nur kurz zu sehen. Wir lassen ihn daher wie eine Billardkugel an den Rändern des Processing-Fensters abprallen. So ist es naheliegend, dass der sich bewegende Körper eine Kugel sein soll, die in der 2D-Darstellung als einfacher Kreis dargestellt wird. Zur Beschreibung von Orten oder Geschwindigkeiten verwendet man in der Physik *Vektoren*. Processing liefert hierfür passend die *PVector*-Klasse. In der Processing-Hilfe finden Sie alle nötigen Informationen dazu. Für uns ist zunächst wichtig, dass ein Vektor aus mehreren Zahlen zusammengesetzt ist (typischerweise für jede Raumrichtung eine) und zwei Informationen besitzt: Seine *Länge* und seine *Richtung*.

PVector

Der Geschwindigkeitsvektor $\vec{v}$ zum Beispiel zeigt durch seine Länge die Absolutgeschwindigkeit und durch seine Orientierung die Rich-

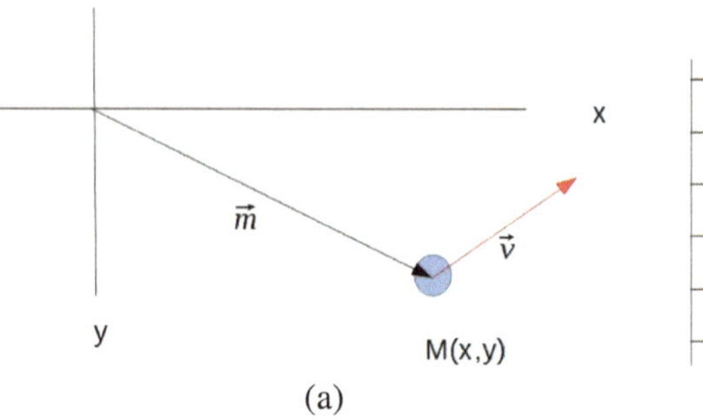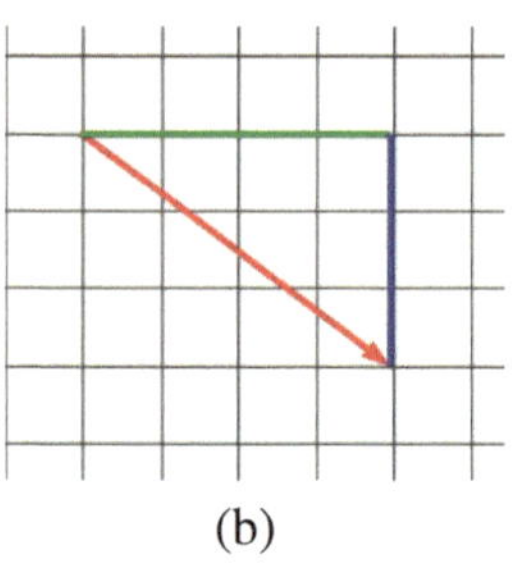

Abbildung 13.1
a) Ortsvektor m und Geschwindigkeitsvektor v;
b) ein Vektor mit den Werten $(4, 3)$

tung der Geschwindigkeit an. Mit Vektoren kann man rechnen und erfreulicherweise sind die wichtigsten Methoden in der *PVector*-Klasse bereits vorhanden. Im Folgenden werden einige dieser Methoden vorgestellt, es wird aber vorausgesetzt, dass Sie bereits mit einfachen Vektor-Operationen vertraut sind. Würde man beispielsweise die Vektoren (4,0) und (0,3) addieren (dies geschieht mit der Anweisung *v.add(v)*), so wäre das Ergebnis der Vektor (4,3) (siehe Abbildung 13.1(b)).

Will man die Reflexion einer Kugel an einer der vier Wände beschreiben, dann ist diese Vektor-Schreibweise äußerst praktisch. Nach dem Reflexionsgesetz ist Einfallswinkel gleich Ausgangswinkel. Gemessen wird hierbei immer zum Lot auf die Wand (in Abbildung 13.2 die lila Linie).

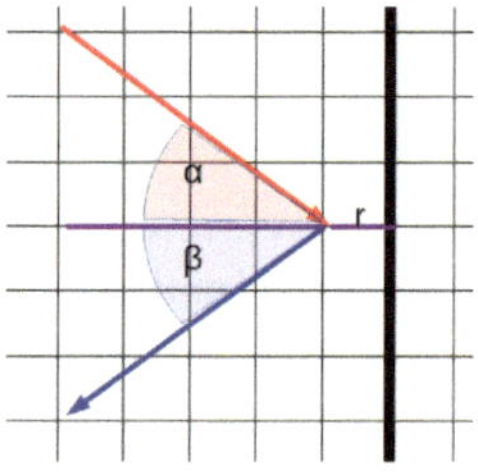

Abbildung 13.2
Reflexionsgesetz

Bei der Reflexion an der rechten Wand (siehe Abbildung 13.2) würde aus dem Geschwindigkeitsvektor (4,3) der Vektor (-4,3) werden. Mit anderen Worten: Die zur Wand senkrechte Komponente der Geschwindigkeit wird mit -1 multipliziert und der waagrechte Anteil wird beibehalten. Zunächst benötigen wir eine Klasse für die Kugeln. Sie ist in *billard01* bereits angelegt und hat auch schon einige Methoden. So findet sich nach dem üblichen Konstruktor die Methode *aktualisiere()*, bei der die Position über die Bewegungsgleichung auf einen neuen Wert gesetzt wird. Gleichzeitig vermindern wir die Geschwindigkeit ein wenig, um die Reibung auf dem Billardtisch zu simulieren. Das Hauptprogramm legt eine *ArrayList<Kugel>* an, in der die verschiedenen Kugeln des Spiels gespeichert werden, daher auch die for-Schleife in der *draw()*-Prozedur, die hier bei einer einzigen Kugel natürlich noch nicht erforderlich ist.

Sketch
billard01

Aufgabe 1

Wegen der Reflexion benötigt man eine Methode, die eine Kollision mit den Rändern prüft und gegebenenfalls die Geschwindigkeit v ändert. Überlegen Sie, wann ein Ball einen Rand berührt, im Sketch ist das schon für die Unterseite des Fensters implementiert. Fügen sie die anderen Ränder hinzu.

Die *display()*-Methode zeichnet die Billardkugel. Sofern die Geschwindigkeit der Bälle nicht allzu groß, die Bildwiederholgeschwindigkeit aber groß genug ist, sehen wir den Kreis in einer stetigen Bewegung. Dies liegt daran, dass wir nur etwa 24 Bilder pro Sekunde benötigen, um eine Bewegung als gleichförmig wahrzunehmen. In Wirklichkeit wird der Kreis aber nach jedem *draw()*-Durchgang um eine Strecke verschoben, die so lang ist wie der Geschwindigkeitsvektor. Dadurch kann es passieren, dass die Kugel zu weit in die reflektierende Wand eindringt. Daher muss beim Erkennen einer Kollision die Position der Kugel gegebenenfalls entsprechend korrigiert werden.

13.2 Billard mit Hindernissen

*Sketch
billard02*

Nun legen wir einen Wüfel auf den Billardtisch. Der Sketch *billard02* erweitert *billard02* so, dass außer der Reflexion an den Rändern des Tisches auch die Reflexion an einem Würfel auf dem Spielfeld berücksichtigt wird. Hierzu definiert man die Position des Würfels z. B. in der Mitte des Feldes (durch Angabe von minimalen und maximalen x- und y-Koordinaten) und achtet darauf, dass die Billardkugel nur mit ihrem Rand den Würfel berührt. Dies wird durch eine zusätzliche Methode *pruefeKollisionHindernis()* für den Ball erreicht, die ähnlich wie beim Rand den Bewegungsvektor der Kugel anpasst. Allerdings muss man hier nicht nur darauf achten, dass sich die Kugel im richtigen Bereich befindet, sondern auch, von woher sie kommt.

Aufgabe 2

Schauen Sie sich die Änderungen in *billard02* an. Gehen Sie insbesondere die Methode *pruefeKollisionHindernis()* Zeile für Zeile durch. Wenn Sie eine andere Idee für diese Methode haben, dann nur zu: Schreiben Sie Ihren Code und testen Sie, ob die Sache funktioniert. Um das Ganze testen zu können, implementieren Sie eine erweiterte Maus-Interaktion. Beim Drücken der linken Maustaste wird die Position auf die aktuelle Mausposition gelegt und die Geschwindigkeit auf Null gesetzt. Beim Drücken der rechten Maustaste wird ein Richtungsvektor zwischen Ballposition und Mausposition bestimmt, dieser normiert und

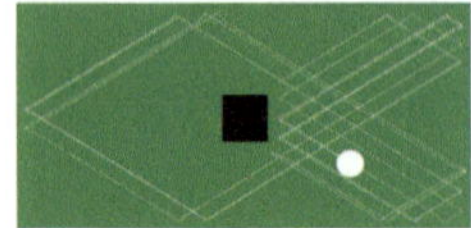

mit der gewünschten Geschwindigkeit multipliziert. So simulieren Sie das Setzen einer Kugel und den anschließenden Stoß mit einem „Billardqueue". Damit man den Weg der Kugel verfolgen kann, legen Sie eine *ArrayList<PVector>* an, in der die Positionen des Spielballs pro Bild abgespeichert und gemalt werden. Es ist für beide Veränderungen sinnvoll, get- und set-Methoden für Position und Geschwindigkeit der Kugel anzulegen.

Zylinder

Nun wollen wir statt des Würfels einen Zylinder in der Mitte des Billardtisches platzieren. Sie werden sehen, dass wir mit dieser Wahl des Hindernisses ein einfaches chaotisches System erzeugen werden, bei dem kleinste Änderungen der Anfangskonfiguration größte Änderungen im Verlauf der Bahn erzeugen.

Sketch
billard03

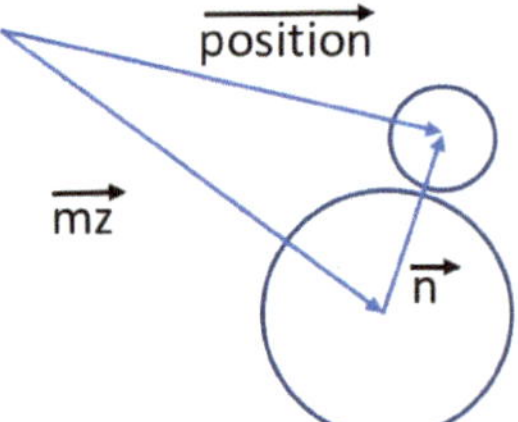

Abbildung 13.3
Berechnung der
Reflexion an einem
Zylinder

Wie im letzten Beispiel auch, muss der zur Zylinderfläche senkrechte Geschwindigkeitsanteil der gelben Kugel bestimmt werden. Nur dieser wird nach der Reflexion mit -1 multipliziert. Der tangentiale Anteil bleibt erhalten. Berührt die Kugel den Zylinder, dann bekommt man den Normalenvektor durch Subtraktion der Position des Zylindermittelpunkts vom Kugelmittelpunkt (dies geschieht mit der *sub*-Methode der Klasse *PVector*, siehe auch Abbildung 13.3

Der tangentiale Vektor steht senkrecht auf dem Normalenvektor. Man berechnet ihn, indem man die *x*- und *y*-Komponenten vertauscht und eine der Komponenten mit -1 multipliziert. Damit dieser Vektor nicht nach innen gerichtet ist, wird geprüft, ob er mit dem Geschwindigkeitsvektor ein positives Skalarprodukt hat, ansonsten wird er umgedreht. Sowohl den Normalen- als auch den Tangentenvektor bringt man auf die Länge 1 indem man auf beide die Methode *normalize()* anwendet. Ist dies geschehen, bestimmt man den auf die Normale projizierten Anteil der Geschwindigkeit und den auf die Tangente projizierten. Die an der Tangente gespiegelten Anteile werden dann zur neuen Geschwindigkeit addiert.

```
void pruefeKollisionZylinder() {
    PVector normale = PVector.sub(position,
                      new PVector(hindernis_x,hindernis_y));
    if (normale.mag()<= hindernis_rad+radius) {
```

```
      normale.normalize();
      PVector tangente = new PVector(-normale.y,normale.x);
      if (tangente.dot(geschwindigkeit)<=0) tangente.mult(-1);
      tangente.normalize();
      float nv = geschwindigkeit.dot(normale);
      float tv = geschwindigkeit.dot(tangente);
      geschwindigkeit = normale.mult(-nv).add(tangente.mult(tv));
   }
}
```

Aufgabe 3

Bis auf die Methode *pruefeKollisionZylinder()* hat sich gegenüber dem letzten Sketch nichts verändert. Man startet hier wie dort eine Kugel mit Rechtsklick und legt so die Richtung der Anfangsgeschwindigkeit fest. Mit Linksklick wählt man den Startort der Kugel.

Verändern Sie nun die beiden Sketche *billard02* und *billard03* so, dass zwei Kugeln mit fast identischen Anfangsbedingungen automatisch starten. Lassen Sie nur die Spuren der Kugeln in verschiedenen Farben zeichnen und nicht die Kugeln selbst.

Hinweis 1: Das Ergebnis sollte ähnlich wie in Abbildung 13.4 aussehen. Während in Teilbild (a) sogar bei um 10 Pixel verschobenen Startpunkten ganz ähnliche Wege durchlaufen werden (solange keine der Kugeln an eine Ecke des Würfels kommt), reichte beim Zylinder schon eine Verschiebung um ein Pixel (also um 1/500), um eine völlig andere Bahn zu erzeugen. Hinweis 2: Wählen Sie eine kleine Startgeschwindigkeit und Reibung Null.

Abbildung 13.4
a) Hindernis Würfel
b) Hindernis Zylinder

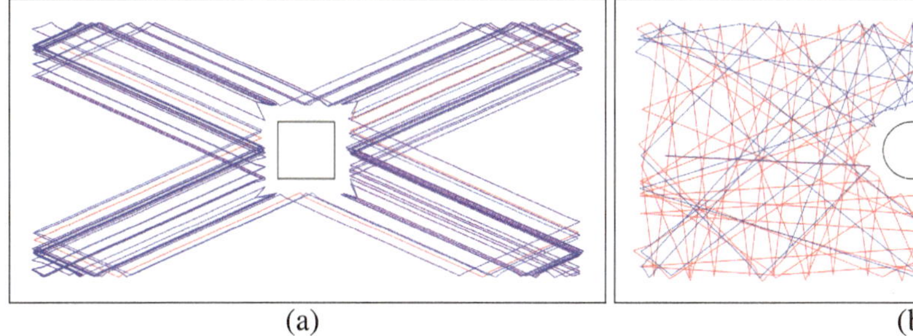

(a) (b)

Elastischer Stoß

Eigentlich könnte man schon jetzt beliebig viele Kugeln erzeugen. Das wird aber erst dann sinnvoll, wenn wir den Stoß zwischen den Kugeln berücksichtigen, ansonsten gäbe es ja keine Interaktion. Die Physik sagt, dass in dem Fall sowohl der Impuls- als auch der Energieerhaltungssatz gelten müssen. Sofern man die Reibungskraft vernachlässigt und die Massen alle gleich groß sind, kann man aus den beiden Erhaltungssätzen herleiten, dass bei jedem elastischen Stoß die tangentialen Komponenten der Geschwindigkeiten der Kugeln erhalten bleiben und die normalen Komponenten einfach vertauscht werden.

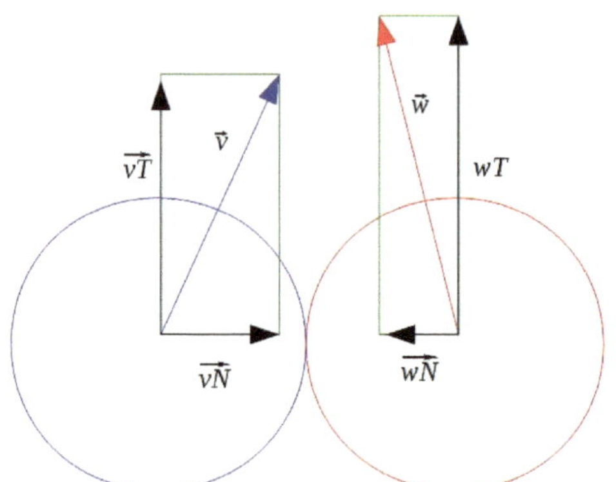

Abbildung 13.5
Elastischer Stoß zweier Kugeln. Tangentialkomponenten bleiben erhalten, Normalkomponenten werden vertauscht.

Mit den Bezeichnungen aus Abbildung 13.5 bekommt die linke Kugel nach dem Stoß die Geschwindigkeit $\vec{wN}$ in Richtung der Normalen der rechten Kugel. $\vec{vT}$ aber wird beibehalten. Die rechte Kugel hingegen bekommt $\vec{vN}$ von der linken Kugel und behält $\vec{wT}$ bei. Ein einfaches Beispiel sieht so aus: Die linke Kugel trifft mit $\vec{v} = \vec{vN}$ auf die stehende rechte Kugel. Also muss die linke Kugel nach dem Stoß stehenbleiben, während die rechte Kugel ihre Geschwindigkeit übernimmt.

Die neue Methode namens *pruefeKollisionMitAnderenKugeln()* wird dafür sorgen, dass jede Kollision zweier Kugeln die Konsequenzen aus Impuls- und Energieerhaltungssatz berücksichtigt. Die Relation *A kollidiert mit B* ist symmetrisch. Das heißt, wenn Kugel A Kugel B trifft, dann gilt auch die Umkehrung. Jetzt wird klar, weshalb wir schon von Beginn an die Kugeln in einem ListArray untergebracht haben: Für die erste Kugel müssen alle restlichen Elemente des ListArrays überprüft werden, ob der Abstand der beiden Mittelpunkte kleiner oder gleich den beiden Radien ist. Die zweite Kugel aber muss nur noch ab der dritten Kugel Kollisionen überprüfen, die dritte ab der vierten etc. Bei acht Kugeln zum Beispiel sind daher 28 Möglichkeiten zu untersuchen.

Dann gibt es noch ein kleines Problem: Nach jedem *draw()*-Durchgang wird jede Kugel entsprechend ihrer Geschwindigkeit weiterbewegt. So kann es leicht passieren, dass zwei Kugeln rein rechnerisch einen Abstand kleiner als 2 ∗ *radius* bekommen, sich also durchdringen. Wenn dann noch die Normalkomponente der Geschwindigkeit einer der beiden Kugeln recht klein ist, kann es passieren, dass die eine die andere "einfängt" und weiter zu sich hinzieht. Um dies zu verhindern, wird eine eventuelle Durchdringung immer sofort korrigiert und die Kugeln werden auf den Abstand 2 ∗ *radius* gesetzt.

Schauen Sie sich den schon fertigen Sketch *billard04* an. In der Haupt-
klasse werden zehn Kugeln erzeugt. Die weiße Kugel kann man wie
bisher durch Mausklicks versetzen und anstoßen.

Abbildung 13.6
Startposition der
Billardkugeln.

Die Klasse Kugel hat nun eine Methode bekommen, die die Kollision
der Kugeln überprüft. Zugegeben, sie sieht recht kompliziert aus. Macht
man sich aber den zugrundeliegenden Algorithmus klar, wird die Sache
gleich viel verständlicher. In Abbildung 13.7 sieht man die Situation
vor dem Start. Ein Mausklick startet *Kugel 0*. Sie kollidiert zunächst
mit *Kugel 1*, die ihrerseits wieder mit anderen Kugeln zusammenstoßen
wird.

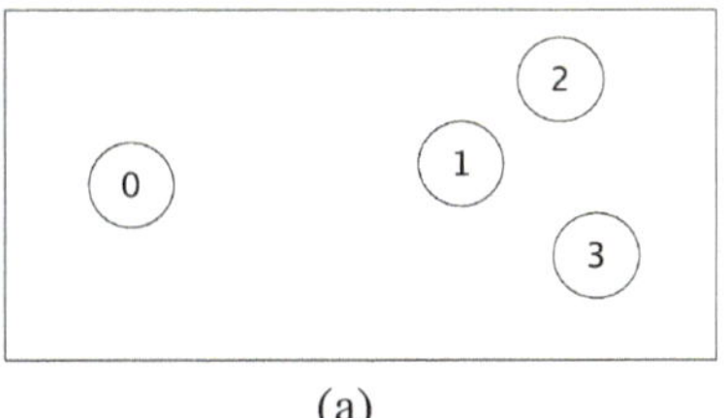
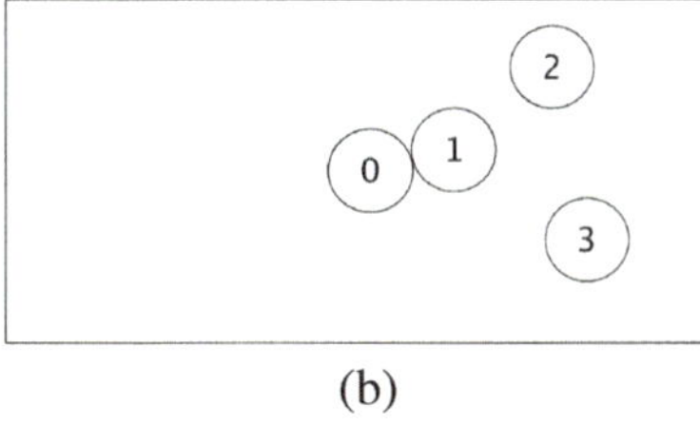

(a)   (b)

Abbildung 13.7
a) Vor dem Start
b) Erste Kollision

Die Mittelpunkte der vier Kugeln seien M_0, M_1, M_2 und M_3. Im ersten
Abschnitt der Methode werden alle Vektoren gebildet, die von einem Mittelpunkt höherer Ordnungszahl einer Kugel zum Mittelpunkt einer Kugel
mit niederer Ordnungszahl reichen. In unserem Beispiel gibt es also sechs
derartige Vektoren: $\overrightarrow{M_3 M_0}, \overrightarrow{M_3 M_1}, \overrightarrow{M_3 M_2}, \overrightarrow{M_2 M_0}, \overrightarrow{M_2 M_1}, \overrightarrow{M_1 M_0}$. Von
allen Vektoren wird die Länge bestimmt. Zum zweiten Abschnitt kommt
man nur, wenn mindestens einer dieser Vektoren die Länge $\leq 2 * radius$
hat.

Gibt es eine Berührung, wird die normale und tangentiale Komponente
der Geschwindigkeit der berührenden Kugel errechnet. Für die gerade
ausgewählte aktive Kugel wird nun die Geschwindigkeit nach dem Stoß
aufgrund des Impuls- und Energieerhaltungssatzes zugeordnet und im
Anschluss die Geschwindigkeit der ebenfalls an diesem Stoß beteiligten
anderen Kugel korrigiert.

Da in unserer Lösung die aktuelle Kugel in der Kollisionsmethode wegen
der for-Schleife alle Kugeln aufruft, muss man verhindern, dass nach dem

Vektor $\overrightarrow{M_3 M_1}$ auch noch der Vektor $\overrightarrow{M_1 M_3}$ angesehen wird. Denn das ist ja nicht mehr nötig und würde nur Rechenzeit verschwenden. Deshalb wurde eine *boolsche* Methode *wasUpdated()* eingeführt, die angibt, wenn im aktuellen Durchlauf der Schleife die Kugel schon angesehen wurde. Gleichermaßen muss man verhindern, dass eine Kugel mit sich selbst geprüft wird. Dies geschieht durch *(b != this)*, wobei *this* ein Zeiger ist, der auf das aktuelle Objekt zeigt, von dem gerade der Code ausgeführt wird. Insgesamt sieht das nun so aus:

```
for (Kugel b : kugeln)
  if ((b != this ) && (!b.wasUpdated())) {
    ...
```

Als nächstes fällt diese etwas seltsame Anweisung auf:

```
PVector n = PVector.sub(position, b.position);
```

Normalerweise ist *sub* eine Anweisung, die auf einem Objekt der Klasse *PVector* ausgeführt wird und es entsprechend ändert. Es gibt aber auch eine klassenbezogene Version, die zwei Vektoren als Parameter hat und die Differenz als neuen PVector ausgibt. Diese Version wird hier angesprochen, weil wir die Position der Kugel hier nicht verändern wollen. Dasselbe wird im weiteren Verlauf noch für einige weitere Operationen gemacht. Schließlich, am Ende des Schleifenrumpfs:

```
this.setUpdated(true);
```

Hier wird die *setUpdate()*-Methode der aktuell angesehenen Kugel auf *true* gesetzt. Auch in der *display()*-Methode haben wir etwas geändert. Jetzt werden die Kugeln als 3D-Objekte mit einer realistischen Schattierung angezeigt, dazu bald mehr.

Aufgabe 4

Nun fehlen nur noch die „Taschen" genannten sechs Löcher, so dass man bisher allenfalls Carambolage-Billard spielen kann. Erstellen Sie deshalb eine Klasse *Tasche* und sorgen Sie dafür, dass die Kugeln ab einer bestimmten Entfernung (ausprobieren!) von einem Loch dort verschwinden. Fällt die weiße Kugel in ein Loch, muss diese aber wieder auf den Tisch gestellt werden – zum Beispiel in die Ausgangslage.

13.3 Gleichmäßig beschleunigte Bewegung

Bei der *gleichförmigen Bewegung* legt der Körper in gleichen Zeiten gleiche Strecken zurück. Man musste dort bei jedem Schleifendurchgang nur den gleichen Vektor an die vorangehende Position anhängen, um den neuen Ort zu berechnen. Bei gleichmäßig beschleunigten Bewegungen hingegen nimmt die Geschwindigkeit in gleichen Zeiten immer um den gleichen Betrag zu. Falls der Körper negativ beschleunigt (also gebremst) wird, nimmt die Geschwindigkeit in gleichen Zeiten um den gleichen Betrag ab. Innerhalb eines kleinen Zeitabschnitts Δt kann man die Änderung des Weges in dieser Zeit ganz einfach mit $\Delta s = v\Delta t$ berechnen, wobei mit v die Geschwindigkeit des Körpers im Intervall Δt bezeichnet wird. Diese wird für den kleinen Zeitabschnitt als konstant angenommen.

In unserem Beispiel wollen wir Feuerwerkskörper nach oben schiessen. Die Beschleunigungsphase sei beendet und die Körper unterliegen jetzt nur noch der Erdanziehungskraft, ein sogenannter ballistischer Flug. Sie werden dabei nicht unbedingt senkrecht abgeschossen. Für den horizontalen Anteil der Bewegung vom Abschusspunkt nach außen haben wir es mit einer gleichförmigen Bewegung zu tun (siehe voriger Abschnitt), während der vertikale Teil durch die Schwerkraft eine gleichmäßig beschleunigte Bewegung ist. Die *aktualisieren()*-Methode der Klasse *Rakete* hat im Sketch *feuerwerk1* eine sehr einfache Form:

```
void update() {
    v_y += g; // g ist die Erdbeschleunigung
    x += v_x;
    y += v_y;
}
```

Falls v_x nicht Null ist, bekommt man eine mehr oder weniger steile *Wurfparabel*. Wie Sie in obiger *aktualisiere*-Methode sehen, bezieht sich die beschleunigte Bewegung allein auf die y-Richtung. Es fehlen dann außer den Variablen-Definitionen nur noch der Konstruktor und die *display*-Methode. Welche Attribute benötigt die Klasse *Rakete*? Das sind die Ortskoordinaten x und y, die Geschwindigkeitskomponenten v_x und v_y und die Größe. Die Feuerwerkskörper stellen wir als Kreise dar. Also braucht man noch das Attribut Kreisradius r und eventuell noch ein Attribut für Transparenz um das Erlöschen des Feuerwerks zu simulieren.

Da man für ein eindrucksvolles Feuerwerk eine möglichst große Anzahl von Einzelraketen benötigt, bringen wir sie in einer *ArrayList* unter. Eine Methode *nochmal()* wiederholt den Vorgang für jeden Mausklick mit anderen zufälligen Startparametern. Mit Hilfe eines schwarzen Bildes und der Methode *tint()* sorgen wir später in der *draw()*-Methode dafür, dass das Bild mit der Zeit immer schwärzer wird. Wie Sie wissen, sieht man den Feuerwerkskörper oft erst, wenn er schon weit oben ist. Dies lässt sich leicht dadurch simulieren, dass man die Raketen selbst mit abnehmender Transparenz zeichnet.

*Sketch
feuerwerk1*

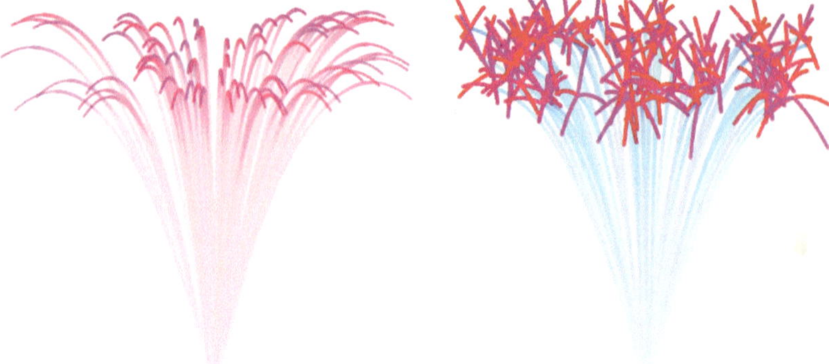

Aufgabe 5

Erweitern Sie den Sketch *feuerwerk1* so, dass am höchsten Punkt der
Flugbahn pro Rakete vier weitere Raketen gezündet werden (Abbildung
13.8 rechts). Alle Bodenraketen und „Höhenraketen" realisieren Sie am
besten mit ArrayLists. Modifizieren Sie den Sketch außerdem so, dass
die Höhenraketen wie echte Feuerwerke aussehen, die in der typischen
Form von großen Kugeln abbrennen.

Tipp: Löschen Sie in der Schleife *for (Rakete rakete : raketen)* der
draw()-Methode die Bodenraketen nicht direkt, sondern bilden Sie eine
neue ArrayList mit den zu löschenden Raketen. Ist die Schleife beendet,
können die zu löschenden Raketen entfernt und die neuen Raketen
hinzugefügt werden. Weshalb darf man die Raketen nicht in der for-
Schleife schon löschen?

Übrigens: Wir haben bei der Simulation des Feuerwerks die Wirkung
des Luftwiderstandes vernachlässigt. Darf man das? Es gilt doch, dass
dieser Widerstand quadratisch mit der Geschwindigkeit wächst. Dass
da etwas nicht stimmt, merken Sie daran, dass die roten Höhenraketen
beim Fallen immer schneller werden. In Wirklichkeit fallen sie aber nach
einer gewissen Zeit mit konstanter Geschwindigkeit. Kein Problem! Mit
einer einzigen zusätzlichen Zeile lässt sich die Sache reparieren. Man
darf lediglich die Erdbeschleunigung g in der Methode *aktualisieren*
der Rakete nicht konstant annehmen. Mit der zusätzlichen Zeile $g =
g - v_y * 0.0002$ für $g > 0$ wird der Luftwiderstand (fast) korrekt mit
berücksichtigt.

13.4 Harmonische Schwingungen

Eine ganz andere Art der Bewegung führt ein Federpendel durch (siehe
Abbildung 13.9). Wird die kugelförmige Masse am einen Ende der Feder
ausgelenkt, so beginnt sie nach dem Loslassen zu schwingen.

Es gibt eine „Ruhelage", welche die punktförmig gedachte Masse ein-
nimmt, wenn die Schwingung durch Reibung bedingt zur Ruhe kommt.
Um den Körper nach unten auszulenken, benötigt man Kraft. Es zeigt

sich, dass die Auslenkung aus der Ruhelage für nicht allzu große Auslenkungen proportional zur dazu benötigten Kraft ist. Es gilt die Federgleichung:

$$F = -Ds \qquad \Rightarrow \qquad m\ddot{s}(t) + Ds(t) = 0$$

wobei mit F die Kraft und mit s die Auslenkung aus der Ruhelage bezeichnet werden. D ist der Faktor, der aus der Proportionalität eine Gleichung macht. Er ist nur von der Wahl der Feder abhängig und wird Federkonstante oder Federhärte genannt. Der Buchstabe m steht für die Masse des schwingenden Körpers am Ende der Feder. Das Minuszeichen in der Gleichung ist wichtig! Es besagt nichts anderes, als dass die Kraft der Feder immer entgegen der Auslenkung wirkt. Ohne das Minuszeichen würde die Masse immer schneller werden, da die Kraft dann mit zunehmendem s immer größer würde. Um eine Bewegungsgleichung für die Bewegung zu erhalten, muss wieder eine Lösung für die obige Differentialgleichung gefunden werden.

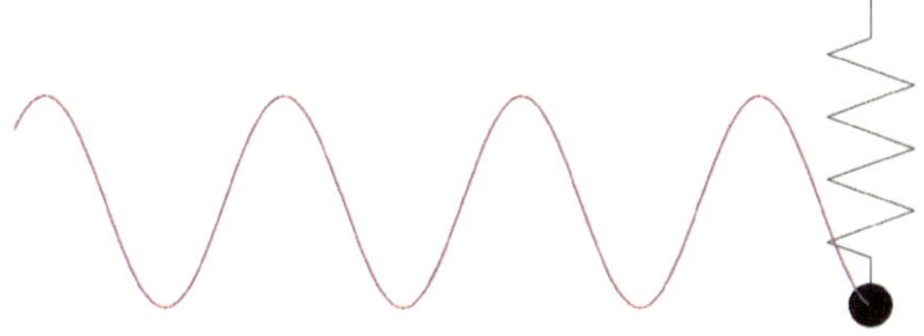

Abbildung 13.9
Federpendel mit
überlagerter identischer
Sinusfunktion

Sollten Sie von diesen physikalisch-mathematischen Ausführungen nur wenig oder nichts verstanden haben, dann wird Ihnen die folgende intuitive Vorgehensweise besser gefallen. Schauen Sie sich den Sketch *federpendel* bitte einmal genauer an. In ihm wird das Pendel simuliert und über die Zeit werden die Positionen des Pendels horizontal aufgetragen. Es ist unschwer zu erkennen, dass es sich bei der Funktion um eine *Sinus*-Funktion handelt, bei der sich der Winkel mit der Winkelgeschwindigkeit $\omega = \frac{\alpha}{t}$ ändert. Dann gilt:

Sketch
federpendel

$$\alpha = \omega \cdot t \qquad \Rightarrow \qquad s(t) = a \cdot sin(\omega \cdot t)$$

Die obige Gleichung für s(t) erfüllt die Differentialgleichung

$$m\ddot{s}(t) + Ds(t) = 0$$

unter einer Bedingung: Es muss $\omega = \sqrt{\frac{D}{m}}$ gelten. Mit anderen Worten, die Winkelgeschwindigkeit und damit die Frequenz der Schwingung ist in eindeutiger Weise von der Federkonstanten D und der Masse m abhängig. Im Sketch haben wir die Masse auf Eins gesetzt. Sie können die Funktionsgleichung darstellen, indem Sie die Taste 'f' drücken. Nun wird die Sinusfunktion zusätzlich zur Simulation (schwarz) in roter Farbe gezeichnet.

Aufgabe 6

Versuchen Sie den Programmcode im Sketch *federpendel* mit Hilfe der zahlreichen Kommentare nachzuvollziehen. Beobachten Sie dann, wie sich die Schwingung durch Einsetzen verschiedener Werte für Federhärten und Masse ändert. Was passiert, wenn man *zeitIntervall* kleiner oder größer wählt?

In der Realität wird die Auslenkung der Masse beim Federpendel natürlich immer kleiner. Die Dämpfung des Pendels entsteht durch Reibung. Für kleine Geschwindigkeiten kann sie proportional zu Geschwindigkeit der Masse angenommen werden. Damit das Pendel realistisch schwingt, benötigt man nur drei Zeilen:

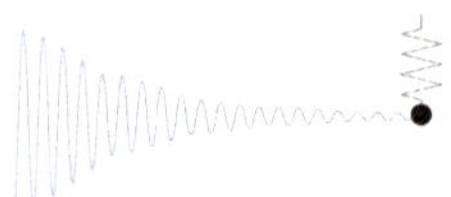

```
float vSkalar = sqrt(sq(v.x)+sq(v.y));
if (s<=0) vSkalar = -vSkalar;
a.mult(-s*federKonstante/masse -vSkalar*0.07/masse);
```

In der ersten Zeile berechnet man den Betrag der Geschwindigkeit, in der zweiten das zugehörige Vorzeichen und in der dritten die wegen Reibung korrigierte Beschleunigung. Ändern Sie den Sketch entsprechend ab und untersuchen Sie, welche Bedeutung der Faktor 0.07 hat.

Im Sketch ist die Simulation nun so erweitert, dass das Federpendel auch nach rechts und links schwingen kann. Die Vertikalbewegung bleibt dabei aber immer noch näherungsweise eine Sinusbewegung, zumindest für kleine seitliche Auslenkungen unter fünf Grad, dann ist der Fehler vernachlässigbar.

Was geschieht eigentlich, wenn wir die Federkonstante immer größer machen? Das Pendel wird dann immer steifer, schwingt nicht mehr so stark auf und ab und wird einem Pendelstab ähnlicher. Hierzu drücken Sie die '+'-Taste, die Federstärke wird dabei jeweils ausgegeben. Bei einem Wert von ca. 25, 1 entstehen auf einmal seltsame vertikale Schwingungen, und wenn Sie die Federstärke weiter erhöhen, so gerät die Simulation völlig außer Rand und Band.

Das Problem ist unser Simulationsverfahren. Einmal pro Intervall wird die Auslenkung der Feder gemessen, daraus die resultierende Beschleunigung erzeugt und hieraus dann Geschwindigkeit und Ort berechnet. Solange das Pendel relativ langsam vertikal schwingt, also wenn die Federstärke noch gering ist, messen wir pro Schwingung oft genug, um ein relativ genaues Ergebnis zu bekommen. Mit zunehmender Federkonstante wird die Schwingung aber immer schneller und ab einem bestimmten Wert ist unsere Messung der Auslenkung zu selten, um noch ein sinnvolles Ergebnis zu erhalten. Man sagt, wir tasten die Schwingungsfunktion nicht mehr häufig genug ab. An diesem Punkt schaukelt sich die Simulation in kürzester Zeit auf und das System explodiert geradezu.

Was können wir an diesem Punkt tun? Öfter messen! Wir vermindern mit der Taste 'i' das Messintervall, messen also öfter pro Schwingung. Die Oszillationen verschwinden, aber die Simulation wird dafür nun langsamer, weil wir jetzt öfter pro Zeiteinheit messen und das Ergebnis darstellen. Auf diese Weise werden wir also nie einen wirklichen Pendelstab simulieren können, dafür müssen wir einen anderen Weg gehen.

Pendelstab und Doppelpendel

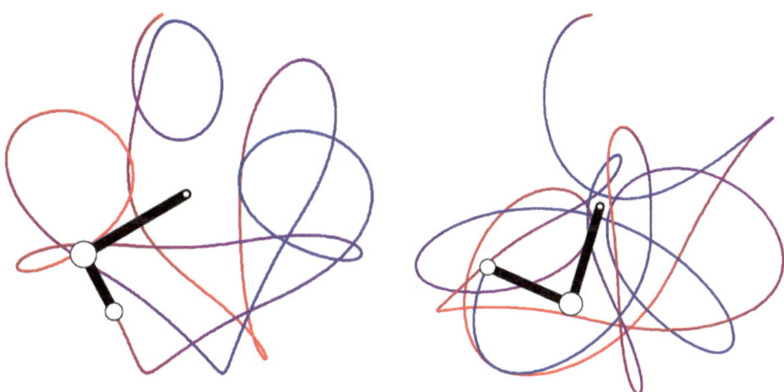

Im ersten Sketch zum Federpendel hatten Sie gesehen, dass eine Sinuswelle dasselbe Ergebnis erzeugt, wie unsere Simulation. Deshalb nehmen wir zur Berechnung der Bewegung eines Pendelstabs auch wieder eine Sinusfunktion und versuchen gar nicht erst, den Stab zu simulieren, zumindest nicht als Federpendel. Wir berechnen, wie sich der Winkel α des Pendels über die Zeit ändert. Eine Zeit-Winkelfunktion erhält man dann mit:

$$\alpha(t) = a \cdot sin(\omega \cdot t + \phi)$$

Hierbei steht a für die maximale Auslenkung (= Amplitude), ω für die Winkelgeschwindigkeit und ϕ für die Winkel-Auslenkung zur Zeit $t = 0$. Versuchen Sie es! Rat können Sie sich im Sketch *pendelstab* holen. Dabei ist zu berücksichtigen, dass ω nicht frei gewählt werden kann. Vielmehr verlangt die Physik, dass gilt: $\omega^2 = \frac{g}{r}$, mit g als Erdbeschleunigung und r als Länge des Pendels. Will man ein realistisches Pendel, also eines, dessen Ausschläge mit der Zeit kleiner werden, dann verwendet man als Winkelfunktion:

Sketch pendelstab

$$\alpha(t) = a \cdot exp(-b \cdot t) \cdot sin(\omega \cdot t + \phi)$$

Mit b gibt man die Stärke der Dämpfung an.

Ungleich interessanter ist übrigens ein Pendel mit zwei Pendelkörpern (Abbildung 13.10). Die rot-blaue Kurve ist dadurch entstanden, dass der untere Pendelkörper mit einem Stift seine Bahn zeichnerisch festhält. Später werden Sie erkennen, dass eine minimale Änderung der Anfangsbedingung eine völlig andere Kurve ergibt. Daher nennt man dieses Pendel auch *Chaos-Pendel*. Die Differentialgleichung, die diese Art von Pendel beschreibt, lässt sich leider nicht mit einfachen mathematischen Methoden lösen. Daher dürfen Sie die Klasse *DoppelPendel* unbesehen benutzen.

Räumliche Formen

2D- und 3D-Computergrafik

© Springer Fachmedien Wiesbaden GmbH, ein Teil von Springer Nature 2018
O. Deussen, T. Ningelgen, *Programmieren lernen mit Computergrafik*,
https://doi.org/10.1007/978-3-658-21145-5_14

Sketch
kandinsky

Nach dem Ausflug in die Simulation zurück zur Computergrafik. Bevor wir uns im weiteren Verlauf des Kapitels den dreidimensionalen *Formen* zuwenden und verschiedene Körper durch den Raum bewegen, wollen wir noch einige weitere zweidimensionale Objekte einführen, mit denen sich interessante Sketche machen lassen. Gut bekannt sollten Ihnen inzwischen Objekte wie *rect*, *ellipse* und *quad* sein. Im nächsten Sketch namens *kandinsky* geht es aber um eine allgemeinere Klasse von Objekten: Polygone.

Abbildung 14.1
Abstrakte Kunst oder
nur viele Formen?

14.1   Polygone

Polygone sind Vielecke mit einer beliebigen Anzahl von Ecken. Sie werden in Processing als *shape* behandelt. Man muss hierfür alle Eckpunkte der Reihe nach angeben. Damit solch ein Polygon am richtigen Ort zu liegen kommt, verwenden wir *pushMatrix()*, *translate*() und *popMatrix()*. So sieht dann zum Beispiel die Erzeugung von Fünfecken aus:

```
...
pushMatrix();
translate(random(800),random(800));
fill(random(256), random(256), random(256));
beginShape();
    vertex(random(150),random(150));
    vertex(random(150),random(150));
    vertex(random(150),random(150));
    vertex(random(150),random(150));
    vertex(random(150),random(150));
```

endShape(CLOSE);
popMatrix();
...

Die Koordinaten von Punkten, die von *beginShape()* und *endShape()* eingeschlossen werden, schreibt man *vertex(x,y)* bzw. im dreidimensionalen Fall *vertex(x,y,z)*. Ohne *CLOSE* beim Aufruf von *endShape()* wird die Form nicht geschlossen und auch nicht gefüllt. Wenn Sie bei *beginShape()* einen optionalen Parameter, wie etwa *LINES* angeben, so wird das Polygon nur als Folge von separaten Linien gezeichnet.

*Sketch
triangleVariationen*

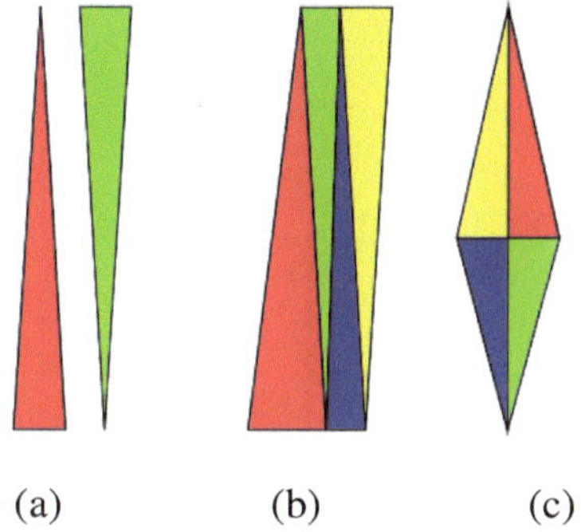

(a) (b) (c)

Abbildung 14.2
Verschiedene Ausprägungen eines *shape*:
(a) TRIANGLES,
(b) TRIANGLE_STRIP
und (c) TRIANGLE_FAN

Äußerst nützlich sind auch die weiteren Parameter *TRIANGLES, TRIANGLE_STRIP* und *TRIANGLE_FAN*. Mit Abbildung 14.2 und dem Sketch *triangleVariationen* können Sie ihre Wirkungen und die zugehörige Farbgebung studieren. In allen drei Fällen sind genau sechs Vertices angegeben. Beim *TRIANGLE_FAN*-Parameter müssen Sie darauf achten, dass der mittlere Punkt zuerst und alle anderen im Uhrzeigersinn angegeben sein müssen. Der erste Außenpunkt muss mit dem letzten übereinstimmen.

Aufgabe 1

Versuchen Sie mit Shapes (Parameter TRIANGLE_STRIP) eine farbige Spirale ähnlich dem nebenstehenden Bild zu erzeugen. Die Idee ist hierbei, jeweils eine Spirale für die Innen- und die Außenseite zu erzeugen und mit einer Farbe zu füllen, die Sie langsam ändert. Wenn Sie ein geeignetes Farbmodell (z. B. HSB) verwenden, so lassen sich die Farben sehr einfach interpolieren. Beachten Sie, dass Sie jedes Dreieck individuell füllen können, wenn Sie wollen.

Aufgabe 2

Unter Tessellation versteht man die lückenlose Parkettierung einer Fläche mit Hilfe von Shapes. Auf drei Dimensionen erweitert, kann man

damit einfache räumlich wirkende Körper erzeugen. Verwenden Sie dieses Mal Shapes mit Parameter *TRIANGLE_FAN*, um die vorgegebene Zeichenfläche wie in nebenstehender Abbildung mit Sechsecken zu parkettieren.

14.2 Kurven

Nun können Sie die verschiedensten Shapes zeichnen – allerdings fehlen bisher noch beliebig gebogene Linien. Diese wurden schon einmal bei der Herstellung von Buchstaben angesprochen (siehe Kapitel 8), jetzt aber wollen wir solche Kurven selbst herstellen.

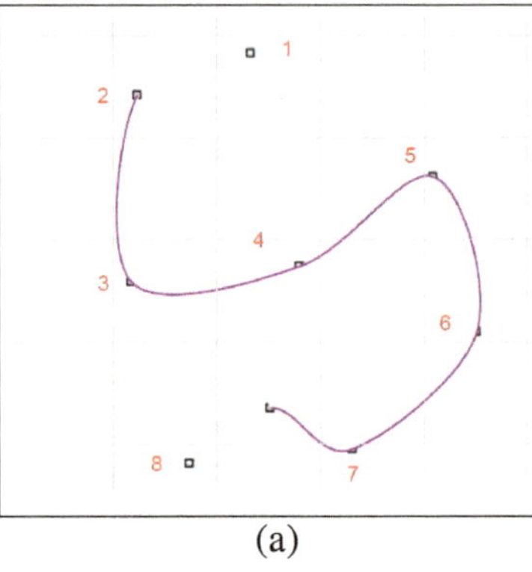
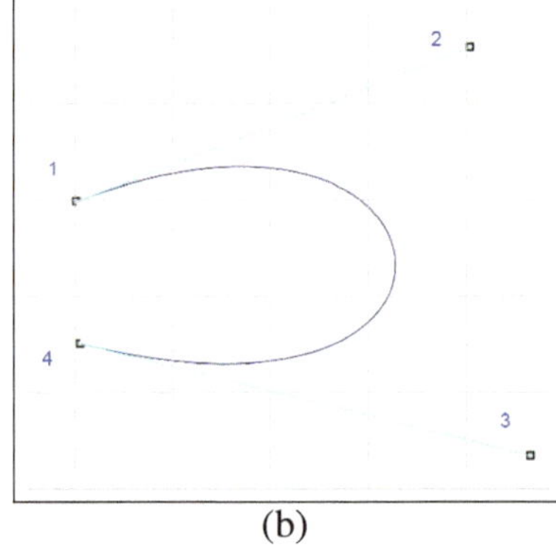

(a)   (b)

Abbildung 14.3
a) Eine Kurve, erzeugt durch acht Punkte und den Aufruf von "curveVertex()"; b) eine Bezierkurve aus vier Punkten, erzeugt mit "bezierVertex()"

Hierfür benötigen Sie den Sketch *geoGUI* im Sketch-Ordner dieses Kapitels. Im Kapitel *Objektorientierung* haben wir bereits etliche Klassen für unseren Geometrie-Editor erstellt. Im vorliegenden Sketchordner wurden aber nur die Klassen behalten, die für die Erzeugung von Vertex- und Bezier-Kurven nötig sind. (Wer will, kann statt dessen den Ordner *GeoGUI_Version5* verwenden. Hier sind alle erarbeiteten und bereitgestellten Klassen noch vorhanden).

Sketch geoGUI

Aufgabe 3

Leiten Sie von der Klasse *GeoObject* eine neue Klasse namens *VertexCurve* ab, die als Konstruktor eine Liste von Punkten annimmt, diese speichert und, falls genügend Punkte selektiert sind, beim Drücken der Taste <v> mit *curveVertex()* eine Kurven-Shape zeichnet. Die Reihenfolge der verbundenen Punkte entspricht der Reihenfolge des Selektierens. (Der erste und der letzte Punkt der Kurve sind die sogenannten *Kontrollpunkte*. Sie werden nicht mit der Kurve verbunden, bestimmen aber das Aussehen an den Kurvenrändern. Siehe Abbildung 14.3(a)).

Eine vielleicht noch besser zu handhabende Kurve, eine Bezier-Kurve, bekommt man durch *bezierVertex()*. In ihrer Grundform wird sie durch vier Punkte definiert, von denen die Kurve im ersten Punkt startet und am letzten Punkt endet. Die (gedachte) Gerade durch den ersten und den zweiten Punkt ist Tangente an die Kurve im Punkt 1. Entsprechendes gilt für den letzten und den vorletzten Punkt. Mit den dazwischenliegenden Punkten kann man die Kurve daher in ihrer Form beeinflussen. Die beiden cyan-farbigen Tangenten aus Abbildung 14.3(b) werden dabei nicht gezeichnet.

Erstellen Sie eine Klasse *BezierCurve*, indem Sie die Klasse von der gerade erstellen Klasse *VertexCurve* ableiten. Sie müssen dann nur noch die *display()*-Methode entsprechend anpassen. Achten Sie darauf, dass bei weniger als vier selektierten Punkten keine Kurve gemalt wird.

Blüten als Beispiel

Mit diesem Wissen ausgerüstet, kann man nun fast beliebige Shapes konstruieren. Beginnen wir mit dem Malen von Blüten. Das kann mit den Methoden der Klasse *BezierCurve* aus *GeoObjects* realisiert werden. Zeichnen Sie zwei verschieden große Kreise mit gleichem Mittelpunkt. Wenn wir zehn Blütenblätter erzeugen wollen, muss der Winkel von Punkt zu Punkt 36 Grad betragen (siehe Abbildung 14.4(a)).

Sketch blueten

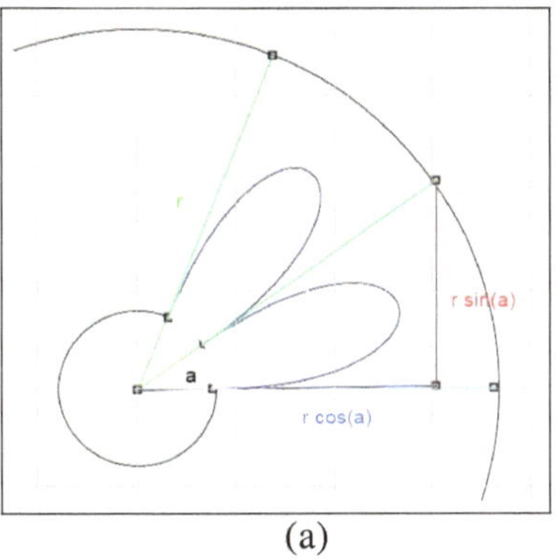

(a)

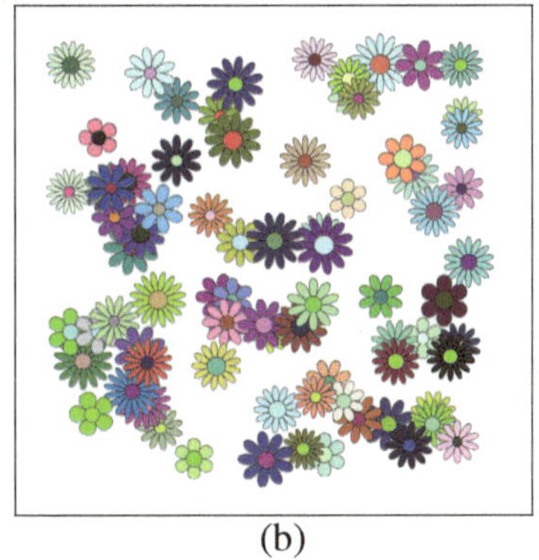
(b)

Die Kreispunkte erhält man alle durch $(r*\cos n*a, r*\sin n*a))$, wobei r der Kreisradius ist und n zwischen Null und der Anzahl der Blütenblätter liegen muss. Den äußeren Kreis und die grünen Tangenten kann man natürlich nicht sehen. Für ein Bild wie in Abbildung 14.4(b) sind jetzt noch weitere Parameter festzulegen: Anzahl der Blüten, Anzahl der Blütenblätter pro Blüte, der Ort jeder Blüte, ihr kleiner und großer Radius und schließlich ihre Farbe. Das meiste kann man dem Zufall überlassen. Vielleicht haben Sie aber auch eine andere Idee. Wählen Sie geeignete Werte für ein schönes Resultat. Hier ein Vorschlag für eine Methode *zeichneBluete*:

```
void zeichneBluete(int blaetter, float radiusKlein, float radiusGross)
{
    float delta = 2*PI / blaetter;
    beginShape();
```

```
      fill(random(256), random(256), random(256)); // Zufallsfarbe
      // Alle nötigen Punkte auf den Kreisen werden berechnet
      vertex( radiusKlein, 0 );
      for (int i = 0; i <= blaetter-1; i++ ) {
         float cx1 = cos( delta * i ) * radiusGross;
         float cy1 = sin( delta * i ) * radiusGross;
         float x2 = cos( delta * (i + 1) ) * radiusKlein;
         float y2 = sin( delta * (i + 1) ) * radiusKlein;
         float cx2 = cos( delta * (i + 1) ) * radiusGross;
         float cy2 = sin( delta * (i + 1) ) * radiusGross;
         bezierVertex( cx1, cy1, cx2, cy2, x2, y2 );
      }
   endShape();
   stroke(0);
   fill(random(256), random(256), random(256));
   strokeWeight(1);
   ellipse(0, 0, 2*radiusKlein, 2*radiusKlein);
}
```

14.3   Komplexe Formen mit PShape

In Processing gibt es ein umfassendes Prinzip der Kombination von Shapes. So können verschiedene Shapes zu einem neuen Shape zusammengefasst werden und man kann Shapes aus sogenannten „Scalable Vector Graphics" (SVG)-Dateien einlesen. Ein Beispiel dafür finden Sie im Sketch *svgShape*, mit dem man eine komplexe svg-Datei laden und anzeigen kann.

Sketch
svgShape

Allerdings zeigt Processing beim Laden des Auto-Bildes an (Abbildung 14.5 rechts), dass Pattern und Filter nicht unterstützt werden. Solche Dateien kann man aber mit einem Vektorgrafikprogramm wie *Adobe Illustrator* oder auch mit dem freien *Inkscape* erzeugen und bearbeiten. Links in Abbildung 14.5 sieht man das gleiche Autobild, - allerdings wurden in Inkscape einzelne Shapes von ihrem ursprünglichen Ort weggeschoben.

Aufgabe 4

Man kann das geladene Shape auch innerhalb Processing verändern.
Neben der Methode *scale*, um zu vergrößern oder zu verkleinern, kann
man auch *rotate*, *translate* und etliche andere Methoden anwenden. Die
Änderungsbefehle gibt man zwischen *shape.disableStyle()* und
shape.enableStyle() ein. Installieren Sie das Programm Inkscape, erzeugen Sie einige Formen, speichern diese als svg-Datei und laden sie
in den Sketch ein. (Wenn Sie das Programm nicht installieren wollen,
verwenden Sie die fertige Datei inkscape.svg). Erweitern Sie nun den
Sketch *svgShape* so, dass die Formen in Farbe, Größe und Lage verändert
werden.

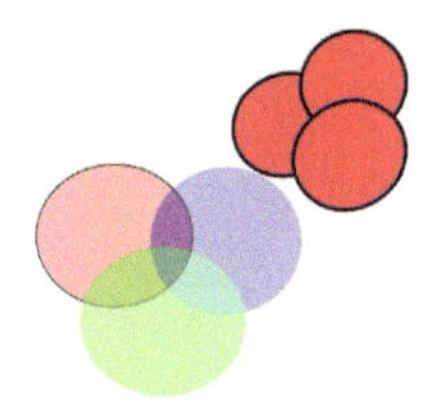

Konturen

Bisher war eine Form nur ein gemaltes und teilweise gefülltes Polygon
oder eine entsprechende Kurve. Shapes bieten aber auch die Möglichkeit, im Inneren Teile auszusparen, sie quasi aus einer äußeren Form
auszustanzen. Dazu kann man innerhalb einer shape-Definition eine Kontur definieren, die mit *beginContour()* eingeleitet und mit *endContour()*
abgeschlossen wird. Dabei ist zu beachten, dass das außen liegende Polygon im Uhrzeigersinn angelegt sein muss, die innere Kontur aber gegen
den Uhrzeigersinn – und beides im Prozessing-Koordinatensystem, wo
ja bekanntlich der Nullpunkt oben links sitzt.

Im Sketch *shapes* haben wir ein Beispiel aus dem Processing-System   *Sketch*
genommen und leicht abgewandelt. Es zeigt ein rotes, gefülltes Quadrat,   *shapes*
aus dem ein kleineres Quadrat ausgeschnitten ist. Die ganze Form dreht
sich in der Mitte des Fensters. Versuchen Sie mit dieser Technik ein 'R'
oder ein 'q' zu erzeugen.

Kombination von Formen

Mehrere dieser Shapes können nun in einem Gruppen-Shape zusammengefasst werden, d. h. sie werden nebeneinander gezeichnet. Auf diese
Weise kommen Formen wie die in den svg-Dateien zustande, nur dass
sie dort mit einem grafischen Editor erzeugt wurden. PShapes erlauben
es, shapes mit *addChild()* als Kinder ("Child") einer Form zuzufügen.
Im Sketch *complesShape* können Sie sich ein Beispiel hierzu ansehen.   *Sketch*
Es wird dort ein größer werdendes stilisiertes Gesicht, bestehend aus   *complexShape*
vier Kindern, gezeichnet.

14.4 Dreidimensionale Objekte

Über Bildschirm oder auch eine Leinwand bekommt man vom Computer normalerweise keine dreidimensionalen *Gegenstände* geliefert, sondern nur Projektionen dieser Gegenstände. Einziger Ausweg sind 3D-Brillen, bei denen jedem Auge ein eigenes Bild des Monitors präsentiert wird und wir so einen dreidimensionalen Eindruck gewinnen. Aber das ist in den meisten Fällen gar nicht nötig, unserem Gehirn sei dank: Es kann die zweidimensionalen Informationen so interpretieren, dass wir uns den dreidimensionalen Gegenstand vorstellen können. Allerdings funktioniert das nicht immer fehlerfrei. Suchen Sie im Internet Bilder mit der Suchphrase „optische Täuschung 3D" – es gibt unzählige! Und dennoch funktioniert die räumliche Wahrnehmung im Alltag fast immer, - nicht nur bei uns Menschen. Hierbei ist das Stereosehen durch unsere beiden Augen aber nur für nahe Gegenstände möglich, bei weiter entfernten Objekten benutzt das Gehirn eine Menge weiterer Hinweise und viel Erfahrung, um auf ihre Größe und Räumlichkeit zu schließen. Das ist auch der Grund dafür, dass wir zweidimensionale Objekte auf dem Bildschirm als räumlich wahrnehmen können.

Das Gefühl, wirklich in einem ganz anderen, nicht realen Raum zu sein, kann man erzeugen, wenn den beiden Augen wie beim normalen Sehen auch, die notwendigen verschiedenen Bilder geliefert werden. Bei der 3D-Brille und dem Monitor sorgt dafür ein schneller Schalter, der immer eines der beiden Brillengläser abdunkelt, sodass nur das andere Auge die Information sieht. Strahlt der Monitor nun 120 Bilder pro Sekunde ab, so erhält jedes Auge immer noch 60 Bilder pro Sekunde und damit einen flüssigen Eindruck des Gesehenen. Im Kino wird eine andere Technik verwendet, hier filtern zwei Polarisationsfilter unterschiedliche Bilder für jedes Auge aus dem Licht der Leinwand. Die Brillen sind dadurch sehr einfach und billig, man braucht dafür aber zwei Projektoren und eine Spezialleinwand.

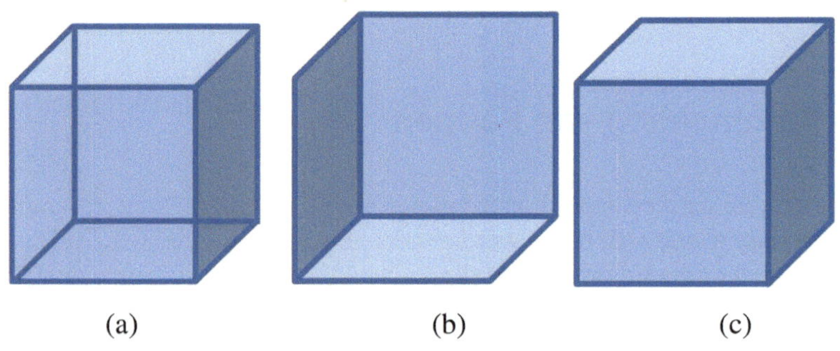

Abbildung 14.6
a) Ein durchsichtiger Würfel. Aber wie herum? b) und c) Würfel in unterschiedlicher Ausrichtung

Noch besser funktioniert die Illusion von Dreidimensionalität mit *Virtual Reality Brillen*. Hier sitzt vor jedem Auge ein winziger Monitor, der das individuelle Bild erzeugt. Man kann den Kopf drehen und bekommt die jeweils passenden Bilder zu sehen. Der Eindruck ist so stark, dass jemand, obwohl er weiß, dass er in Wirklichkeit in seinem Zimmer steht,

ziemliche Höhenangst bekommen kann, wenn er in der virtuellen Welt
auf einem Brett laufen soll, das zwischen zwei Hochhäusern liegt.

Doch zurück zu den Projektionen. In Abbildung 14.6(a) ist ein durchsichtiger Würfel zu sehen, in Teilbild (b) und (c) haben wir ein paar
Linien weggelassen und die Schattierung verändert – sofort entstehen
zwei verschiedene räumliche Eindrücke.

Für die meisten Betrachter springt die Raumvorstellung in Teilbild (a)
hin und her, man sieht den Würfel entweder von rechts unten oder links
oben. Was man sieht hängt davon ab, welchen der beiden Würfel man
im Teilbild (b) und (c) zuvor angesehen hat.

Eine räumliche Darstellung braucht also das Verdecken der nicht sichtbaren Linien und außerdem eine geeignete Schattierung, um einen eindeu-
tigen räumlichen Eindruck zu erzeugen. Vom Licht abgewandte Flächen
müssen dunkler erscheinen, als ihm zugewandte. Dafür muss man neben den zu zeigenden Objekten eine virtuelle Lichtquelle in der Szene
positionieren. Noch ausgefeiltere Darstellungen zeigen Schatten und
räumlich wirksame Lichter, bis schließlich eine perfekte Simulation der
Wirklichkeit entsteht.

In Abbildung 14.7 hat der Computerkünstler Kizo eine Ansicht eines
alten Hauses mit herrschaftlichem Vorgarten komplett im Computer erzeugt. Die Pflanzen wurden hierbei von speziellen Programmen Blatt
für Blatt generiert und als sehr komplexe *Shapes* zur Verfügung ge-

stellt. Selbst an die Blätter auf dem Boden hat der Künstler gedacht. Zur Erzeugung des Bildes wurden aufwendige Lichtsimulationsverfahren verwendet, die eine Vielzahl physikalischer Effekte beinhalten (sogenannte Raytracing-Verfahren). Das führt dazu, dass die Herstellung eines solchen Bildes viele Minuten oder sogar Stunden dauern kann.

lokales Beleuchtungsmodell

Wir machen es uns einfacher und benutzen für unsere dreidimensional wirkenden Objekte die Grafikfunktionalität, die heute jeder Computer zur Verfügung stellt. Hier wird nur ein kleiner Teil der physikalischen Effekte simuliert, gerade so viel, dass es realistisch aussieht und das Bild immer noch sehr schnell erzeugt werden kann – so gibt es zum Beispiel erst einmal keinen Schatten und auch keine Lichtinteraktionen zwischen den Objekten, also keine Spiegelungen oder Brechungen.

Man spricht von einem lokalen Beleuchtungsmodell. Während in Abbildung 14.7 alle Lichtwege von der virtuellen Sonne zu den Blättern der Bäume und auch innerhalb der Bäume berechnet wurden, geht man hier viel einfacher vor.

Zuerst werden die Oberflächen aller Objekte in einzelne Dreiecke zerlegt. Die Szene besteht danach also aus vielen tausend Dreiecken im Raum. Für jedes Dreieck wird nun geprüft, ob man es im aktuellen Bildschirmausschnitt überhaupt sehen kann (es könnte ja auch hinter oder neben dem darzustellenden Teil liegen). Alle sichtbaren Dreiecke werden nun gerastert, d. h. in potentielle Bildschirmpixel zerlegt. Jedem dieser potentiellen Bildschirmpixel wird dabei eine Reihe von Zusatzinformationen wie etwa die Farbe oder seine räumliche Tiefe mitgegeben, um später zu entscheiden, welches der potentiellen Pixel sichtbar ist (nur das an einem Bildschirmpunkt jeweils vorderste). Der Computer kann Abermillionen dieser potentiellen Bildschirmpixel verarbeiten, moderne Grafikkarten sind Hochleistungsrechner mit enormen Eigenschaften und entsprechendem Energieverbrauch bzw. oft auch Preis.

Moderne Computerspiele haben auf dieser Art von Computergrafik äußerst komplexe Darstellungsverfahren aufgebaut, die damit auch realistisch wirkende Landschaften erzeugen können. In Abbildung 14.8 ist ein Bild aus dem Computerspiel Final Fantasy der Firma Crytek zu sehen, bei dem der Spieler in einer komplexen Welt unterwegs ist. Natürlich sind einige Formen noch ein wenig zu kantig, aber es ist abzusehen, dass derlei Szenerien bald so realistisch wie im Film wirken werden. Wir werden in diesem Kapitel nicht ganz so weit kommen, aber einige dreidimensionale Objekte kennenlernen, die für die Herstellung solcher Bilder benötigt werden.

Neben den eben schon erwähnten Dreiecken, aus denen alles aufgebaut wird, kennt Processing zwei räumliche Shapes: Würfel (*box*) und Kugel (*sphere*). Mit Hilfe der virtuellen Beleuchtung und von auf die Objektflächen „aufgeklebten" Bildern realer Oberflächen, sogenannten *Texturen* wird der realistische Eindruck nochmals verstärkt.

Bevor wir uns aber in das 3D-Abenteuer stürzen, wollen wir noch einmal einige Kenntnisse der 2D-Welt wiederholen und ausbauen. Da wir bisher in der Fläche gearbeitet haben, war es ausreichend, alle Positionen mit zwei Koordinaten bzgl. der x- und der y-Achse zu beschreiben. Nun kommt noch die z-Achse hinzu, die per Definition aus dem Bildschirm hinausragt bzw. in die Tiefe des Bildschirms hineinragt. Tiefenwerte von dreidimensionalen Objekten werden in der Computergrafik daher auch oft z-Werte genannt.

Ein drehender Würfel

Ein erstes Beispiel soll veranschaulichen, wie Processing dreidimensionale Geometrie verarbeitet. Der entsprechende Sketch ist nur 15 Zeilen lang, hat es aber in sich. Im *setup()* tun wir durch *size(500,500,**P3D**)* kund, dass wir dreidimensional unterwegs sein wollen, also Processing seine Anzeige im 3D-Modus darstellen soll. In der *draw()*-Prozedur zeichnen wir einen Würfel *box(200)*, wobei der Parameter die Skalierung der Box angibt.

```
void draw(){
  background(100);
  lights();
  // verschiebe Würfel in Bildmitte
  translate(width/2, height/2, -30);
  // rotiere um x-Achse je nach Höhe der Maus
  rotateX(map(mouseY,0,height,0,-TWO_PI));
  // rotiere um y-Achse je nach seitlicher Koordinate der Maus
  rotateY(map(mouseX,0,width,0,-TWO_PI));
  box(200);
}
```

Nachdem wir den Hintergrund grau gezeichnet haben, erzeugt der Befehl *lights()* eine Standardlichtumgebung, die eine Lichtquelle in der Rich-

Texturen

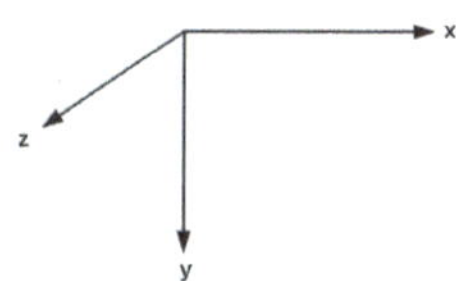

sketch wuerfel

tung des Betrachters (0,0,-1) platziert. Hierdurch erscheint die Fläche des Würfels erst einmal weiß. Wenn wir den Würfel dann über die Maus drehen, so erscheinen die nach oben oder zur Seite zeigenden Flächen grauer, es entsteht ein dreidimensionaler Eindruck.

Für die Drehung bestimmen wir die Mauskoordinaten und rechnen sie in einen Drehwinkel im Bereich $[0.. - 2\pi]$ um. Hierbei wird der Drehwinkel durch die x-Koordinaten verwendet, um den Würfel um die aufrecht stehende y-Achse des 3D-Koordinatensystems zu drehen und die y-Koordinaten für die Drehung um die x-Achse. Hierfür wird die schon behandelte Funktion *map* verwendet, welche die Maus-Werte entsprechend umrechnet.

Eigene 3D-Oberflächen

Im nächsten Schritt wollen wir nun selbst einen Körper zusammenbauen. Hierfür müssen wir alle Seitenflächen des Körpers selbst definieren. Wir verwenden hierfür die *shapes*, die am Anfang des Kapitels für die Ebene beschrieben wurden. Gut ist, dass *vertex* auch mit drei Koordinaten angegeben werden kann, und dann einen Punkt im dreidimensionalen Raum beschreibt.

sketch cylinder

Wir ändern also den Sketch *wuerfel* ab, indem wir statt *box()* eine eigene Prozedur *cylinder()* aufrufen, ebenfalls mit einem Größenparameter. Nennen wir den Sketch deshalb auch *cylinder*. Um den Zylinder zu definieren, verwenden wir ein *QUAD_STRIP* als Datenformat. Hier werden Rechtecke aneinander gesetzt, indem wir jeweils die beiden neuen Eckpunkte für das nächste Rechteck angeben. Das Verfahren entspricht dem *TRIANGLE_STRIP* aus Aufgabe 1. Die Variable *delta* gibt hierbei an, wie viele Seitenflächen wir verwenden wollen.

```
void cylinder(float size) {
    float delta = TWO_PI / 30;
    beginShape(QUAD_STRIP);
    for (float angle = 0; angle < TWO_PI; angle+=delta) {
        vertex(size*cos(angle), -size/2, size*sin(angle));
        vertex(size*cos(angle), size/2, size*sin(angle));
    }
    vertex(size, -size/2,0);
    vertex(size, size/2,0);
    endShape();
}
```

Die beiden Aufrufe von *vertex* nach der *for*-Schleife dienen zum Schließen des Zylinders, weil *CLOSE* als Parameter von *endShape()* an dieser Stelle leider nicht funktioniert – ein Bug im Processing-System!

Eigentlich wollen wir ja beim Zylinder die Seitenflächen nicht einzeln sehen. Zum einen können wir hierfür mit *noStroke()* im Setup das Anzeigen der Begrenzungslinien ausstellen. Das reicht aber nicht. Wir müssen außerdem die Anzahl der Seitenflächen auf hundert erhöhen, bis wir eine kontinuierlich wirkende Darstellung erhalten.

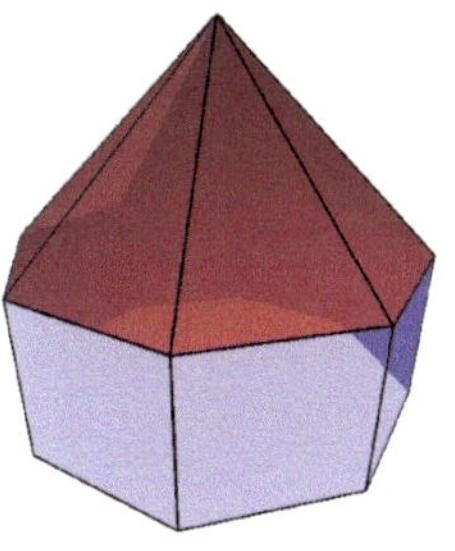

Aufgabe 5

Erstellen Sie nun selbst eine 3D-Figur: Eine achtseitige regelmäßige Pyramide ist Dach für eine regelmäßige achtseitige Säule. Letztere ist bereits im Sketch *cylinder* zu finden.

Komplexe Dreiecksflächen

Eines der ältesten 3D-Modelle der Computergrafik ist die bekannte "Utah-Teekanne" von Martin Newell. Diese Teekanne wurde weltberühmt. Selbst in Filmen wie *Toy Story* ist sie zu sehen.

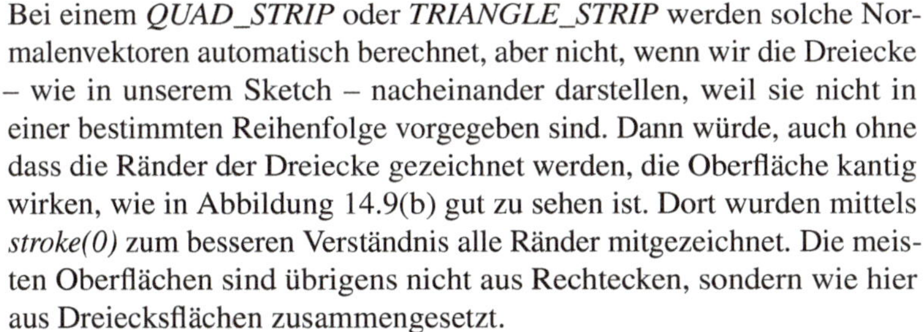

In unserem nächsten Beispiel, dem Sketch *geometrie*, laden wir eine andere, aber nicht weniger komplexe Geometrie. Es handelt sich um eine eingescannte kleine Büste, die wir auf ähnliche Weise darstellen.

Das Datenformat besteht aus einer Textdatei, die Sie mit einem Texteditor ansehen können. Es speichert die Daten über Listen von Vertices, von Normalenvektoren und von Flächenbeschreibungen. Für jeden Vertex wird ein Normalenvektor angegeben, um eine glatte Geometriedarstellung zu erhalten, wenn die Flächen einzeln (also nicht als *TRIANGLE_STRIP*) angezeigt werden. Der Normalenvektor zeigt senkrecht von der Fläche weg in den Raum und wird für die Lichtberechnung benötigt.

*Sketch
geometrie*

Bei einem *QUAD_STRIP* oder *TRIANGLE_STRIP* werden solche Normalenvektoren automatisch berechnet, aber nicht, wenn wir die Dreiecke – wie in unserem Sketch – nacheinander darstellen, weil sie nicht in einer bestimmten Reihenfolge vorgegeben sind. Dann würde, auch ohne dass die Ränder der Dreiecke gezeichnet werden, die Oberfläche kantig wirken, wie in Abbildung 14.9(b) gut zu sehen ist. Dort wurden mittels *stroke(0)* zum besseren Verständnis alle Ränder mitgezeichnet. Die meisten Oberflächen sind übrigens nicht aus Rechtecken, sondern wie hier aus Dreiecksflächen zusammengesetzt.

Die Daten sind im sogenannten *OBJ*-Datenformat gespeichert, ein Format, das für viele geometrische Objekte verwendet wird. Wir haben dazu einen ganz einfachen Einlesecode geschrieben, der einen Teil des wesentlich umfangreicheren Datenformats lesen kann. Wenn Sie solche Daten erzeugen wollen, so installieren Sie sich das freie Programm *Meshlab*, laden eine Geometrie dort hinein (das Programm kann viele Formate lesen) und exportieren die Daten dann im *OBJ*-Datenformat, wobei Sie alle Farb-, Textur- und Materialinformationen weglassen.

OBJ-Dateiformat

In einer OBJ-Datei sind die Vertices, Normalenvektoren und Flächendefinitionen jeweils in einer Zeile angegeben. Ein Vertex wird mit 'v' angegeben, eine Normale mit 'vn' und eine Fläche mit 'f'. Während wir die Daten einlesen, füllen wir daher ArrayLists mit den entsprechenden Objekten, die Klassen sind am Anfang unseres Sketches definiert. Hier ein winziger Auszug aus einer OBJ-Datei:

```
...
vn -0.250888 -0.010256 -0.967962
v -160.102005 -359.964996 -1693.459961
...
f 1197//1197 1211//1211 1//1
```

Während Vertex und Normale mit jeweils drei Koordinaten angegeben werden, zeigt die Flächenbeschreibung auf die Einträge in der Vertexliste und Normalenvektorliste. Im obigen Beispiel werden die Vertices 1197, 1211 und 1 aus der Liste genommen und die Normalen mit denselben Nummern aus der Normalenvektorliste.

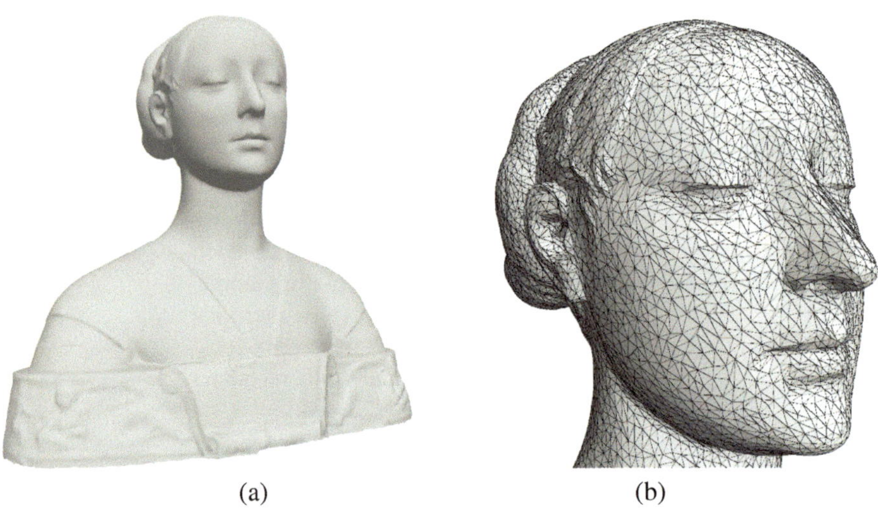

(a)   (b)

Noch etwas ist in diesem Sketch hinzugekommen: Wir können neben der Orientierung der Geometrie nun auch die Richtung des Lichts verändern. Im Sketch sind zwei Lichtdefinitionen: Das ambiente Licht stellt eine Grundhelligkeit ein, die an allen Orten auf der Geometrie gelten soll. Das direktionale Licht hingegen wirkt wie eine Lampe und lässt Teile der Geometrie heller erscheinen, andere dunkler. So gewinnt die Darstellung an räumlicher Tiefe. Bewegen Sie die Lichtquelle, indem Sie die rechte Maustaste drücken.

Texturen

Oben hatten wir ja schon gesagt, dass Texturen – Fotos von realen Oberflächen – den Realismus der dargestellten 3D-Objekte stark erhöhen können. Dazu versehen wir nun das Beispiel des drehenden Würfels mit einer Textur, die in Abbildung 14.10(a) zu sehen ist. In einem einzigen Bild werden hier alle Flächen des Würfels dargestellt.

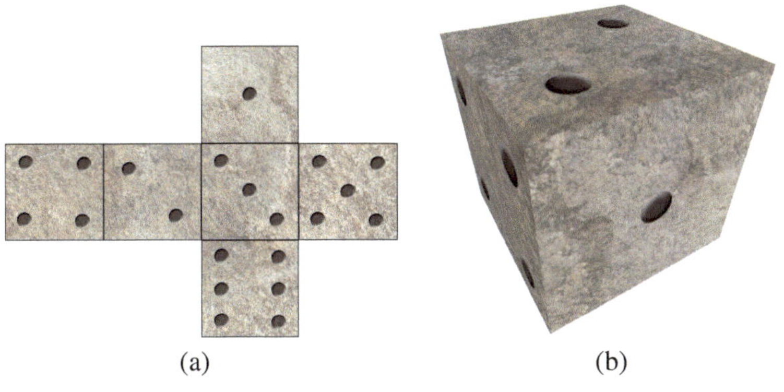

(a) (b)

Abbildung 14.10
a) Texturbild mit den Flächen des Würfels
b) texturierter 3D-Würfel

Die Frage ist nun, wie wir die Teile des Texturbildes auf die einzelnen Seitenflächen des Würfels bekommen. Im Sketch *wuerfelTextur* ist das in der Prozedur *boxTextured()* zu sehen. Dort sind bei jeder Angabe eines Vertex zusätzlich zu den drei Koordinaten noch zwei Texturkoordinaten mit angegeben. Diese bezeichnen das Pixel im Texturbild, welches am Punkt der Koordinate zu sehen sein soll. Auf die durch die Vertices bezeichnete Seitenfläche des Würfels wird nun das Bild der Textur so projiziert, dass an den Eckpunkten diese Pixel zu liegen kommen und zwischen den Eckpunkten wird die dazwischenliegende Bildinformation entsprechend interpoliert.

sketch
wuerfelTextur

Aufgabe 6

Erweitern Sie den Sketch nun so, dass der Würfel auf einem kleinen Holztisch liegt. Die Tischplatte können Sie einfach über ein großes, flaches Rechteck implementieren, welches Sie natürlich auch mit einer Textur versehen sollten.

Viele Rotationen

In unserem nächsten Projekt möchten wir Sie ein wenig näher mit Rotationen im Raum und der Verwendung des grafischen Kontextes vertraut machen. Schon ganz am Anfang des Buches hatten wir klar gemacht, dass sich alle Grafikbefehle immer auf den aktuellen Kontext, also die eingestellte Farbe, Textur und auch Orientierung beziehen. Diese Orientierung lässt sich mit dem Befehl *pushmatrix()* auf einem internen Stapel ablegen und mit *popmatrix()* wieder laden. Wenn man am Anfang einer Prozedur *pushmatrix()* aufruft, kann man verändern, was man möchte. Der ursprüngliche Kontext wird dann am Ende der Prozedur mit *popmatrix()* wieder hergestellt.

Unser Projekt ist ambitioniert: Wir erzeugen 86 verschiedene Rotationen und 61 3D-Körper in einem einzigen Sketch *rotationen*. Bereits in Kapitel 6 ließen wir eine Ellipse sowohl um die z-Achse, als auch um x- und y-Achse rotieren. In Abbildung 14.11 werden ganz analog die magenta-farbenen großen Speichen des Objektes um die z-Achse gedreht, die ja in das Bild hineinragt. Die kleineren rötlichen Speichen der roten Kugeln werden hingegen um die x-Achse und die kleinsten Speichen um die y-Achse gedreht.

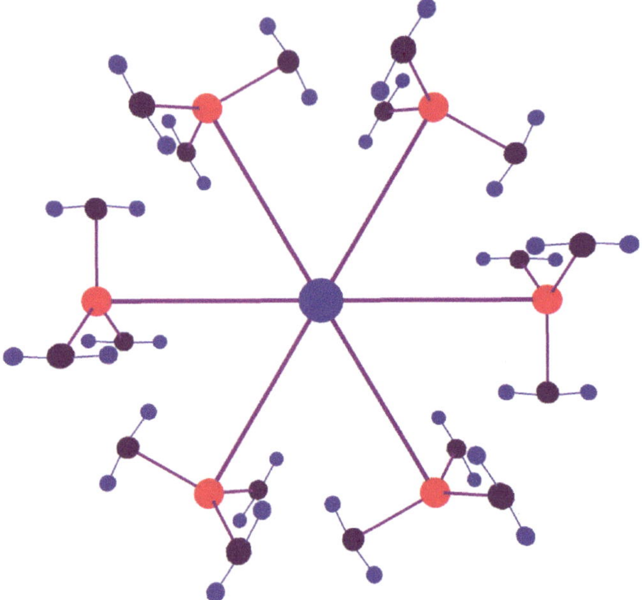

Die Größe der Winkelinkremente für *alpha*, *beta*, *gamma* und *delta* bestimmt hierbei die Geschwindigkeiten der Drehungen, das Vorzeichen die Richtung. Winkel *alpha* ist für das große Rad zuständig, *beta* für das rote und *gamma* für das grüne Rad.

Aufgabe 7

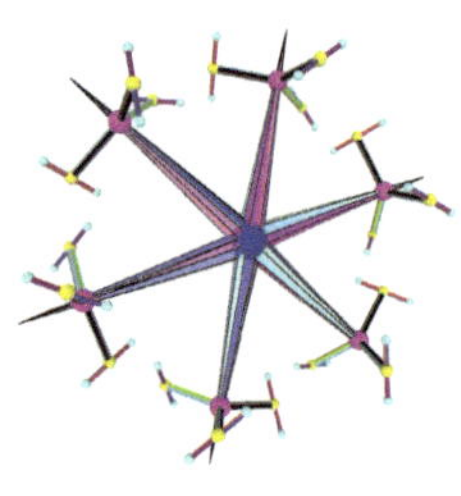

Versuchen Sie, den Programmcode im Sketch *rotationen* nachzuvollziehen. Sie werden feststellen, dass es, trotz der zahllosen Rotationen um die verschiedensten Achsen, recht einfach ist, den Algorithmus zu verstehen. Einziger Wermutstropfen: So richtig dreidimensional sehen die Strecken und Kreise nicht aus. Dem helfen Sie nun ab. Aus den Strecken sollen Pyramiden, Zylinder und Prismen werden und aus den Kreisen Kugeln. (Aufgabe 5 hilft hier weiter.) Danach sorgen Sie dafür, dass sich die Achsen selbst ebenfalls drehen.

Nebenläufige Programmierung

Prozessorkerne und Threads

© Springer Fachmedien Wiesbaden GmbH, ein Teil von Springer Nature 2018
O. Deussen, T. Ningelgen, *Programmieren lernen mit Computergrafik*,
https://doi.org/10.1007/978-3-658-21145-5_15

Wie viele *Kerne* (Cores) hat der Prozessor des Computers, an dem Sie gerade arbeiten? Ohne die genaue Antwort zu kennen, können wir davon ausgehen, dass es mehrere sind. In diesem Kapitel wollen wir erklären, was ein Kern ist und welche Vorteile es bringt, mehrere davon zu haben. Wenn Ihnen das schon alles längst bekannt ist, überlesen Sie doch einfach die nächsten Abschnitte.

Mit jedem Jahr wurden die Rechner schneller. Der Gewinn an Geschwindigkeit konnte anfangs durch immer höhere Taktfrequenzen der Prozessoren erreicht werden. In den letzten Jahren hat sich an dieser Frequenz allerdings nur noch wenig geändert. Das Maximum liegt bei 4 GHz, damit kann der Prozessor 4 Milliarden Befehle pro Sekunde ausführen. Er kann also in einer Sekunde von 1 bis 4 Milliarden zählen – das sollte man sich einmal bewusst machen, um zu verstehen, was ein normaler Computer heute schon leisten kann. Dennoch streben die Computerhersteller immer leistungsfähigere Systeme an. Will man jedoch mit noch höheren Frequenzen arbeiten, so müssen aufwendige Kühlsysteme benutzt werden und dies führt zu größerer Lautstärke und höherem Energieverbrauch bei gleichzeitig nur geringem Gewinn an Geschwindigkeit.

Erheblich größere Vorteile verspricht man sich deshalb von *Multicore-Prozessoren*. Hiermit kann man Rechenaufgaben von zwei, vier oder von acht Prozessorkernen parallel erledigen lassen. Ein *Core* ist ein Hauptprozessorkern, auf dem alle Komponenten zum Rechnen vorhanden sind, nicht aber der Speicher (typischerweise gibt es nur kleine Zwischenspeicher). Alle Kerne müssen sich also den Speicher teilen und in geeigneter Weise auf ihn zugreifen. Wir werden gleich noch sehen, dass das nicht ganz einfach ist.

Selbst wenn kein rechnerisch anspruchsvolles Programm auf einem *Mehrkern-Prozessor* (Multi-core) läuft, ist ein Gewinn an Geschwindigkeit zu spüren, denn auch ohne unsere Eingaben hat ein Rechner immer etwas zu tun. Das Betriebssystem mit seinen meist automatisch gestarteten Programmen und Diensten beschäftigen ihn auch ohne unser Zutun. Mit einigem Glück ist aber immer ein Kern arbeitslos und kann von uns gewünschte Jobs erledigen.

15.1 Threads

In einem einführenden Beispiel wollen wir ganz grob erklären, wie man die Kerne beschäftigen kann. Im Sketch-Ordner *RechnenMultithread-Demo* finden Sie zwei Rechenbeispiele, in denen einige Milliarden Rechenschritte durchgeführt werden müssen, um ein Ergebnis zu erhalten. Wir rechnen hier nichts Sinnvolles, wollen den Prozessor nur ein wenig beschäftigen. Im Sketch *rechnenOhneThreads* gibt es hierfür die Prozedur *computeSomething()*, die eine lange Rechnung ausführt. Diese Prozedur rufen wir in *setup()* so oft auf, wie der Rechner Kerne hat. Da auf diese Weise leider aber nur einer der Kerne benutzt wird, dauert es ein Weilchen, bis die Arbeit getan ist. Die Ausgabe des Programms könnte dann so aussehen:

Der Prozessor hat 4 Kerne
1.5353436153503854
1.9558914085411678
1.4196726455825162
0.4196843842390918
Rechenzeit: 16.718 Sekunden Ergebnis: 5.330592053713161

Im Sketch *rechnenMitThreads* ist das anders. Wenn Sie ihn aufrufen, so werden Sie sehen, dass dieselbe Aufgabe deutlich schneller erledigt wird, vorausgesetzt natürlich, Ihr Prozessor hat mehr als einen Kern. Um die Kerne anzusprechen, müssen wir die Arbeit in sogenannte *Threads* aufteilen, ein Thread ist dem Namen nach ein Faden, im Zusammenhang mit Programmierung aber meint man damit einen Rechenprozess, der vom Hauptprozess abgespalten werden kann und dann eigenständig in einem der Prozessorkerne abläuft.

Ein Thread wird von einer in Java schon vorhandenen Klasse Thread abgeleitet. Man muss hier nur den Konstruktor und die *run()*-Methode ausprogrammieren und den Thread im *setup()* dann mit *start()* starten. Nach ein paar Sekunden wird eine Ausgabe erscheinen, die ähnlich zu folgender ist:

Der Prozessor hat 4 Kerne
0.4196843842390918
1.4196726455825162
1.5353436153503854
1.9558914085411678
Gesamtzeit: 6.014 Sekunden Ergebnis: 5.330592053713161

Wir sehen, das Ganze ist deutlich schneller, das Endergebnis ist dasselbe, aber die Einzelergebnisse der Threads erscheinen in einer anderen Reihenfolge als beim Rechnen ohne Threads. Das liegt daran, dass die Threads zwar alle auf einen anderen Prozessorkern verteilt werden, aber nicht alle zur selben Zeit fertig sind, weil die Kerne nebenbei auch noch andere Dinge zu tun haben.

Es handelt sich bei der Verwendung von Threads also um eine *asynchrone* Programmierung, alle Threads laufen unabhängig voneinander und auch vom Hauptprogramm ab. Daher müssen wir, bevor wir das Endergebnis ausgeben, erst einmal sicherstellen, dass alle Threads auch beendet wurden. Das geschieht in der *do-while*-Schleife, in der die Threads immer wieder auf *isAlive()* abgefragt werden. Nur wenn keiner mehr lebt, also rechnet, wird das Endergebnis ausgegeben.

Jetzt ändern Sie die Anzahl der erzeugten Threads bitte auf die Anzahl der Prozessorkerne plus Eins. Das Ergebnis wird jetzt etwas länger dauern, weil wir mehr Threads erzeugt haben, als von den Kernen des Prozessors parallel bearbeitet werden können. Der Scheduler (Aufgabenverwalter) des Betriebssystems muss die Threads nun immer wieder

*Sketch
rechnenMitThreads*

*asynchrone
Programmierung*

unterbrechen, um einen anderen Thread rechnen zu lassen, das verlängert die Rechenzeit. Probieren Sie, was geschieht, wenn Sie immer mehr Threads starten (wobei die Rechenzeit pro Thread dann vielleicht entsprechend kleiner sein sollte). Wie verändert sich die Laufzeit des Programms?

15.2   Unerwünscht bunte Quadrate

sketch Quadrate

Mit der Asynchronität der Threads ist nicht ganz leicht umzugehen, denn sie macht es notwendig, die Threads immer wieder im Programm quasi von Hand zu synchronisieren. Im Sketch *quadrate* ist zu sehen, was ansonsten geschehen kann. Die Ausgabe ist hier ein Fenster, in dem ein Quadrat gemalt wird. Dazu werden für jede Ausgabe in *draw()* nacheinander drei Threads erzeugt, die das Quadrat in jeweils einer anderen Farbe malen sollen, die Farbe wird durch den Parameter *count* bestimmt. Normalerweise würde nun ein Thread nach dem anderen ablaufen und nur die Farbe des letzten Threads (blau) würde schließlich im Fenster erscheinen, da ja alle anderen Farben durch den jeweils nachfolgenden Thread übermalt würden. Tatsächlich aber laufen die Threads asynchron ab und so erscheint das Fenster in unterschiedlichen Farben, weil bei jedem neuen *draw()*-Aufruf ein anderer Thread der letzte ist.

Diese unterschiedliche Farbe soll hier symbolisieren, was geschehen kann, wenn verschiedene Threads unsynchronisiert auf dieselbe (Speicher-) Stelle zugreifen: Es ist dann nämlich nicht mehr eindeutig, welche Werte nach den Zugriffen dort vorhanden sind. In der Thread-Klasse gibt es deshalb verschiedene Synchronisationsmethoden, die wir hier aber nicht weiter ausführen möchten. Stattdessen sei auf die Dokumentation der Klasse und auch die vielen Beispiele im Internet verwiesen.

Halten wir fest: Multithreading ist einfach, wenn sich die Rechnung in mehrere voneinander unabhängige Teile zerlegen lässt. Könnte man dann nicht auch Rechnungen zur Bildbearbeitung auf einfache Weise in Teilrechnungen zerlegen? Jeder Core könnte die Rechnung für einen Teil des Bildes ausführen und am Schluss würden die Teilbilder einfach zusammengesetzt. Bildbearbeitungsprogramme, wie etwa *Photoshop*, nutzen solche Techniken schon lange. Vielfach wird auch noch die Grafikkarte in der Rechnung mit einbezogen, denn diese hat mitunter mehr als tausend sogenannte *Shadereinheiten*, welche im Wesentlichen nichts anderes als auf Integer-Rechnungen spezialisierte Prozessorkerne darstellen.

15.3   Parallele Erzeugung eines Bildes

Ein kleines Beispiel soll verdeutlichen, wie wir ein Bild auf diese Weise erzeugen können. Wir wollen einen Kreis malen, indem wir viele kleine

Punkte zufällig erzeugen und diejenigen, die innerhalb des Kreises sind, blau einfärben und den Rest rot. Im Sketch *einfacherKreis* ist zu sehen, wie man das in einem einfachen Processing-Programm realisiert. Im Beispiel ist das Tempo von Processing absichtlich über *frameRate()* etwas gedrosselt, damit man das Zeichnen gut sehen kann.

Nun wollen wir dasselbe über einige Threads erledigen. Da die Threads unabhängig voneinander arbeiten sollen, müssen sie auch auf unabhängige Zeichenflächen malen, die man nicht gleich sehen soll, die also quasi im Hintergrund die Teilbilder erzeugen. Dafür legen wir in jedem Thread ein *PGraphics*-Objekt an, das genau dies ermöglicht. Es verhält sich so wie die normale Zeichenfläche, man kann alle gewohnten Zeichenoperationen durchführen, nur sieht man das Ergebnis nicht. Stattdessen werden die Objekte in ein *PImage* gemalt. Wichtig dabei ist, dass man jedes Zeichnen mit *beginDraw()* einleitet und mit *endDraw()* beendet.

Im Sketch *parallelerKreis* wird genau dies gemacht. Jeder Thread muss einen Teil der gesamten Fläche in seinem entsprechend kleineren *PGraphics*-Objekt mit Kreisen ausfüllen, die Bilder der *PGraphics*-Objekte werden dann in der *draw()*-Methode zusammengesetzt zum Gesamtergebnis. Hierfür werden die *image()*-Aufrufe auf den *PGraphics*-Objekten ausgeführt, die sich hier wie ein *PImage* verhalten.

Aufgabe 1

Ändern Sie den Sketch so ab, dass ein Quadrat entsteht. Zunächst soll ein Thread die Punkte erzeugen und eintragen. Danach lassen Sie, analog zu obigem Beispiel, vier Threads jeweils nur ein Viertel der Fläche bearbeiten. Jeder Thread soll kleine Kreise mit einer eigenen Farbe eintragen.

Aufgabe 2

Dies ist eine Aufgabe für alle, die schon immer mal ihren Prozessor ausreizen wollten. Aber auch für solche, die sich bei der Berechnung von Fraktalen geärgert haben, dass man mitunter ziemlich lange auf ein Ergebnis warten musste. Aber keine Sorge, die Aufgabe ist nicht schwer. Erinnern Sie sich noch an das Mandelbrot-Fraktal aus Kapitel 10? Implementieren Sie eine einfache Mandelbrotanzeige mit so vielen Threads, wie Ihr Prozessor Kerne hat. Teilen Sie dazu die Ebene in so viele gleichgroße waagrechte Abschnitte, wie es Kerne gibt. Anstelle der zufälligen Punkte verwenden Sie nun Rasterpunkte mit den entsprechenden Farben.

Tipp: Leiten Sie die Klasse MyThread hier nicht von der Klasse *Thread* ab wie in Aufgabe 1. Es kommt dann wegen eines Java-Bugs möglicherweise zu Pixelfehlern. Verwendend Sie stattdessen das Interface *Runnable*:

*Sketch
einfacherKreis*

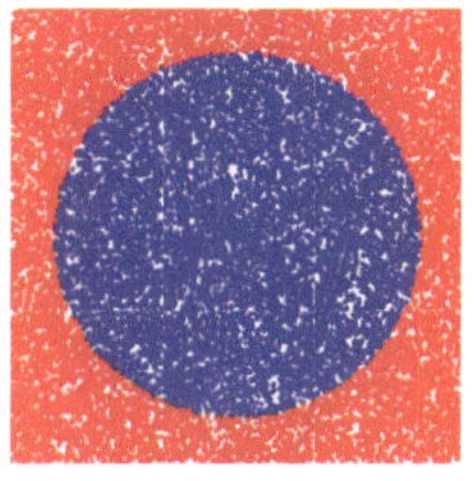

*Sketch
parallelerKreis*

public class MyThread **implements** Runnable{...

Schauen Sie in der Hilfe nach, wie man hier einen Thread startet.

15.4 Unabhängige Objekte

Im obigen Abschnitt ging es um Zeitgewinn. Je mehr Prozessorkerne an der Rechenarbeit beteiligt sind, desto schneller steht das Ergebnis fest. Man könnte das mit einer Wohnung mit vielen zu streichenden Zimmern vergleichen, denn mit vier Malern sind sechs Zimmer deutlich schneller gestrichen als mit einem. Aber es gibt noch ein anderes Problem, das man mit asynchronen Prozessen lösen kann.

Bleiben wir bei den Malern: Hätten wir nur einen angestellt, so würde dieser munter vor sich hin streichen und dann vielleicht plötzlich feststellen, dass er zu wenig Farbe hat. Er müsste warten, bis ihm jemand Farbe gebracht hat und die Arbeit würde ruhen. Hätte man hingegen mehrere Maler, die unabhängig voneinander arbeiten können, so würde es nicht so sehr ins Gewicht fallen, wenn einer einmal eine Pause einlegen müsste.

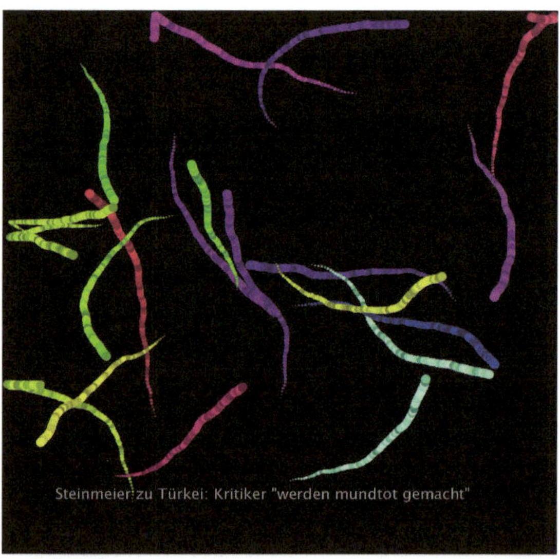

Wenn wir dieses Beispiel auf den Computer übertragen, so heißt das, dass wir unabhängig voneinander ablaufende Aufgaben am besten auf Threads verlagern. Wir wollen dies am Beispiel eines Bildschirmschoners zeigen (Sketch *bildschirmschoner*). Die verschiedenfarbigen „Baby-Schlangen" sind verkürzte Schlangen aus dem Beispiel in Kapitel 4. Sie werden hier nicht von der Maus gezogen, sondern kriechen einen zufälligen Weg.

Sketch
bildschirmschoner

Wir wollen aber nicht nur die Schlangen erzeugen, sondern auf dem Bildschirmschoner die neuesten Nachrichten anzeigen. Hierfür ist ein Webzugriff nötig, der etwas Zeit braucht. Daher ist das Erzeugen der

Schlangen und insbesondere der Webzugriff in jeweils einen Thread ausgelagert. Nachdem Sie sich mit dem Sketch ein wenig vertraut gemacht haben, werden Sie zunächst einmal die Definition der Threads vermissen.

Das liegt daran, dass Processing einen versteckten (und vereinfachten) Threadaufruf ermöglicht. Man gibt der Prozedur *thread()* als Zeichenkette die Bezeichnung der Prozedur mit, die man in einem Thread aufrufen möchte. Parameter können hierbei keine übergeben werden. Im Sketch nutzen wir dies für die Schlangenerzeugung und den Webzugriff. Testen Sie nun zuerst einmal, was passiert, wenn Sie statt *thread(„webzugriff")* die Methode *webzugriff()* direkt aufrufen und keinen Thread anstoßen. Sie werden feststellen, dass das Programm jetzt stockt und dadurch unbrauchbar wird.

Jetzt schauen wir uns den Webzugriff etwas genauer an. Wir greifen über eine URL (Uniform Resource Locator, eine Adresse im WWW) auf eine Webseite zu, die einen Webservice anbietet, einen sogenannten RSS-Feed. RSS steht für *Rich Side Summary* und ist ein Protokoll, das für Nachrichten verwendet wird. Feed (füttern, Fütterung) steht dafür, den Benutzer des Services ständig mit neuen Inhalten zu füttern. Wenn man solch einen Webserver anspricht, so liefert er die neuesten Nachrichten in Form einer XML-Datei zurück. Das ist eine Textdatei, die in einer strukturierten Weise aufgebaut ist. Schauen Sie sich die Datei "test.txt" im Sketch-Ordner des Bildschirmschoners an, die das Programm bei jedem Webzugriff sichert. Diese gibt der Webservice auf Anfrage zurück.

XML-Dateien

Auf den ersten Blick ist das reichlich verwirrend, aber bei genauerem Hinsehen kann man eine Struktur erkennen. Die Datei besteht im wesentlichen aus Elementen, die durch `<name>` und `</name>` eingeschlossen sind. Elemente können auch in anderen Elementen eingeschlossen sein. So ist der von uns gesuchte Nachrichtentitel in einem `<channel>` (oberste Ebene) und dort in einem `<item>` (nächst tiefere Ebene) zu finden, er ist durch `<title>` und `</title>` eingeschlossen.

Suchen Sie einfach im Text nach `<title>` und Sie werden die gewünschten Titel der Nachrichten finden. Das Gute an dieser Strukturierung ist, dass ein Computerprogramm nun ganz einfach alle Titel aus der Datei herausfinden kann, indem es nach den durch `<title>` und `</title>` eingeschlossenen Texten sucht, die ihrerseits wieder in `<item>` und `<channel>` eingeschlossen sind.

Dieser verschachtelte Aufbau der Datei wird von Processing automatisch beim Einlesen in eine Datenstruktur *XML* umgewandelt, auf der man dann die Elemente suchen kann. So ist `<channel>` ein Unterelement (Kind) der Hauptebene, `<item>` ein Kind von `<channel>` und `<title>` eines von `<item>`. Mit dem Aufruf von

```
XML[] titleXMLElements = rss.getChildren("channel/item/title");
```


RSS-Feed

bekommen wir ein Array von XML-Elementen, welche die Urenkel des XML-Elements *rss* sind – *rss.getChildren()* liest die Kinder von "title", als Kinder von "channel" als Kinder von "rss", was die gesamte Datei repräsentiert.

Um die weiteren Zugriffsmöglichkeiten kennenzulernen, empfiehlt es sich, die Dokumentation von *XML* anzuschauen. An dieser Stelle ist noch zu erwähnen, dass manche XML-Elemente, wie etwa das rss-Element, Parameter enthalten können:

```
<rss xmlns:content="http://purl.org/rss/1.0/
  modules/content/"  version="2.0"  >.
```

Hier sind es zwei Parameter, einmal eine URL mit einer Definition eines Namensraums (Name Space), in der festgelegt ist, welche Namen für die XML-Elemente vorkommen dürfen und was sie bedeuten. Je nach RSS Feed können ganz unterschiedliche Namensräume verwendet werden, z. B. für Geodaten oder mathematische Feeds. Der zweite Parameter ist die Versionsnummer des Protokolls.

Aufgabe 3

Stellen Sie zusätzlich zum Nachrichtentitel auch den Nachrichtenkurztext unter dem Titel dar (vielleicht in einem kleineren Font), dieser Text ist im Feld `<description>` zu finden. Informieren Sie sich dazu über die Processing-XML-Verarbeitung und stellen Sie sie so ein, dass die jeweilige "Description" zu den Titeln herausgefunden wird.

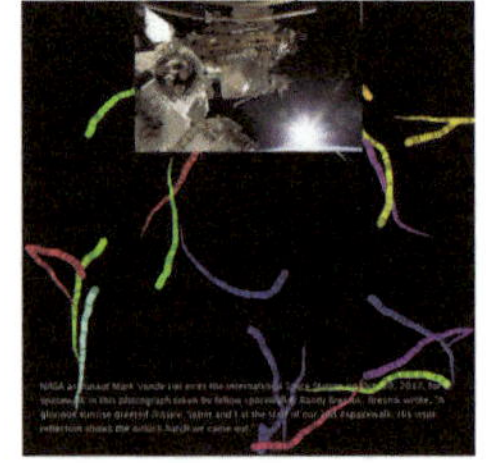

Aufgabe 4

Die Nasa hat ein riesiges Archiv beeindruckender Bilder des Weltalls. Sie stellt unter

https://www.nasa.gov/rss/dyn/lg_image_of_the_day.rss

einen RSS-Feed mit einem ausgewählten Bild des Tages zur Verfügung. Lesen Sie diesen Feed ein und stellen Sie das Bild mit der Bilduntertschrift anstelle der News-Titel im Bildschirmschoner dar.

15.5 Frequenzzerlegung

Momentan haben Standard-PCs oft 8-Core-Prozessoren, bald werden es 16-Core-Prozessoren sein und irgendwann sicher noch mehr. Gibt es denn überhaupt Programme, die so viele Kerne beschäftigen können? In diesem Abschnitt werden wir anhand einer Aufgabe der Bildbearbeitung zeigen, dass wir mühelos auch 1024 Cores beschäftigen können.

Die Operation, die wir hier beispielhaft behandeln, heißt Frequenzanalyse und wird mit Hilfe der *Fouriertransformation* durchgeführt. Hiermit kann man auch Bilder bearbeiten und – hat man sie erst einmal berechnet – sehr effiziente Bildfilter anwenden. Man kann sie auch benutzen, um Musik zu bearbeiten. Es lohnt sich also, wenn Sie sich mit den folgenden Abschnitten beschäftigen.

Wenn wir mit Bildern arbeiten, so müssen wir zuerst klären, mit welcher Größe wir zu rechnen haben. Bereits bei Smartphones sind heute 4000×3000 Pixel keine Seltenheit. Die Operation, mit der wir es hier zu tun haben werden, kommt dann leicht auf 100 Milliarden komplexe Rechenoperationen und auf einmal sind 4 Milliarden Schritte pro Sekunde, die man mit einem ordentlichen Prozessor erreichen kann, viel zu wenig, um interaktiv mit Frequenzanalyse zu arbeiten.

Fouriertransformation

Bisher wurden digitale Bilder im sogenannten *Ortsraum* definiert. Stellen Sie sich eine beliebige Zeile eines Graustufenbildes als x-Achse vor. Jedem ganzzahligen x-Wert wird ein Grauwert (hier zwischen 0 und 255) zugeordnet. Der Ortsraum besteht also aus der x-Achse für die Bildpixel, während ihre Grauwerte auf der y-Achse aufgezeichnet werden. Für ein ganzes Bild würde man die Bildpixel z. B. auf der x- und z-Achse anordnen, und ihre Werte wieder entlang der y-Achse auftragen.

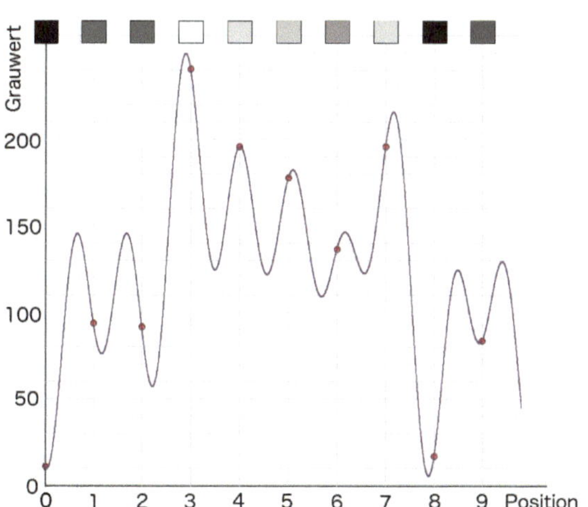

Diese Werte sind diskrete Punkte im Ortsraum, die wir durch *Interpolation* als Funktionswerte einer Funktion darstellen können. Wie wir das anstellen ist im Moment nicht wichtig. Sie können es sich aber im Sketch *einDimDFTPlotter* ansehen. Dort werden zehn zufällige Grauwerte über der Position des zugehörigen Pixels eingetragen. Diese zehn Funktionswerte kann man nun approximieren, indem man eine der Tasten von "a"

Fouriertransformation

Abbildung 15.2
Grauwerte einer Zeile mit interpolierender, kontinuierliche Funktion im Ortsraum

bis "j" drückt. Mit der Taste "a" bekommt man den Mittelwert als waagrechte Gerade. Mit Taste "b" wird nun schon eine Sinusfunktion zum Mittelwert addiert, deren Wellenlänge genau der Breite des Ortsraumes entspricht. Mit Taste "c" wird eine weitere Sinusfunktion mit noch kleinerer Wellenlänge zu den beiden ersten Funktionen hinzu addiert. Sind wir bei Taste "j" angelangt, werden alle Grauwerte korrekt getroffen.

Nun kann man jede periodische Funktion (eine Funktion, die sich nach einiger Zeit wiederholt) durch eine Summe von Sinusfunktionen verschiedener Frequenzen beliebig genau approximieren[1]. Dieser Satz liegt auch der Fouriertransformation zugrunde. Mir ihr zerlegt man eine periodische Funktion in ihre Frequenzanteile.

In Abbildung 15.3 ist eine Rechteckfunktion mit ihrem Frequenzspektrum zu sehen (in rot). Die höchsten Frequenzanteile wurden durch einen Filter weggenommen und mit dem Rest wurde die Funktion wieder rekonstruiert (blaue Kurve). Durch die fehlenden Frequenzen ist die Rekonstruktion nicht perfekt, sondern es entstehen sogenannte Überschwinger.

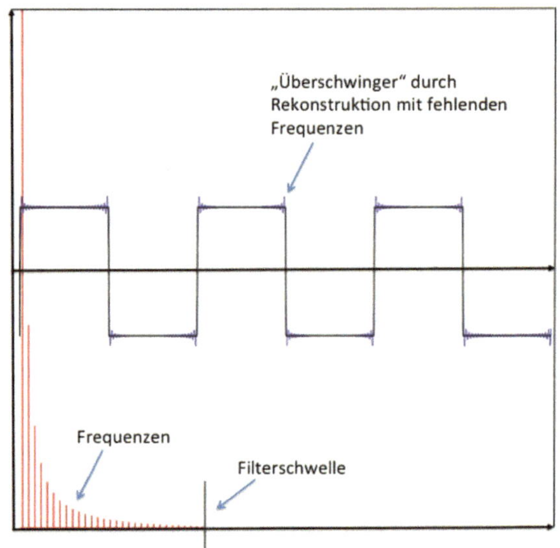

Im Sketch *frequenzanalyse1D* ist diese Darstellung zu sehen. Durch die Zahlen 1-4 können verschiedene Funktionen erzeugt werden. Mit der Maus lässt sich die Frequenz und Amplitude der Funktionen verändern. Über 'f' kann die Filterung der Frequenzen ausgelöst werden, mit '+' und '-' lässt sich die Filterschwelle verändern. Wählen Sie zuerst Funktion '2' und sehen Sie, was geschieht, wenn man nach und nach die Frequenzen wegnimmt. Nun probieren Sie dasselbe mit der Sinusfunktion (Taste '1'). Taste '3' erzeugt eine zufällige Funktion, hier sind auch

---

[1]Da sich unsere Grauwerte erst einmal nicht wiederholen, positionieren wir sie einfach hintereinander. Im zweidimensionalen Fall würde man die Fläche mit den Grauwerten (bzw. das Bild) einfach wie bei einer Textur aneinanderreihen.

die Frequenzen zufällig, Taste '4' schließlich eine Sinusfunktion mit zunehmender Frequenz.

Das Ganze wird realisiert über die Fouriertransformation, die eine Funktion in ihr Frequenzspektrum zerlegt. Dieses Frequenzspektrum ist wieder eine Funktion, die angibt, welche Frequenz wie stark in der Funktion vorkommt und wie die entsprechende Sinusfunktion skaliert werden muss, wenn man später die Funktion wieder zusammensetzen möchte.

Die Fouriertransformation bildet also die Funktion aus dem Ortsraum in eine Funktion im Frequenzraum ab. Und die inverse Fouriertransformation macht das wieder rückgängig, bildet also vom Frequenzraum in den Ortsraum ab. Interessanterweise sieht die inverse Fouriertransformation bis auf einen konstanten Faktor genauso aus wie die Fouriertransformation.

Natürlich ist der mathematische Hintergrund nicht so einfach, wie wir ihn hier geschildert haben. Zum einen arbeitet die Fouriertransformation nicht auf den reellen, sondern auf den komplexen Zahlen (Kapitel 10), zum anderen wendet man solch eine Frequenzzerlegung in der Mathematik nur auf wirklich kontinuierliche Funktionen an. In der Welt der Computer aber muss alles *diskretisiert* werden. Der Speicherplatz jedes Computers ist endlich. Er kann also nicht mit *kontinuierlichen*, und somit unendlichen Datenmengen arbeiten. Diskretisierung ist daher unvermeidbar, wenn der Computer als Werkzeug dienen soll. Erfreulicherweise kann man die Fouriertransformation ohne allzu großen Aufwand ausrechnen.

Diskrete Fouriertransformation

Die diskrete Fouriertransformation (DFT) zerlegt also eine Funktion, die in diskreter Weise vorliegt, also z. B. eine Zeile von 512 Grauwerten eines Bildes in 512 Frequenzen. Allerdings muss sowohl die Eingabe als auch die Ausgabe eine komplexe Zahl sein. Im Falle unserer Grauwerte ist das kein Problem: Wir setzten die Imaginärteile der Zahlen auf Null. Die DFT ist demnach nichts anderes als eine umkehrbare Abbildung von den komplexen Zahlen auf die komplexen Zahlen.

Die linke Seite von Abbildung 15.4 sind Grauwerte von zehn nebeneinanderliegenden Pixeln. In der Spalte mit den Nullen steht der Imaginärteil. Nun wendet man die DFT an und erhält entsprechend viele Frequenzen, die nun allerdings Imaginärteile haben, die von Null verschieden sind. Würde man an ihnen nichts verändern und das Ganze wieder zurück transformieren, so kämen wieder die Ausgangswerte heraus. Im Sketch *frequenzanalyse1D* haben wir stattdessen nur einen Teil der Frequenzen verwendet, um die Ausgangsfunktion zu rekonstruieren. Jetzt schauen wir uns noch einmal diesen Vorgang etwas genauer an. Nimmt man die einfache Sinusfunktion, so sieht man an den Frequenzen, dass im Wesentlichen nur eine Frequenz nötig ist, um sie zu rekonstruieren. Das sollte uns auch nicht verwundern, denn sie besteht nur aus einer Frequenz.[2]

	Ortsraum			Frequenzraum	
1	150.0	0.0		458.530	0.0
2	193.0	0.0		5.959	-1.445
3	240.0	0.0	DFT	50.906	-86.299
4	28.0	0.0	$\Rightarrow$	-136.877	19.181
5	250.0	0.0		103.722	-1.292
6	221.0	0.0	$\Leftarrow$	36.057	50.010
7	16.0	0.0	DFT^{-1}	-136.877	-19.181
8	220.0	0.0		50.906	86.299
9	74.0	0.0		5.959	1.445

Bei der Rechteckfunktion hingegen kommt es schnell zu den Überschwingern. Die harten Kanten der Funktion erfordern eine Rekonstruktion auch mit sehr hohen Frequenzen. Wenn man sie weglässt, so wird die Funktion irgendwann "weicher". Und genau das werden wir gleich bei der zweidimensionalen Version der Fouriertransformation für Bilder verwenden.

Zweidimensionale Transformation

Wir haben eine Zeile mit Grauwerten zunächst als eine eindimensionale Funktion dargestellt und dann beschrieben, wie man die diskreten Grauwerte als komplexe Zahlen interpretiert und durch die diskrete Fouriertransformation in Frequenzanteile umrechnet. Auf dieselbe Weise kann man auch ein Bild als zweidimensionale Funktion auffassen, seine diskreten Grauwerte als komplexe Zahlen interpretieren und eine zweidimensionale DFT anwenden. Dazu werden die Grauwerte in eine Matrix komplexer Zahlen eingefügt und dann per DFT in eine komplexe Matrix des Frequenzraumes umgerechnet.

Nun haben wir das Ergebnis der Fourier-Transformation in Form einer komplexen Matrix K. Wie macht man daraus ein Bild, das die komplexen Zahlen veranschaulicht? Da die Werte in K allesamt komplex sind, kann es nicht ein einzelnes zweidimensionales Bild geben, das alle Informationen enthält. Deshalb erzeugt man daraus zwei Bilder. Ein Bild zeigt das „Powerspektrum" der Fouriertransformierten und das andere das „Phasenspektrum". Wie Sie wissen, bestehen komplexe Zahlen aus einem Real- und Imaginärteil. Man kann sie als einen zweidimensionalen Vektor ansehen, dessen Länge vom Powerspektrum angezeigt wird (die Amplitude einer Welle) und dessen Winkel (die Phase) das Phasenspektrum anzeigt. Damit kann man beide wieder als Grauwertfunktionen in Form von zwei Bildern darstellen. Zusammen besitzen die Bilder die gesamte Information der komplexen Matrix.

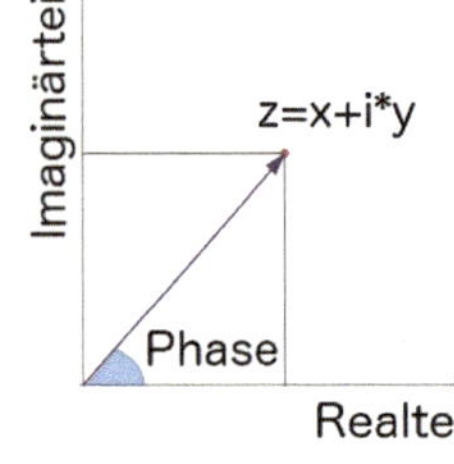

---

[2]Dass die Amplituden der Frequenzen im Sketch so stark variieren, liegt an der DFT und den damit verbundenen Abtastvorgängen. Es sollte uns hier nicht zu sehr stören, denn der grobe Verlauf der Frequenzen ist dennoch gut zu sehen.

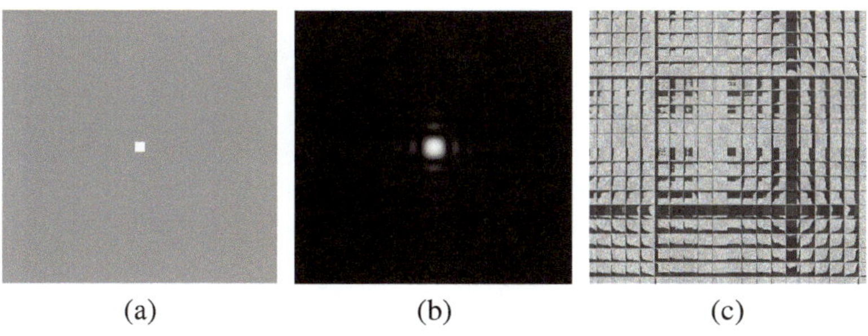

Abschnitt 15.5
Frequenzzerlegung

Abbildung 15.5
Fouriertransformierte
eines Quadrates

(a)   (b)   (c)

In Abbildung 15.5 ist ein Eingabebild mit seinem Powerspektrum und Phasenspektrum zu sehen. Genauso, wie die beiden Spektren das Ergebnis der Fouriertransformation beschreiben, lässt sich auch das Originalbild über zwei Matrizen darstellen, die Länge und Phasenwinkel der Eingabe beschreiben. Nur ist der Phasenwinkel hier überall null. Deshalb haben wir das zugehörige einfarbig schwarze Bild weggelassen. Wie bereits erwähnt ist die DFT eine umkehrbare Funktion. Hat man beide Bilder, dann hat man die komplexe Matrix der DFT. Durch Anwendung der inversen DFT erhält man das Originalbild zurück (und vergisst dann wieder die Phaseninformation).

Die Änderung eines einzigen Pixels im Powerspektrum eines Eingabebildes und die anschießende Anwendung der inverse DFT kann jetzt das ursprüngliche Bild in allen Pixeln gleichzeitig beeinflussen. Damit ergeben sich ungeahnte Möglichkeiten der Bildbearbeitung. Diese werden wir uns in einem eigenen Kapitel ansehen. Zunächst jedoch wollen wir uns einige Bilder und ihr Powerspektrum ansehen.

In Abbildung 15.6 ist oben links eine Sinuswelle zu sehen, die schräg durchs Bild verläuft. Wenn man die Werte des zugehörigen Powerspektrums linear anzeigt (oben rechts), so sieht man nur zwei winzige Punkte, die angeben, dass das Eingabebild aus einer einzigen Frequenz zusammengesetzt ist[3]. Etwas besser sieht man die Punkte, wenn man eine logarithmisierte Abbildung verwendet (untere Reihe), denn hier werden auch sehr kleine Werte sichtbar.

Im Sketch *frequenzanalyse2D* können Sie verschiedene Funktionen und ihre Powerspektren ansehen. Über die Tasten verändern Sie Frequenzen und Winkel, wie auch die Abbildung der Spektren (linear oder logarithmisch).

*Sketch
frequenzanalyse2D*

Abbildung 15.7 zeigt eine Sprungfunktion (Rechteckfunktion), hier sind wie im eindimensionalen Beispiel verschiedene Frequenzen beteiligt. Im unteren Teil sehen wir eine radiale Sinusfunktion, deren Powerspektrum aus Sinusfunktionen einer Frequenz, aber unterschiedlichen Richtungen besteht, es ergibt sich ein Kreis. Probieren Sie im Sketch aus, was geschieht, wenn die Frequenz geändert wird.

In Abbildung 15.8 sehen Sie ein etwas komplizierteres Bild mit zugehörigem Powerspektrum. Wir werden es im nächsten Kapitel bearbeiten,

---

[3]Dass es sich um zwei Punkte und nicht einen einzigen Punkt handelt, hängt mit den Details der Fouriertransformation zusammen, ist hier aber nicht so wichtig.

Abbildung 15.6
Sinusfunktionen mit
Powerspektren: oben
lineare Abbildung, unten
logarithmische

Abbildung 15.7
Sprungfunktion und
radialer Sinus mit
Powerspektren.

um so die verschiedensten Filter zu zeigen. Was man aber schon hier gut sehen kann, ist, dass die horizontalen Linien im Eingabebild im Powerspektrum stark ausgeprägte vertikale Frequenzen erzeugen (vertikale Linie mit hellen Punkten in regelmäßigen Abständen). Auch sieht man die durch den Stern erzeugten schräglaufenden Frequenzen.

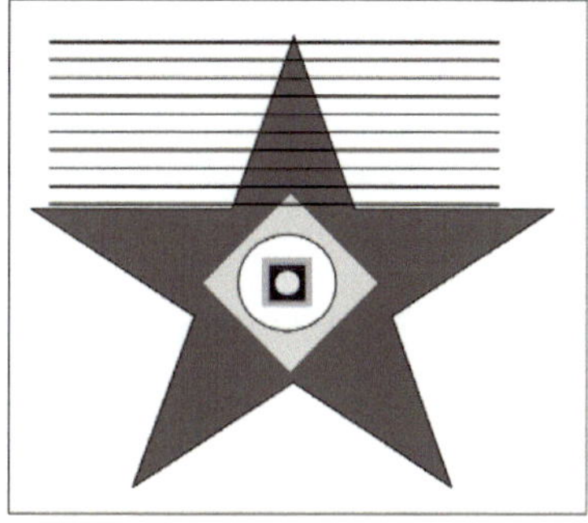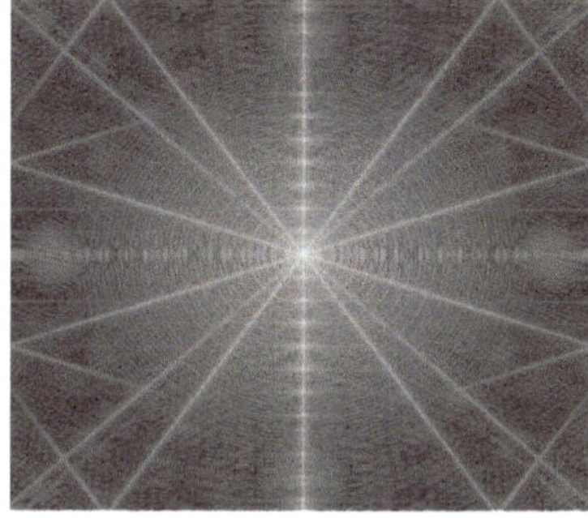

Implementierung mit Threads

Um eine schnellere Implementierung der DFT mittels Threads zu erhalten, müssen wir die Matrizen so „zerhacken", dass jeder Kern einen wohldefinierten Bereich erhält, für den nur er zuständig ist. Glücklicherweise lässt sich die zweidimensionale DFT durch eine Reihe eindimensionaler DFTs erzeugen, die zuerst auf die Zeilen, dann auf die Spalten der Eingabematrix (bzw. des Bildes) angewendet werden. Wir haben das im Sketch *frequenzanalyse2D* auch schon so implementiert. Sehen Sie sich dazu die Datei „fft.pde" des Sketches an. Die entscheidenden Vorgänge sind in der Methode *fft_2D* zu finden.

Zunächst wird jede Zeile transformiert, Wert für Wert. Mehr als die Werte in der betreffenden Zeile benötigt man nicht. Ist das geschehen, werden Zeilen und Spalten vertauscht und dann Wert für Wert transformiert. Auch hier werden dazu nur jeweils die Werte der aktuellen Spalte benötigt. Die Abkürzung FFT, statt wie bisher DFT, soll andeuten, dass ein etwas schnellerer Algorithmus verwendet wurde: Die sogenannte *Fast-Fourier-Transformation*. Die Methoden *zentriereFrequenzen()* und *dezentriereFrequenzen()* sind nur nötig, weil man im Allgemeinen zur Darstellung des Powerspektrums eine Transformation vornimmt, wie sie im Bild 15.9 gezeigt wird.

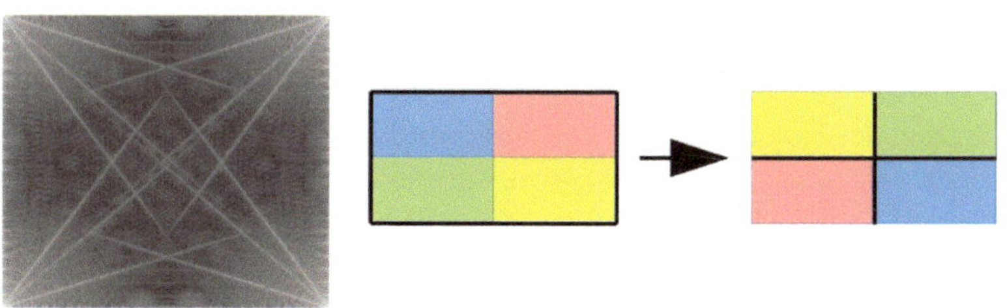

Die Implementierung mit Threads im Sketch *frequenzanalyse2D_Threads* startet nun so viele Threads wie der Prozessor Kerne hat und bearbeitet mit jedem Thread jeweils einen Teil der Zeilen bzw. Spalten. Abbildung 15.10 zeigt das Schema grafisch. Nehmen wir an, es gäbe vier Kerne. Dann wird das Bild in vier gleich große waagrechte Teilbilder zerlegt. Jeder Kern arbeitet seinen Teil Zeile für Zeile ab. Danach wird das Ergebnis in vier gleich große senkrechte Teilbilder zerlegt. Und erneut arbeiten die Kerne genau ihren Teil ab. Der Sketch erlaubt keine Benutzereingabe, misst aber dafür die Durchläufe pro Sekunde. Stellen Sie verschiedene Größen ein (Sie müssen immer die Größe 2^n haben, also 256,512,1024,2048) und schauen Sie, wie sich die Thread-Variante und die Ausführung ohne Threads verhalten. Um zwischen beiden umzuschalten, verwenden Sie den Wert der Variable *arbeitMitThreads*.

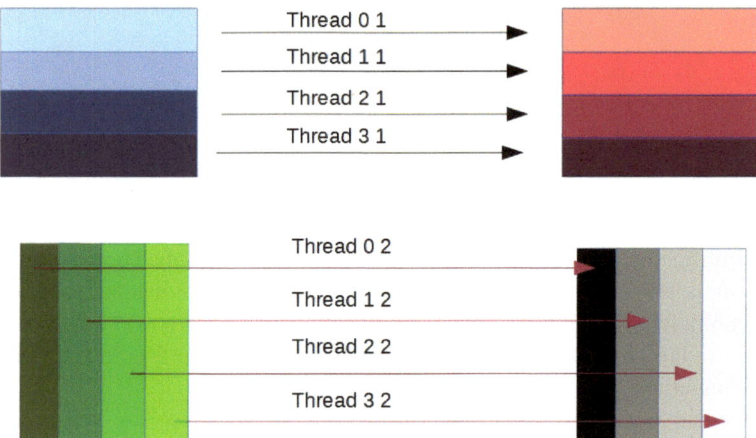

Die schnelle Fouriertransformation eignet sich an sich sehr gut für die Bearbeitung mit Threads. Würde man sie auf einer aktuellen Grafikkarte mit mehreren tausend Kernen laufen lassen, dann müsste ein Thread möglicherweise nur eine einzige Zeile bzw. Spalte bearbeiten. Weshalb ist das so? Die Antwort ist einfach: Jeder Thread kann seinen Job erledigen, ohne dabei Speicherbereiche zu benutzen, die auch andere Threads beschreiben müssen. Zwar lässt sich auch bei gemeinsamem Speicherzugriff Multithreading realisieren, dann allerdings muss man in den betreffenden Methoden den Zugriffsmodifizierer *synchronized* verwenden, so dass der aktuelle an der Methode arbeitende Thread exklusiven Zugang zu diesem Speicherbereich hat. Das verlangsamt allerdings die Ausführung.

Aber auch die Ausführung der Thread-Variante kann eine Überraschung bergen. Es kann nämlich sein, dass sie gar nicht viel schneller ist, als die normale Variante. Das hängt vom verwendeten Rechner und der Anzahl der Kerne ab, die er zur Verfügung stellt. Das Laufzeitverhalten hängt sehr stark davon ab, wie viel Aufwand für den Start eines Threads verwendet werden muss. Sind die Aufgaben für den Thread zu klein, so überwiegt der Aufwand für das Starten des Threads und es wird kaum Zeit gewonnen. Die FFT ist ein Algorithmus, der sich besonders gut für eine hochgradige Parallelisierung eignet, weil man kleine Rechenein-heiten (die Bearbeitung einer Zeile) unabhängig voneinander ausführen kann.

Wenn Sie das Kapitel über Objektorientierung (Kapitel 12) gründlich durchgearbeitet haben, dann wundern Sie sich vielleicht, wie es möglich sein kann, dass die ganzen Thread-Objekte auf ein und derselben Matrix arbeiten können. Der Einwand ist berechtigt, haben wir doch immer wieder betont, dass jedes Objekt seinen eigenen Speicherbereich für seine Attribute bekommt. Es gibt aber durchaus eine Möglichkeit, diesen Automatismus zu umgehen: Man deklariert das betreffende Attribut als *static* oder am besten auch gleich die ganze Fouriertransformations-Klasse, denn dann kann die Klasse selbst eine ihrer *static*-Methoden aufrufen, was ja sonst nur den Objekten der Klasse erlaubt ist.

Wie auch schon in den Sketchen zuvor, erstellen wir eine *ArrayList* für die *Workthreads* und füllen sie mit den ersten Threads, die in der Anzahl z. B. der Anzahl der vorhandenen Kerne entsprechen sollten. Der Konstruktor bekommt die nötigen Informationen und startet die Threads. Am Ende wird gewartet, bis alle fertig sind. Dann werden Zeilen und Spalten vertauscht und die Spalten-Threads sind an der Reihe.

15.6 Bild einlesen

Zum Abschluss ein Thread-Beispiel, das noch einmal die Vorteile die-ser Mechanismen in den Vordergrund rückt. In Processing gibt es die Möglichkeit, Dateien oder ganze Verzeichnisse durch den Benutzer se-lektieren zu lassen. Dafür wird ein Dialogfenster geöffnet, in dem der Benutzer die entsprechenden Orte auswählt. Da Processing nicht auf die Eingabe des Benutzers warten möchte, wird der Dialog als Thread gestartet und erst dann abgeschlossen, wenn der Benutzer das Objekt selektiert hat.

Dies kann aber nur sinnvoll durchgeführt werden, wenn am Ende der Selektion eine Prozedur aufgerufen wird, welche das selektierte Objekt weiter verarbeitet. Im Sketch *dateiAuswahl* wird dies am Einlesen einer Bilddatei demonstriert. In *setup()* findet sich folgende Zeile:

Sketch dateiAuswahl

```
selectInput("Bitte Bilddatei auswählen:", "fileSelected");
```

Hier wird der Selektions-Thread gestartet und gleichzeitig die Prozedur festgelegt, die nach Beendigung des Selektionsprozesses aufgerufen werden soll: „fileSelected". Diese Prozedur ist dann so gestaltet, dass sie ein Bild einliest und das Fenster auf die richtige Größe bringt. Es müssen hier aber ein paar Sonderfälle berücksichtigt werden, daher macht es Sinn, sich die Prozedur einmal genauer anzusehen:

```
void fileSelected(File selection) {
  if (selection == null) {
    println("Keine Datei ausgewählt - beende Programm");
```

```
        exit();
    } else {
        img = loadImage(selection.getAbsolutePath());
        if (img == null) {
            println("Konnte Bild nicht laden - beende Programm");
            exit();
        }
    }
    surface.setResizable(true);
    surface.setSize(img.width, img.height);
    redraw();
}
```

Der erste Sonderfall ist, dass der Benutzer das Fenster schließen kann, dann bekommt die Datei *selection* den Wert *null* und da wir dann nicht weiter arbeiten können, beenden wir das Programm nach Ausgabe einer Fehlermeldung. Es könnte auch sein, dass der Benutzer keine Bilddatei selektiert hat, in diesem Fall hat das eingelesene Bild den Wert *null* und es wird ebenfalls abgebrochen.

Aufgabe 5

Ein weiterer Processing-Dialog ist das Selektieren eines Verzeichnisses mit *selectFolder()*. In diesem Fall erhalten Sie eine Zeichenkette mit dem Ort des Verzeichnisses zurück. Jetzt öffnen Sie das Verzeichnis und geben alle darin enthaltenen Dateinamen aus. Hierzu verwenden Sie die Java-Klasse *File*:

```
file = new File(selection.getAbsolutePath());
```

Sehen Sie in der Dokumentation von Java nach, wie man feststellt, ob die Datei ein Verzeichnis ist und wie man die Inhalte des Verzeichnisses auslesen kann.

16

Bildverarbeitung

Bilder verändern mit Filtern

© Springer Fachmedien Wiesbaden GmbH, ein Teil von Springer Nature 2018
O. Deussen, T. Ningelgen, *Programmieren lernen mit Computergrafik*,
https://doi.org/10.1007/978-3-658-21145-5_16

In den Kapiteln 5 (Bilder) und 6 (Prozeduren) haben Sie schon an einfachen Beispielen gelernt, wie man mit Hilfe von Processing Bilder aus dem Internet oder von der eigenen Digitalkamera bearbeiten kann. In diesem Kapitel wollen wir das Thema noch einmal aufgreifen und einige weitere, etwas komplexere Bildverarbeitungsoperationen durchführen. Dazu werden wir auch die Fouriertransformation aus dem letzten Kapitel heranziehen und verwenden.

Beginnen wir noch einmal mit dem Weichzeichnen. In Kapitel 5 wurde hierfür eine *Faltungsmatrix* verwendet. Um ein Bild weichzuzeichnen diente uns eine 3x3-Matrix, die die Farbe des Pixels in der Mitte, abhängig von den umgebenden Pixeln, neu berechnet. Die Folge dieser Neuberechnung war, dass das veränderte Bild nun weniger Kontrast und somit auch weniger scharfe Kanten aufwies.

Das Ergebnis war damals allerdings noch nicht optimal, denn eigentlich sollte eine deutlich größere Pixel-Umgebung für die Durchschnittsberechnung herangezogen werden. Dabei ist klar, dass nicht alle umgebenden Pixel eine gleichgroße Wirkung auf die Farbe des zu berechnenden Pixels haben sollten. Je weiter weg die Pixel vom Mittelpunkt der Faltungsmatrix liegen (also vom aktuell zu bearbeitenden Pixel), desto geringer sollte ihr Einfluss sein.

Sketch
gaussFilter

Aufgabe 1

Solch eine gewichtete Berechnung erreicht man mit einem hinreichend großen Gaußschen Weichzeichner. Im Ordner *ErweiterteBildbearbeitung* finden Sie eine passende 7×7 Matrix als Textdatei. Die benötigen Sie nun für die folgende Übungsaufgabe: Erstellen Sie einen Sketch, der ein beliebiges JEPG-Bild (mit Dateiendung .jpg) mit der vorgegebenen Gaußmatrix weichzeichnet. Die passende Idee dazu finden Sie im Kapitel 6. Falls das noch nicht genügt, verwenden Sie den noch nicht fertig programmierten Sketch *gaussFilter*, der sich ebenfalls in besagtem Ordner befindet.

Nebenstehendes Bild zeigt im oberen Teil den Ausschnitt eines Portraits (Aufgabenordner: portrait.jpg). Im unteren Teil kann man die Wirkung des Gaußschen Weichzeichners sehen.

Kanten detektieren

Man kann die Faltungsmatrizen aber nicht nur zum Weichzeichnen verwenden, sondern auch, um Kanten in einem Bild zu finden. Die Faltungsmatrix, die wir eben benutzt haben, hat alle Pixel um einen Pixel herum verwendet, um eine Art Durchschnitt zu berechnen. Will man eine Kante hervorheben, muss man stattdessen die Differenz berechnen. Die folgende 3×3-Matrix macht das:

$$\begin{pmatrix} -1 & 0 & 1 \\ -2 & 0 & 2 \\ -1 & 0 & 1 \end{pmatrix}$$

Die Matrix ist so zu lesen, dass man für ein Pixel seinen linken oberen Nachbarn mit minus Eins multipliziert, seinen rechten oberen Nachbarn dazu addiert, seinen linken Nachbarn mit minus Zwei multipliziert und addiert, seinen rechten mit Zwei usw.

Liegen nun um das Pixel herum die folgenden Grauwerte vor:

$$\begin{matrix}
\ddots & \vdots & \vdots & \vdots & \iddots \\
\cdots & 30 & 100 & 100 & \cdots \\
\cdots & 30 & 100 & 100 & \cdots \\
\cdots & 30 & 100 & 100 & \cdots \\
\iddots & \vdots & \vdots & \vdots & \ddots
\end{matrix}$$

so liefert der Filter ein Ergebnis von 210, gibt also ein starkes Signal. Ist die Kante andersherum, so ist das Ergebnis -210, es muss also der Absolutbetrag des Wertes verwendet werden. Was geschieht aber bei folgender Matrix (einer horizontalen Kante im Grauwertbild)?

Sketch
sobelFilter

$$\begin{matrix}
\ddots & \vdots & \vdots & \vdots & \iddots \\
\cdots & 100 & 100 & 100 & \cdots \\
\cdots & 100 & 100 & 100 & \cdots \\
\cdots & 30 & 30 & 30 & \cdots \\
\iddots & \vdots & \vdots & \vdots & \ddots
\end{matrix}$$

Haben Sie die Antwort? Es geschieht nichts bzw. der Filter liefert den Wert Null zurück. Die Faltungsmatrix oben spricht also nur auf vertikale Kanten an und wir benötigen eine zweite Matrix zum Detektieren der horizontalen Kanten:

$$\begin{pmatrix} -1 & -2 & -1 \\ 0 & 0 & 0 \\ 1 & 2 & 1 \end{pmatrix}$$

Erst wenn wir die (Absolut-)Ergebnisse der beiden Filter addieren, erhalten wir für alle im Bild vorhandenen Kanten eine positive Antwort.

Aufgabe 2

Implementieren Sie einen solchen Kantenfilter. Dieser, auch Sobel-Filter genannt, ist einer der einfachsten Kantenfilter. Verwenden Sie dazu die Lösung von Aufgabe 1 und erweitern Sie diese. Das Resultat des Filters ist ein Bild, das überall schwarz und nur an den Kanten hellgrau bis

weiß ist. Verwandeln Sie (über Mittelwertbildung) das Farbbild in ein Graustufenbild. Das so erhaltene Bild muss noch invertiert werden und man erhält ein weißes Bild, das, wie bei einer Bleistiftzeichnung, an den Kanten dunkelgrau bis schwarz ist. Wenn Ihnen das zu viel Arbeit sein sollte, verwenden Sie den noch nicht fertig programmierten Sketch *sobelFilter* im Ordner *ErweiterteBildbearbeitung*.

16.1   Unscharf maskieren

Ein sehr wirkungsvoller Filter, um ein Bild schonend scharf zu zeichnen, ist das *unscharf Maskieren*. Im ersten Augenblick scheint der Name des Filters unpassend zu sein, denn man möchte ja gerade nicht das Bild unscharf machen. Der Filter heißt oft auch „selektives Schärfen" und benutzt eine unscharfe (weichgezeichnete) Version des Bildes als Maske, um eine geschärfte Version des Bildes zu erhalten. In Abbildung 16.1 sehen Sie den Effekt.

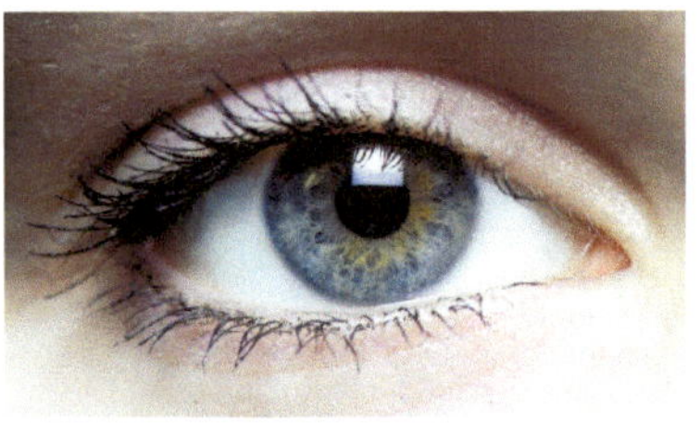
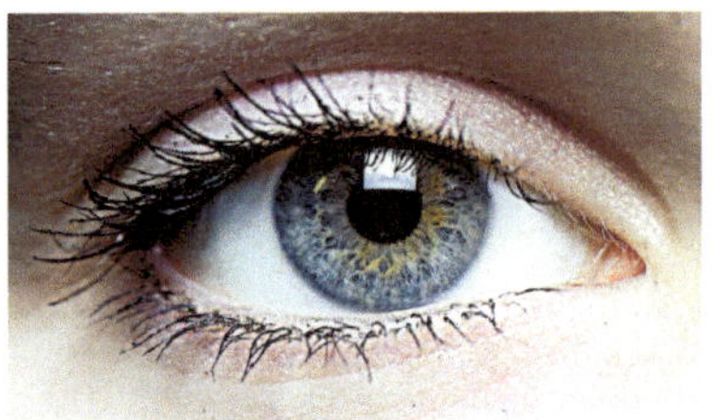

Der Filter nimmt die weichgezeichnete Version des Bildes, zieht die Farbwerte von den Farbwerten des Originalbildes ab und addiert die Differenz zum Originalbild dazu. In Abbildung 16.2 sehen Sie eine Zeile des Originalbildes als Grauwertfunktion und die Wirkung, die der Filter auf sie hat.

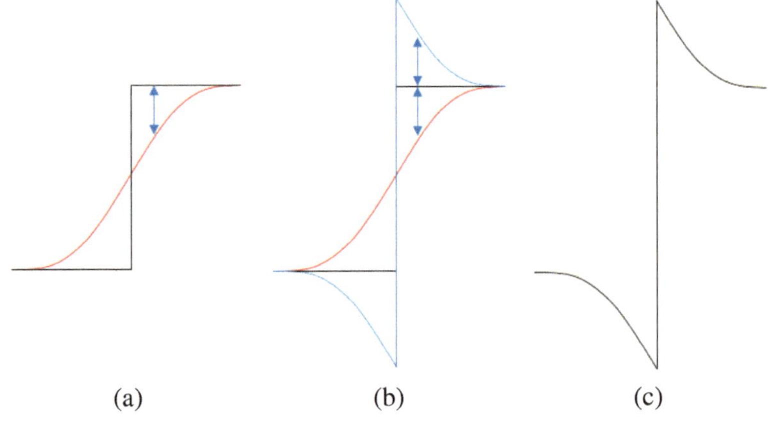

Abbildung 16.2
Unscharf maskieren:
a) Ausgangsfunktion
(schwarz) und weichge-
zeichnete Version;
b) Differenzbildung
(blau); c) Endergebnis
nach Addition der
Differenz.

In Teilbild (a) ist die Grauwertfunktion in schwarz gezeichnet, an der Stelle befindet sich ein Sprung, in einem Bild würde man hier eine Kante sehen. Wendet man einen Weichzeichner auf das Bild an, so wird die

Kante abgemildert (rot), Sie sollten das als Resultat Ihrer Übungsaufgabe oben erhalten. Nun wird der Unterschied zwischen Originalbild und weichgezeichneter Version berechnet und auf das Bild aufaddiert (b) und (c). Um die neuen Farbwerte des Bildes zu berechnen, benötigt man also die Bildfunktion $f(x)$ und die weichgezeichnete Funktion $f(x)_{blurr}$.

Die Funktion für den unscharf-maskieren-Filter $s(x)$ kann nun berechnet werden über:

$$s(x) = f(x) + (f(x) - f(x)_{blurr}) = 2f(x) - f(x)_{blurr}$$

Diese Gleichung zeigt, was getan werden muss: Berechne für alle Pixel und alle drei Farbkanäle die neuen Farben mit obiger Gleichung. Wenn der Rotwert eines Pixels des Originalbildes 140 wäre und der des weichgezeichneten Bildes 120, dann ist der neue Rotwert $2*140 - 120 = 160$. Am einfachsten verwandelt man beide Bilder zunächst in Matrizen, führt dann den Rechenvorgang auf den Matrizen durch und bestimmt aus dem Ergebnis das neue Bild.

Sketch
unscharfMaskierenFilter

Aufgabe 3

Nehmen Sie die Lösung von Aufgabe 2 und erweitern Sie diese zu einem Unscharf-Maskieren-Filter. Führen Sie die oben stehende Rechnung mit den Rot-, Grün- und Blauwerten des Bildes durch und achten Sie darauf, dass die Ergebnisse immer im Bereich von 0 bis 255 liegen. Verwenden Sie dafür die Funktion *constrain()*. Auch hier können Sie, wenn Ihnen das zu viel Arbeit sein sollte, den noch nicht fertig programmierten Sketch *unscharfMaskierenFilter* im Ordner *ErweiterteBildbearbeitung* verwenden.

16.2 Kanten- und Relieffilter

Wenn man die Methode des unscharf Maskierens nur wenig verändert, bekommt man ganz andere, erstaunliche Ergebnisse. Der einzige Unterschied besteht darin, dass man das weichgezeichnete Bild um einige wenige Pixel verschiebt und dann mit dem Eingabebild kombiniert. Außerdem lassen wir uns etwas mehr Freiheit, was die Gleichung angeht:

$$s(x) = a * f(x) - f(x)_{blurrVerschoben} \qquad \text{mit} \qquad a \in [0,5..2,5]$$

Das heißt, wir können das Eingabebild überproportional gewichten oder eben auch unterproportional, in diesem Fall würde man dann eher die Differenz der Bilder sehen als das Eingabebild.

In Abbildung 16.3 wurde $a = 2$ gesetzt und eine Verschiebung des weichgezeichneten Bildes um $dx = 3, dy = -3$ durchgeführt. Soll heißen: Verschiebung um drei Pixel in positive x-Richtung und um drei

Sketch
reliefFilter

Abbildung 16.4
Relieffilter basierend auf
unscharfem Maskieren
(a=1, dx=3, dy=-3)

in negative y-Richtung. In Abbildung 16.4 ist $a = 1$, der Filter verhält sich jetzt wie eine Art künstlerischer Kantendetektor.

Wie bisher finden die wesentlichen Berechnungen in den Matrix-Repräsentationen der Bilder statt. Man benötigt eine Funktion, die die neuen Matrizen zurecht schneidet. Denn wenn die ursprüngliche Matrix je 1000 Zeilen und Spalten hatte, dann sind es nach der Verschiebung nur je 997 Zeilen und Spalten. Überlegen Sie sich, wie solch eine Matrix-Cut-Funktion aussehen könnte.

Aufgabe 4

Verwenden Sie die Lösung von Aufgabe 3, um zusätzlich den oben beschriebenen Relieffilter zu implementieren. Es steht auch hier wieder bei Bedarf im Ordner *ErweiterteBildbearbeitung* eine Teillösung im

Sketch *reliefFilter* zur Verfügung. Hinweis: Wenn Sie danach noch immer nicht genug haben vom Thema Bildbearbeitung, dann schauen Sie sich noch den Sketch *bildBearbeitungen* an. Dort sind zwei weitere interessante Filter realisiert.

16.3 Filter mit Fouriertransformation

Wie kann man die Fouriertransformation für die Bildverarbeitung nutzen? Zur Erinnerung: Die Änderung eines einzigen Pixels im Powerspektrum kann unter Umständen auf alle Pixel im Ortsbild wirken. Ausgehend vom Sketch zur zweidimensionalen Frequenzanalyse haben wir einen weiteren Sketch erstellt, der die Frequenzen eines Bildes selektiv verändert. Rufen Sie ihn unter *frequenzanalys2D_Bild* auf. Sie sehen wieder das Bild aus dem vorangehenden Kapitel und nun seine Rekonstruktion auf der rechten Seite. Über häufiges Drücken der Minustaste können Sie die hohen Frequenzen ausfiltern, mit der Plustaste wieder hinzufügen.

*Sketch
frequenzanalyse2D_Bild*

Es ist deutlich zu sehen (siehe auch Abbildung 16.5), dass bei der Rekonstruktion mit nur den tiefen Frequenzen eine weichgezeichnete Version des Bildes entsteht. Allerdings sieht man auch, dass diese Version noch nicht perfekt ist. Es bilden sich sogenannte Ringartefakte. Der Grund dafür ist, dass wir die hohen Frequenzen zu brutal abschneiden. Wir dürfen sie nicht ab einem Wert einfach auf Null setzen, sondern müssen sie (wie mit einem Weichzeichner) bis zu einer vorgegebenen Schwelle langsam auf Null setzen.

Ringartefakt

Abbildung 16.5
Bild und Rekonstruktion
ohne hohe Frequenzen

Bei der Rekonstruktion ohne die tiefen Frequenzen (mit den Tasten 'q' und 'w' zu steuern) erhalten Sie ein Kantenbild, bei dem nur die Stellen zu sehen sind, an denen es starke Bildkontraste gibt. In Abbildung 16.6 ist das zu sehen.

Man kann die Fouriertransformation also dazu benutzen, um Bilder weichzuzeichnen oder Kanten herauszufiltern. Das lohnt sich aber meistens nicht, denn das Arbeiten mit den Filtermatrizen ist oft schneller. Es gibt aber eine Reihe von Operationen, bei denen man keine Alternative zur Fouriertransformation hat. Es sind Aufgaben, bei denen spezielle

Frequenzinhalte bearbeitet werden müssen. Wir sehen uns nach Aufgabe 5 gleich eine an.

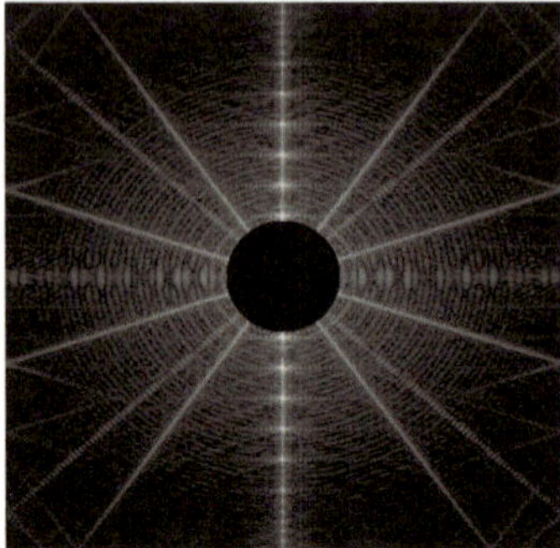 

Aufgabe 5

Verändern Sie den Sketch *frequenzanalys2D_Bild* so, dass die hohen Frequenzen sanft abgeschnitten werden und keine Ringartefakte mehr entstehen. Dazu müssen Sie die Prozedur *filtereFrequenzen()* entsprechend abändern. Machen Sie das danach auch mit den niedrigen Frequenzen. Tipp: Führen Sie ein float-Attribut *modifier3* ein. Dies bestimmt dann den Bereich, auf dem ab der hohen Grenzfrequenz der Wert für die Power linear gegen Null geht. Entsprechend lässt sich auch ein weiteres Attribut *modifier4* verwenden, das den linearen Bereich für die untere Grenzfrequenz bestimmt.

Musterentfernung

In manchen Bildern hat man unerwünschte Störmuster, etwa wenn man gedruckte Bilder einscannt oder etwas von einem Bildschirm abfotografiert. Solche Muster lassen sich über die Fouriertransformation gut entfernen, je regelmäßiger und engmaschiger (hochfrequenter) sie sind.

In Abbildung 16.7 sehen Sie ein solches Bild (in der linken, oberen Ecke eine Ausschnittsvergrößerung) und das zugehörige Powerspektrum. In der Mitte des Powerspektrums befinden sich die so wichtigen niedrigen Frequenzen mit hoher Amplitude. Sie sollte man möglichst unverändert übernehmen. Ansonsten sind die hellen Punkte in der Diagonalen auffällig, aber nach dem letzten Kapitel können Sie diese Punkte leicht als von dem ebenfalls diagonal liegenden Muster kommend identifizieren.

Das Muster kann entfernt werden, wenn man diese Frequenzen aus dem Powerspektrum entfernt und es dann über die inverse Fouriertransformation wieder zurücktransformiert. Man setzt also außerhalb der Mitte alle Frequenzen auf Null, die einen bestimmten Grauwert überschreiten. Den mittleren Bereich bis zu einer sinnvollen Grenzfrequenz übernehmen

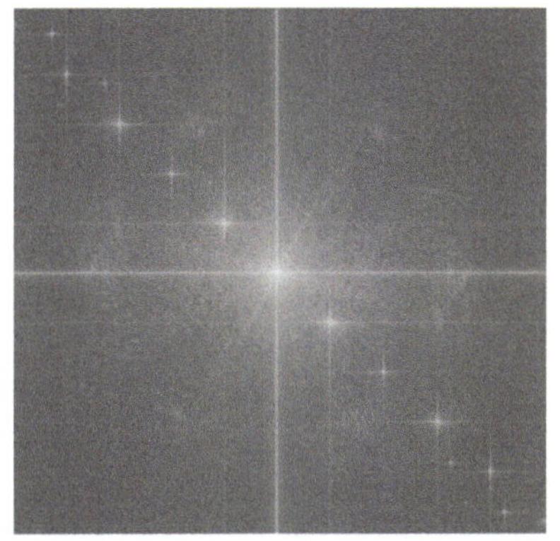

Abbildung 16.7
Bild und Powerspektrum

wir unverändert, weil es sonst in der Rekonstruktion als großflächige Farbverfälschungen sichtbar werden würde.

In Abbildung 16.8 ist links das so veränderte Spektrum und rechts das Ergebnis der inversen Fouriertransformation mit der gleichen Vergrößerung in der linken oberen Ecke zu sehen. Wie Sie sehen, ist das Muster ohne auffällige Weichzeichnung des Bildes vollständig verschwunden. Dies kann man mit herkömmlichen Bildfiltern so nicht hinbekommen.

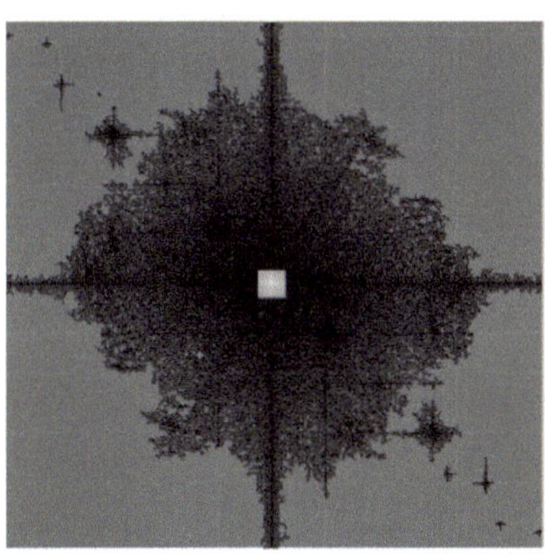

Abbildung 16.8
Ausgefilterte
Frequenzen mit
Ergebnis

Aufgabe 6

Verändern Sie den Sketch *musterentfernung* auf die entsprechende Weise. In diesem Sketch kann das Bild auch auf eine Größe von 1024×1024 Pixeln vergrößert und dann gefiltert werden, das verbessert die Ergebnisse. Ansonsten sind die Tastenbefehle so wie in Sketch *frequenzanalyse2D_Bild*. Verändern Sie nun die Prozedur *filtereFrequenzen()* so, dass über den einen Parameter die Grenzfrequenz eingestellt werden kann, über den anderen, ab welcher Amplitude eines Wertes im Powerspektrums dieser Wert auf Null gesetzt werden soll. Finden Sie dann heraus, was die optimale Grenzfrequenz ist (die gibt es) und welche Amplitude am besten funktioniert.

sketch
musterentfernung

217

Weichzeichnen

Wie schon im Sketch *frequenzanalyse2D_Bild* gezeigt, bewirkt ein Ausblenden der hohen Frequenzen der Fouriertransformation (ein Tiefpassfilter, er lässt nur die tiefen Frequenzen durch) eine Weichzeichnung des Bildes. Das Schöne an der Fouriertransformation ist nun, dass man beliebig stark weichzeichnen kann, ohne einen größeren Aufwand zu haben. Bei einem konventionellen Filter mit einer Filtermatrix wird der Aufwand immer größer, je größer die Matrix wird. Irgendwann ist der Weg über die Fouriertransformation schneller.

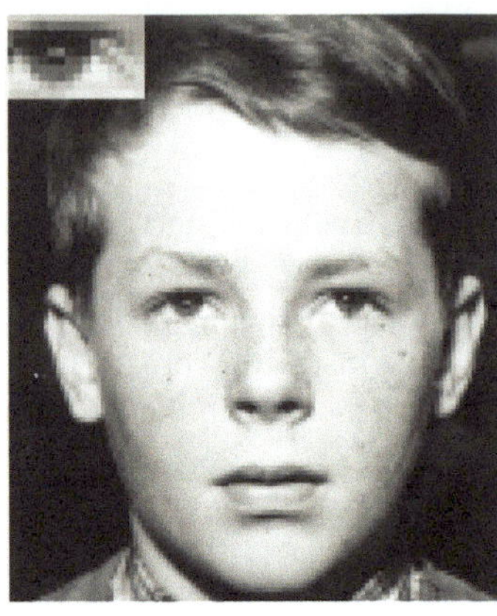

Diese Weichzeichnungsfunktion kann man nun verwenden, um gezielt störende hochfrequente Effekte auszufiltern, etwa durch das Hochskalieren eines Bildes. Abbildung 16.9 zeigt ein Portrait, bei dem deutlich die Pixel des Originalbildes zu sehen sind. Links oben ist das linke Auge vergrößert dargestellt, um die Wirkung des Filters besser beurteilen zu können.

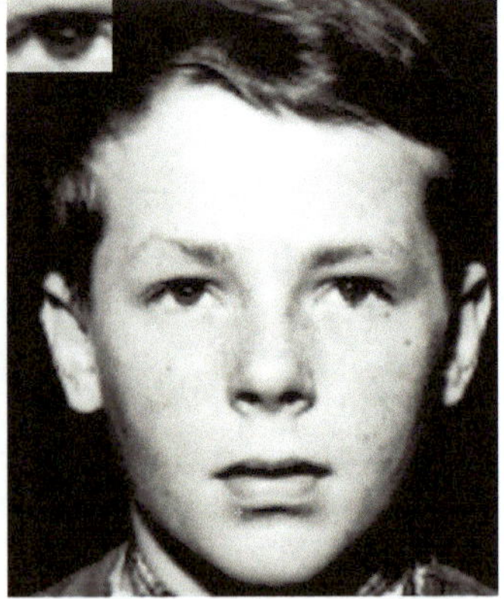

In Bild 16.10 sehen Sie, dass nahezu alle Bereiche des Powerspektrums durch das Fenster ausgeblendet wurden. Und doch wird das Bild recht gut rekonstruiert. An der Vergrößerung des linken Auges sieht man deutlich, wie die störenden Pixelgrenzen durch Weglassen der hohen Frequenzen aufgelöst wurden und eine klare Weichzeichnung stattgefunden hat.

Bei der inversen Fouriertransformation wurde lediglich 1/36 der Fläche des Powerspektrums benutzt. Daraus kann man schließen, dass die wichtigsten Informationen zur Rekonstruktion des Bildes bei den niedrigen Frequenzen liegen. Das könnte man sich zur Bildkompression zunutze machen und anstatt des Bildes einfach nur die niedrigen Frequenzen abspeichern. Zum Ansehen des Bildes müsste man dann immer die inverse Fouriertransformation ausführen. Das ist möglich, aber es gibt bessere Kompressionsmethoden wie etwa das JPEG-Verfahren.

17 Bibliotheken

Processing erweitern

© Springer Fachmedien Wiesbaden GmbH, ein Teil von Springer Nature 2018
O. Deussen, T. Ningelgen, *Programmieren lernen mit Computergrafik,*
https://doi.org/10.1007/978-3-658-21145-5_17

Bisher sind wir in allen Kapiteln des Buches mit der Grundfunktionalität von Processing ausgekommen und haben uns einfach das programmiert, was wir zum Lösen der Aufgaben benötigten. Es gibt aber ein ganzes Universum von vorgefertigten Bibliotheken für Java (nur teilweise verwendbar) und Processing, die man aus dem Internet herunterladen kann.

Scheuen Sie sich nicht, solche "Bibliotheken" zu verwenden. Das spart Zeit und erlaubt darüber hinaus, auch solche Sketche zu verfassen, die man ohne sie gar nicht geschafft hätte, weil in den Bibliotheken umfangreiche Funktionen programmiert sind.

17.1 PDF-Export

Eine sehr sinnvolle Bibliothek, die direkt im Processing-System vorhanden ist und nur ins Programm eingebunden werden muss, ist der PDF-Exporter. Mit ihm lässt sich alles, was eigentlich im Fenster erscheinen würde, in einer PDF-Datei abspeichern. In der einfachsten Form wird dafür einfach ein leicht abgeändertes *size()* Kommando benutzt:

```
import processing.pdf.*;

void setup() {
    // anstelle etwas anzuzeigen, schreibe es
    // in die PDF-Datei "test.pdf"
    size(400, 400, PDF, "test.pdf");
}

void draw() {
    // irgendetwas malen...
    line(30,30,300,350);

    // beende das Programm
    println("Finished.");
    exit();
}
```

Ganz am Anfang des Programms muss die Bibliothek mit *import* eingebunden werden, die Zeichenkette „processing.pdf.*" bedeutet hierbei, dass alle Inhalte der Bibliothek „processing.pdf" importiert werden sollen.

Es gibt noch einige weitere Möglichkeiten, die PDF-Ausgabe zu erzeugen, so kann man z. B. die Daten nur für manche Grafikobjekte in die Datei schreiben, man kann ganze Dokumente mit mehreren Seiten erzeugen, usw. Schauen Sie es sich einmal in der Processing-Dokumentation an. Dort sehen Sie übrigens auch, welche weiteren Bibliotheken auf diese Weise eingebunden werden können.

Aufgabe 1

Implementieren Sie eine PDF-Ausgabe für einen Sketch Ihrer Wahl, die mit den Befehlen *beginRecord(PDF, "frame-####.pdf")* und *endRecord()* arbeitet. Wenn man ein boolesches Attribut wie *aufnahme* in *draw()* verwendet, kann man erreichen, dass immer dann, wenn zum Beispiel die Maustaste gedrückt wird, ein nummerierter Frame als PDF-Datei gespeichert wird. Schauen Sie sich das Ergebnis mit einem PDF-Darstellungsprogramm wie Acrobat Reader an und/oder drucken Sie es sich aus.

17.2 Ein graphisches Benutzerinterface

Weitere Bibliotheken kann man auf recht bequeme Weise direkt aus Processing heraus installieren. Gehen Sie hierfür zum Menu *Tools* und wählen Sie *Tool hinzufügen*. Dann zum Tab „Libraries" und suchen Sie sich aus der Liste interessante Bibliotheken heraus. Die dort angegebenen sind gut dokumentiert. Meist gibt es auch einige erläuternde Beispiele dazu. Über den Knopf „Install" wird die Bibliothek installiert.

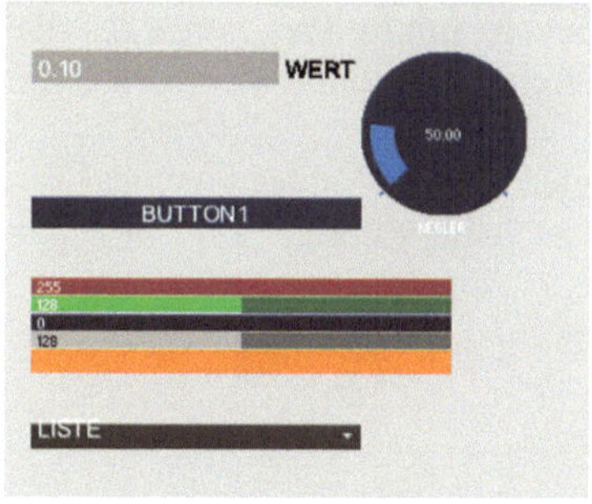

Fangen wir damit an, dass wir eine Bibliothek herunterladen, mit der man Processing eine sogenannte *GUI* hinzufügen kann. GUI ist die Abkürzung für *Graphical user interface* und meint die visuellen Komponenten eines Programms, die der Benutzer nutzt, um mit dem Programm interagieren zu können. Das sind Knöpfe (Buttons), Schieberegler (Slider), Eingabefelder, Dropdown-Listen und vieles mehr. Processing bietet diesbezüglich nichts außer dem Programmfenster an, das der Ausgabe der Programme dient. Genau dieser Minimalismus ist einer der Hauptvorteile von *Processing*.

Dennoch will man vielleicht nicht immer auf solche grafischen Elemente verzichten. Die GUI-Bibliothek *controlP5* bietet viele dieser Elemente, ihre gute Dokumentierung ist ein weiterer Vorteil. Alle GUI-Elemente werden hier durch einfachen Code erzeugt. In Abbildung 17.1 sind einige graphische Benutzungselemente gezeigt, die durch die Bibliothek erzeugt werden können.

Sketch
controlP5_demo

Installieren Sie also über „Tool hinzufügen" die Bibliothek controlP5 aus dem Internet. Im Sketch *controlP5_demo* werden die entsprechenden Elemente angelegt. Jedes dieser Elemente wird zu einem Hauptelement vom Typ *ControlP5* hinzugefügt. Im folgenden Sketchfragment wird als Beispiel der Drehregler angelegt.

```
cp5.addKnob("Regler")
   .setRange(0, 255)
   .setValue(50)
   .setPosition(220, 50)
   .setRadius(50)
   .setDragDirection(Knob.VERTICAL);
```

Es sieht erst einmal etwas gewöhnungsbedürftig aus, dass an den Befehl zum Hinzufügen des Drehreglers die *set( )*-Kommandos angehängt sind. Das *addKnob( )*-Kommando aber erzeugt ein Objekt vom Typ *ControlP5*, auf welchem dann der erste *set( )*-Befehl ausgeführt wird. Dieser gibt das Objekt, auf dem er ausgeführt wurde, seinerseits zurück, sodass das nächste *set* darauf ausgeführt werden kann.

Zusätzlich zu jedem solchen Element kann eine sogenannte „Callback"-Prozedur programmiert werden, die genauso heißen muss wie das Element. Sie wird immer dann aufgerufen, wenn der Benutzer mit dem Element interagiert hat und überträgt z. B. den aktuellen Wert des Reglers. Man verwendet sie, um im Programm auf die Benutzerinteraktion zu reagieren und Programmvariablen entsprechend abzuändern.

```
public void Regler(float theValue) {
   println("Regler: "+ theValue);
}
```

Aufgabe 2

Implementieren Sie auf der Basis des Sketches *controlP5_demo* ein Programm, das über einen Dialog ein Bild einliest (mit *selectInput()*) und dann über zwei Regler (Slider) zum einen dessen *Werte* (RGB-Modus) und zum anderen die Farbsättigung (HSB-Modus) verändern kann. Hinweis: Der Dialog *Werte* multipliziert alle Farbwerte mit einem Faktor wie etwa 1,2, während die *Helligkeit* alle Farbwerte um eine Konstante anhebt. Die Multiplikation wirkt auf helle Farbwerte stärker als auf dunkle.

17.3   Physik in der Box

Im Kapitel *Physikalische Simulation* hatten wir die Physik von Billard-kugeln und anderen Objekten zusammen mit den beteiligten *Shapes* (zweidimensionalen „Körpern" mit Masse in einer zweidimensionalen Welt) selbst programmiert, hatten Impuls- und Energieerhaltungssätze bei der Kollision verwendet und insbesondere auch die Feststellung der Kollision übernehmen müssen.

Die entsprechenden Algorithmen werden allerdings schnell sehr schwierig und aufwändig, wenn sehr viele Massen untereinander und mit der „Welt" interagieren sollen. Dazu lassen wir uns gerne von einer passenden Bibliothek helfen. In unserem Fall ist das die Bibliothek *box2D*, die von *Daniel Shiffman* für Processing angepasst wurde.

Hierzu wird wieder mit Hilfe des Editors (Sketch/Bibliothek importieren) die Bibliothek *Box2D for Processing* heruntergeladen. Hat man das getan, werden mit den folgenden import-Zeilen die Methoden der Bibliothek dem Programm zur Verfügung gestellt.

```
import shiffman.box2d.*;
import org.jbox2d.collision.shapes.*;
import org.jbox2d.common.*;
import org.jbox2d.dynamics.*;
```

Die Welt von Box2D unterscheidet sich von der gewohnten Pixel-Welt: Der Mittelpunkt der Box2D-Welt liegt in der Mitte des Fensters, die y-Achse zeigt nach oben und das Vorzeichen des Winkels ist entgegengesetzt zum Winkel in Processing. Will man die Bibliothek nutzen, so muss man Methoden bereitstellen, die diesen Transfer besorgen. Außerdem benötigt man für jedes Objekt, das man simulieren will, einen sogenannten *body*. Er existiert in der physikalischen Welt solange nicht, bis ein oder mehrere Shapes an ihn angeheftet werden. Gleichwohl gelten für ihn die physikalischen Gesetze, denn er besitzt Trägheit, Ort und Geschwindigkeit. Dies scheint ein merkwürdiges Konstrukt zu sein, soll es aber ermöglichen, verschiedene geometrische Repräsentationen für ein physikalisch interagierendes Objekt zu bekommen.

Das Ziel des folgenden Sketches ist ein einfaches Beispiel für die box2D-Welt. Wir wollen hier viele rautenförmige Körper in einem Schwerefeld simulieren. Jede Raute hat Anfangswerte für Ort, Geschwindigkeit und Winkelgeschwindigkeit, die dann über die Simulation von Box2D entsprechend verändert werden.

Am Anfang des Programms initialisieren wir Box2D, setzen physikalische Parameter und legen ein dynamisches Array von Rauten an:

Sketch
box2D0

```
Box2DProcessing box2d = new Box2DProcessing(this);
box2d.createWorld();
box2d.setGravity(0,-10); // Erdbeschleunigung
ArrayList<Raute> rauten = new ArrayList<Raute>();
```

Die Rauten sollen durch Druck der Maustaste genau an dem Ort, an dem die Taste gedrückt wurde, erzeugt werden. Diese Pixel-Koordinaten wird man später für die Box2D-Welt übersetzen müssen. Mit *box2D.step* wird der nächste Zeitabschnitt aufgerufen. Mit den von Box2D neu

berechneten Werten können die Rauten gezeichnet werden. Im Anschluss wird mit einer for-Schleife überprüft, ob die Objekte *rT* aus der Klasse *Raute* noch oberhalb des unteren Bildrandes sind. Diejenigen, für die das nicht gilt, werden aus der Liste gelöscht. Die Klasse *Raute* muss daher eine Funktion *verschwunden* enthalten, die dann zusätzlich noch den zugehörigen *body* löscht. Schauen Sie sich bitte nun die Klasse *Raute* an. Sie hat einen Body und ein Polygon zur Beschreibung der Geometrie (*polygonShape*).

Der Konstruktor von *Raute* übergibt die Ortskoordinaten und die Farbe der zu zeichnenden Raute der Pixel-Welt. In der Methode *erzeugeBody* wird nun zuerst der „Body" initialisiert. Es gibt drei Typen: DYNAMIC, STATIC und KINEMATIC. In den meisten Fällen dürfte DYNAMIC die richtige Wahl sein. Dieser Typ reagiert wie die Gesetze der Physik es verlangen. Will man eine Wand oder einen Boden erzeugen, so ist STATIC die richtige Wahl. Den letzten Typ verwendet man, wenn man während des Programmablaufs auf den Körper zugreifen will. Allerdings interagieren diese Körper nur mit dynamischen Körpern.

Das *PolygonShape* ist ein konvexes Vieleck mit maximal 8 Ecken (Konvex bedeutet, dass alle Innenwinkel dieser Vielecke kleiner oder gleich 180 Grad sein müssen). Es wird mit einer Rautenform initialisiert. Damit man die Vec2 Vertices aus Box2D verwenden kann, müssen die Ortskoordinaten noch durch *vectorPixelsToWorld* umgerechnet werden. Mit *body.createFixture(pS1,1.0)* kommt man nun zur wesentlichen Funktionalität von Box2D. Die Zeile bedeutet, dass das kurz zuvor erzeugte PolygonShape *pS1* mit Masse 1.0 an den body „angeheftet" wird. Man kann auf diese Weise mehrere Shapes mit dem *body* verbinden. Dadurch wird die Kontrolle eventueller Überschneidungen etwas komplizierter, die Physik aber muss nur für diesen einen body berechnet werden. Danach werden noch einige Parameter festgelegt und die body-Shape-Kombination ist startbereit.

In den vorangegangenen Kapiteln haben Sie bereits gelernt, wie man *Shapes* bewegt. In Box2D ist das ein wenig anders. Im Wesentlichen müssen in der *display()*-Methode aller Rauten die aktuellen Box2D-Koordinaten (und Winkel bzw. Orientierung) in Pixelkoordinaten umgerechnet und das Objekt dann gezeichnet werden.

```
void display() {
    ...
    // Lage und Winkel in Pixel-Koordinaten besorgen
    Vec2 position = box2d.getBodyPixelCoord(body);
    float winkel = -body.getAngle();
    // Shape zeichnen
    ...
```

Zuvor wurde in der globalen *display()*-Methode die Methode *box2d.step()* aufgerufen, die einen Simulationsschritt mit allen Objekten durchführt und die Positionen entsprechend aktualisiert.

Aufgabe 3

Als Übung versuchen Sie nun, anstatt der Rauten Sterne auf die Bildfläche zu bringen. Verwenden Sie zu deren Herstellung einfach vier Rauten. Interessant wäre auch, alle einen Stern erzeugenden Rauten verschiedenfarbig zu machen und die Spur der Sterne zu verfolgen (Abbildung 17.3, rechte Seite)

Abbildung 17.3
Sterne und ihre Spur

Wie kann man einen festen Boden in die Box2D-Welt bringen? Erstellen wir zunächst eine neue Klasse namens *Boden*. Wie in Abbildung 17.4 wollen wir zwei Boden-Objekte erstellen. Daher benötigen wir zwei Arrays von Vektoren und zwei Körper (body).

Boden

Wir wollen einen kurvigen Boden mit einer Reihe von Taschen anlegen, in die die Sterne fallen können. Um in Box2D Kurven zu erstellen, benötigt man sogenannte *ChainShapes*. Hat man eine passende Funktion

Abbildung 17.4
Sterne und
ChainShapes

gefunden, dann übergibt man der *Vec2*-Liste einen x-Wert und den dazugehörigen Funktionswert. Danach werden alle so erzeugten Mini-Shapes an einen „body" wie an eine Kette angehängt. Schauen Sie sich dafür im Sketch *box2D-Sterne_mit_Boden* den Konstruktor für solch einen gewellten Boden an.

*Sketch
box2D_Sterne_
mit Boden*

Natürlich können Sie auch mit einfacheren Funktionen experimentieren. Versuchen Sie nun den rechten Boden selbst auf ähnliche Weise zu erstellen[1].

17.4   Musik hören und bearbeiten mit Minim

Dass wir mit dem Smartphone oder dem Computer Musik hören können, verdanken wir der Tatsache, dass die gewünschten Musikdaten digital vorliegen. Dabei spielt es keine Rolle, ob wir die Daten aus dem Internet per Streaming-Dienst oder aus dem lokalen Computerspeicher beziehen. Es muss also eine Möglichkeit geben, mit der man die analogen Klänge digitalisieren kann. Hierfür muss man ja das Schallsignal mit einem Analog-Digitalwandler, einem speziellen elektronischen Bauteil, lediglich mit hinreichend hoher Frequenz abtasten und speichern.

Das menschliche Gehör ist in der Lage, Frequenzen zwischen 16 Hz und 16 kHz wahrzunehmen. Das sind immerhin 10 Oktaven, wobei jede Oktave die doppelte Frequenz hat wie die vorangehende. Jugendliche mit gesundem Gehör kommen sogar auf 20 kHz. Daher muss die Abtastrate mindestens doppelt so hoch sein, um *Aliasing* zu vermeiden. Im Kapitel *Bilder-Ergänzungen* kamen durch eine zu geringe Abtastfrequenz Muster ins Bild, die vorher nicht da waren. Hier wären es Töne, die im Original nicht vorhanden sind.

---

[1] Den Sternen haben wir hier Masse 2.0 gegeben. Versuchen Sie herauszubekommen, weshalb.

Zur Erzeugung einer Musik-CD wird mit einer Abtastrate (Sample rate) von 44.100 Hz abgetastet. Daher können Töne bis 20 kHz problemlos wiedergegeben werden. Zumeist werden Audiodaten dann komprimiert, denn wenn bei der üblichen Datenwortlänge von 16 Bit 44.100 mal pro Sekunde gemessen wurde, wären dies pro Kanal rund 88 kByte pro Sekunde. Gehen wir von zwei Kanälen aus, so fallen auf diese Weise etwa 50 MByte für 5 Minuten Musik an. In der Regel sind die Musikdaten im sogenannten *mp3-Format* komprimiert und haben dadurch, bei hoher Qualität, nur noch 15% der ursprünglichen Datengröße.

Laden Sie mit Hilfe des Processing-Editors die Bibliothek *Minim* herunter. Minim bezeichnet in der englischen Sprache eine halbe Note. Es ist eine Bibliothek zur einfachen Musikbearbeitung mit Processing. Als erstes einfaches Anwendungsbeispiel werden wir den Sketch *internetRadio* erstellen. Der Name ist Programm: Ziel ist ein Programm, mit dessen Hilfe man beliebige im Internet gestreamte Sender empfangen und aufnehmen kann. Es genügt, hierfür lediglich das Package *ddf.minim* zu importieren.

Schauen wir uns zunächst die nötigen Deklarationen im Processing-Sketch und die *setup()*-Methode an:

```
import ddf.minim.*;
Minim minim;
AudioPlayer radio;
AudioRecorder recorder;
float faktor;

void setup() {
    ...
    minim = new Minim(this);
    radio= minim.loadFile("http://mp3.querfunk.de/qfhi", 2048);
    recorder = minim.createRecorder(radio,
            radio.getMetaData().title()+"radio.wav", true);
    radio.play();
}
```

Wie Sie sehen, gibt es nun die Klassen *AudioPlayer* und *AudioRecorder*. Das float-Attribut *faktor* wird später für die graphische Darstellung der Schallwellen benötigt. Das Radio wird angelegt, indem eine spezielle Webadresse, hier „http://mp3.querfunk.de/qfhi" des freien Querfunk-Radios aus Karlsruhe, angewählt wird, auf der die digitalen Daten des Radiostreams verbreitet werden. Es gibt viele Internet-Radiostationen, allerdings sind die Streams oft nicht die Adressen der Radiosender selbst (was hier www.querfunk.de wäre), sondern spezielle Adressen, die eben den mp3-Datenstrom zur Verfügung stellen. Sie können eine solche Adresse in ihrem Browser eingeben, dann spielt er ihnen direkt die von dort kommenden Daten. Testen Sie zum Beispiel den Stream von SWR2 : „http://swr-swr2-live.cast.addradio.de/swr/swr2/live/mp3/256/stream.mp3"

*Sketch
internetRadio*

Für eine eventuelle Aufnahme der Musik ist die Methode *getMetaData()* vorteilhaft, welche zusätzliche Daten wie Titel und Interpret zur Verfügung stellen. Allerdings besitzen nicht alle Stream-Daten solche Metadateien. In solchen Fällen gibt es an dieser Stelle keine Fehlermeldung und der Abschnitt des Dateinamens bleibt einfach leer.

Da wir in unserem Buch den Schwerpunkt auf Bilder gelegt haben, soll nun die Musik in ein Bild bzw. eine farbliche Animation umgewandelt werden. Dazu muss man wissen, dass beim Abtasten der Amplituden der analogen Musik immer ein Pufferspeicher von 1024 Samples (abgetastete Werte) gefüllt wird. Entweder benutzt man den Pufferspeicher direkt oder man beschafft sich mittels eindimensionaler Fouriertransformation 512 Frequenzen mit ihren Amplituden (zur DFT siehe auch Kapitel 15). Diese Werte kann man nun sichtbar machen, indem man sie in der *draw()*-Methode als Funktionskurve darstellt. In unserem Sketch wird dazu der Puffer durchlaufen und für jeden Aufruf von *draw()* entsprechend dargestellt. In der Methode *keyReleased()* kann man außerdem mit der 'r'- und 's'-Taste Aufnahmen starten und stoppen.

Visualisierung von Musik

Mit den Musikdaten lassen sich viele verschiedene schöne Animationen herstellen. Beginnen wir mit dem einfachen Auslesen des Zeit-Amplituden-Puffers. Im Sketch *lautstaerke* haben wir ein ganz einfaches Beispiel programmiert. Hier werden abhängig von der Musik Kreise mit verschiedenen Radien und Farben gezeichnet.

Sketch
laustaerke

Diese einfache Animation nutzt allein die Methode *player.mix.level()*. Bestimmen Sie damit in *draw()* im Abstand von z. B. *delay(100)* Radius und Farben und multiplizieren Sie diese Werte mit einem geeigneten Faktor.

Interessanter ist der Sketch *gesamtBufferBild*. Dort wird der gesamte Puffer in einem Augenblick so ausgewertet, dass mit seinen Informationen eine Zeile gefüllt wird. Die Auswertung erfolgt innerhalb *draw()* mit insgesamt vier Funktionen: *mix.get()*, *left.get()*, *right.get()* und *mix.level()*:

Abbildung 17.6
Lied von Dire Straits:
Money For Nothing

Probieren Sie es nun selbst. Erzeugen Sie sich für eigene Projekte Arrays
für die Funktionswerte und solche für die Bildausgabe. Zum Beispiel:

```
mixLevel = new float[1024];
amplitude = new float[1024];
```

*Sketch
gesamtBufferBild*

Das erste Array soll die Amplituden des gemischten Kanals enthalten.
Beim zweiten Array werden alle Werte des ersten mit einer Zufallszahl
multipliziert. Sie können das natürlich völlig anders gestalten. Wichtig
ist nur, dass von der Musik abhängige Linien, Ellipsen oder Shapes
in allen möglichen Farben und Transparenzen gezeichnet werden können. In Abbildung 17.6 wurde beispielsweise ein Array mit folgender
Anweisung gefüllt:

```
staerke[i] = sq(amplitude[i])*1000 % 7
```

Mit dessen Hilfe wird nun entschieden, was gezeichnet werden soll.
Der Phantasie sind hier keine Grenzen gesetzt. Will man beispielsweise
regelmäßige n-Ecke zeichnen lassen, dann könnte man die Anzahl Ecken
durch

```
eckenAnzahl[i] = int (sq(amplitude[i])*1000);
```

von der Musik abhängig machen. Ein Pufferbild erzeugt jeweils nur eine
Zeile, daher passt leider nur ein sehr kleiner Ausschnitt der Musik auf
das Bild. Beschränkt man sich dagegen auf eine nur teilweise Nutzung
des Pufferinhalts, so lässt sich auch ein 5-Minuten Stück bequem in ein
einziges Bild packen.

*Sketch
bufferBild*

Es gibt noch eine zweite Möglichkeit der Auswertung: Man berechnet
die am Audiosignal beteiligten Frequenzen durch Anwendung der *Fouriertransformation*. Wenn Sie das Kapitel 15 (Threads) gelesen haben,
werden Sie keine Schwierigkeiten mit den zugrundeliegenden Konzepten haben. Wie man die berechneten Frequenzen grafisch nutzen kann,
erfahren Sie nun anhand von einigen Beispielen.

Links in Abbildung 17.7 werden alle 512 Frequenzen mit ihren Amplituden einzeln dargestellt. Leider sind aber die Amplituden der niederen
Frequenzen viel zu groß im Vergleich zu den Amplituden der hohen
Frequenzen. Daher verwendet man schon wie bei den Bildern den Logarithmus der Amplituden.

Sketch frequenzen1

Im mittleren Bild ist dies umgesetzt, außerdem wurden dort die verschiedenen Frequenzen in Bänder eingeteilt, wobei jedes neue Band einer Oktave entspricht. Man nimmt in den einzelnen Bändern dann jeweils den Logarithmus des Mittelwerts der Amplituden.

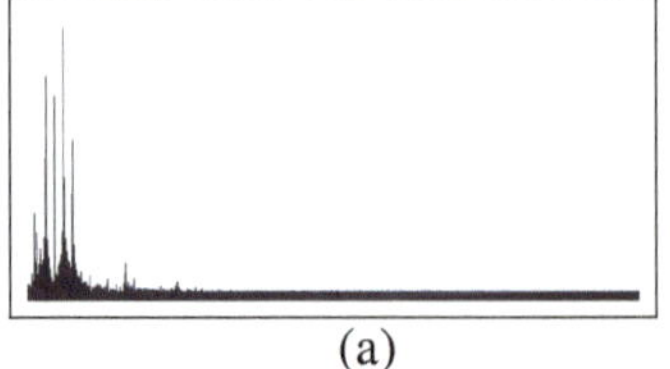

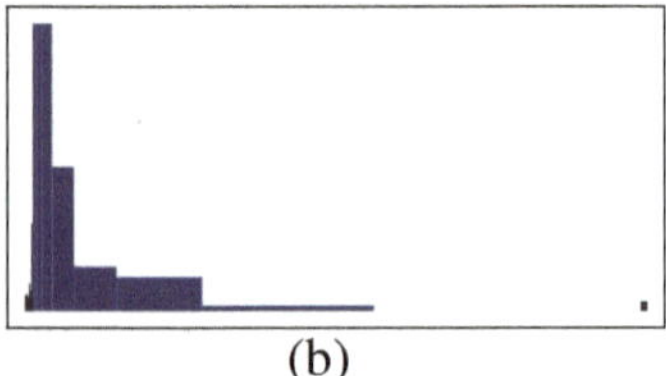

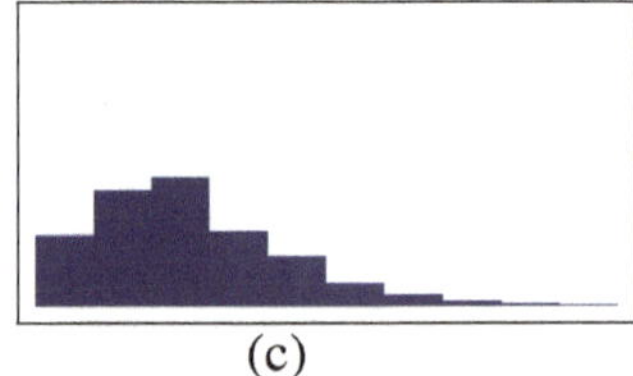

| (a) | (b) | (c) |

Abbildung 17.7
Drei verschiedene Darstellungen eines Frequenz-Amplituden-Diagramms

In Teilbild (c) ist auch die Frequenzachse logarithmisch aufgetragen, sodass die Frequenzbänder alle gleich breit erscheinen. Bleibt die Frage: Wie erstellt man derartige Diagramme? Der erste Fall ist im Sketch *frequenzen1* implementiert. Bitte sehen Sie sich die Initialisierung an, welche die Minim-Bibliothek benutzt und ein Fast-Fourier-Transform-Objekt anlegt. Dieses Objekt wird später in der *draw()*-Prozedur verwendet, entscheidend ist im Codefragment der fettgedruckte Teil. Mit ihm wird die Amplitude des i-ten Bandes ausgelesen.

```
void draw() {
    background(0);
    // Eindim. FFT der Samples im Time-Buffer berechnen
    fft.forward (musik.mix); //Zugriff auf Buffer
    float h = 0; // Höhe von Rechteck und Linie
    float breite = (float ) width/ (fft.specSize () - 1);
    for (int i = 0; i < fft.specSize (); i++) {
        h = map (fft.getBand (i)+1, 0, 50, 2, height);
        fill (0, 250, 0);
        rect (i * breite, height - h, breite, h);
    }
}
```

Sketch frequenzen2, frequenzen3

Um das Frequenzbänder-Bild in der Mitte zu bekommen, sind nur wenige Änderungen nötig. Nachdem das Objekt *fft* erzeugt ist, verwenden wir die Methode *logAverages* der Klasse. Mit dem Wert 22 wird die Bandbreite des ersten Bandes festgelegt. In diesem Fall haben die nachfolgenden Bänder die folgenden Startwerte: 66 Hz, 154 Hz, 330 Hz, 682 Hz, 1386 Hz, 2749 Hz, 5610 Hz und 11242 Hz. Da das erste Band mit 0Hz beginnt, gibt es insgesamt 10 Frequenzbänder. Stünde in *logAverages* anstelle der '1' beispielsweise eine '2', dann gäbe es 20 Frequenzbänder. Das Band von 0-22 Hz wäre dann unterteilt in ein Band von 0 Hz-11 Hz und in eines von 11Hz-22 Hz. Die Durchschnitts-Amplituden der einzelnen Bänder werden dann durch *fft.getAvg(i)* ausgelesen. Im dritten Bild schließlich sind die Breiten der Frequenzbänder alle gleich lang, also ebenfalls logarithmisch aufgetragen.

Sketch SongFarbKodiert

Bei der Fouriertransformation entstehen Frequenz- und Phaseninformationen. Ziel des nächsten Sketches ist, die akustischen Informationen eines Musikstücks in einem Bild festzuhalten. Wir begnügen uns jetzt mit einem Teil der Informationen, die es aber dennoch erlauben, dass verschiedene Musikstücke auch verschiedene Bilder besitzen. Abbildung 17.8 zeigt am Beispiel *„Bohemian Rhapsody"* der Musikband *Queen*, wie ein solches „Musik-Bild" aussehen könnte.

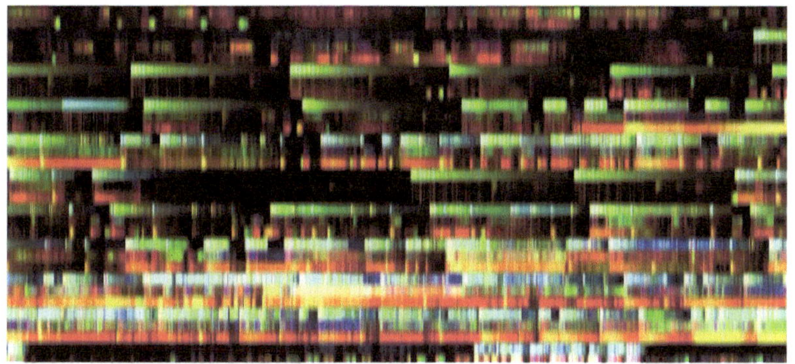

Abbildung 17.8
Visualisierung der
„Bohemian Rhapsody"

Hier wurden die Frequenzbänder *fft.logAverages(50,1)* gewählt, das sind genau neun Bänder. Dabei werden jeweils drei Bänder zur Bestimmung einer Farbe herangezogen, was uns drei Farben beschert. Dies geschieht über den logarithmischen Durchschnittswert des jeweiligen Frequenzbandes, multipliziert mit einem geeigneten Faktor.

Abbildung 17.9
Fünf Farbrechtecke

Hier als Beispiel der Programmcode zur Bestimmung von Farbe 0. Die Faktoren 10, 15 und 20 sind Werte, die einerseits der Tatsache Rechnung tragen, dass niedere Frequenzen in der Regel höhere Amplituden haben und andererseits eine große Farbvielfalt zulassen.

```
rot[0]=fft.getAvg(0)*10;
gruen[0]=fft.getAvg(1)*15;
blau[0]=fft.getAvg(2)*20;
...
fill(rot[0],gruen[0],blau[0]);
rect(w,h+10,1,5);
```

Um die in Abbildung 17.9 zu sehenden Farbflächen zu erhalten, müssen Farbverläufe programmiert werden, sehen Sie dazu bitte in den Sketch, die Farben ergeben sich über folgende Interpolationsfunktion:

```
for (int k=0;k<10;k++) {
    color c1 = farben[w];
    color c2 = color (rot[0], gruen[0],blau[0]);
    set(w,h+k,lerpColor(c1,c2, k*bruchteil));
}
```

Aufgabe 4

Erstellen Sie mit Minim und Box2D einen Bildschirmschoner. Als Grundlage benutzen wir den Sketch *box2dSterne01* aus dem Box2D-Abschnitt. Die Idee: Wir überlassen der Musik (genauer deren Frequenzen und Amplituden) die Farbe, die Größe und den Ort der Entstehung der Sterne. Den Ort kann man zum Beispiel an die beiden Stereo-Kanäle binden. Ist die Amplitude einer bestimmten Frequenz links größer als rechts, dann wird auf der linken Seite eben ein größerer Stern als rechts erzeugt. Insgesamt reichen ca. 6 Bänder aus, *fft.logAverages(380,1)* ist eine passende Aufteilung.

17.5 Mathematik mit Toxiclibs

Wie könnte man einen Kreis malen, der wie handgemalt (siehe Bild 17.10 links) aussieht? Grundsätzlich ist es nämlich meistens einfacher, mit dem Computer eine perfekte Form zu zeichnen als eine nicht-perfekte.

Sketch
kreis

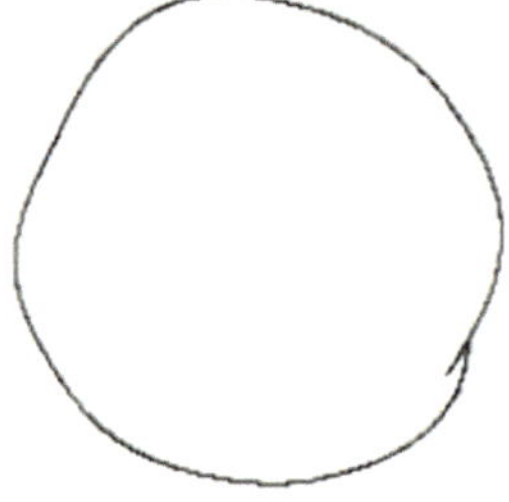

Der Radius darf nicht konstant sein, aber auch nicht komplett zufällig. Würde man mit Hilfe der *random()*- und der *arc()*-Funktion den Radius immer zufällig ein klein wenig verändern, so erhielte man ein Ergebnis wie in Bild 17.10 (rechts). Der Zufall ist dann zu „chaotisch". Auch wenn wir für den Radius durch *random(150,155)* die Werte eng eingrenzen würden, wie eine Handzeichnung sieht das Ergebnis auch dann nicht aus. Gleichgültig, ob wir ein hingeworfenes Seil, Wellen oder Landschaft darstellen wollen, die *random()*-Funktion hilft uns ohne weitere Kniffe nicht weiter.

Tatsächlich wurde der linke Kreis in Bild 17.10 durch den Sketch *kreis* erzeugt. Wenn Sie sich den Quelltext ansehen, wird Ihnen eine Methode *noise()* auffallen. Das Wort „Rauschen" wäre die passende deutsche Übersetzung. Auch durch *random()* erzeugt man Rauschen, aber eben nicht mit den gewünschten sanften Übergängen.

Die Methode *noise()* in Processing ist eine Abwandlung des *Perlin-Noise-Algorithmus*. Ken Perlin hat ihn 1982 zur Erzeugung von Landschaften für den Film *Thron* erdacht. Im Jahr 1997 bekam er dafür sogar einen Oscar.

Die Mathematik dahinter schenken wir uns. Sie verstehen auch so intuitiv, was *Perlin-Noise* so viel anders macht als Random-Noise. In den Sketchen *randomBeispiel* und *perlinBeispiel* werden für 60 x-Werte (Pseudo-)Zufallswerte zwischen 0 und 300 errechnet, im Sketch *perlinBeispiel* über das Perlin-Noise. In Abbildung 17.11 können Sie die unterschiedlichen Ergebnisse betrachten. Das Perlinsche Rauschen ist glatt (die Mathematiker sagen überall differenzierbar), während die normale Zufallsfunktion einfach hin- und herspringt.

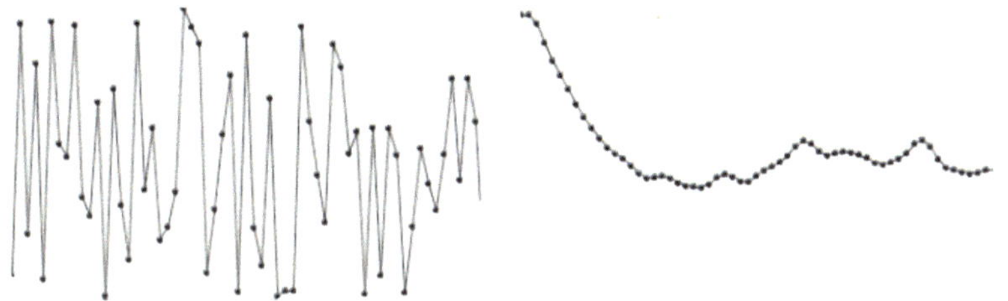

Bisher haben wir nur Methoden von Processing benutzt. Es gibt allerdings gute Gründe, sich in den verschiedenen Bibliotheken umzuschauen, denn Perlin-Noise, das in leichter Abwandlung durch die Methode *noise()* benutzt werden kann, hat einen erheblichen Nachteil: Der Algorithmus ist sehr rechenaufwendig und damit viel zu langsam, um etwa computergenerierte Landschaften zu erzeugen.

In den *toxiclibs*, einer Sammlung nützlicher Methoden für *Computational Design* (Generative Gestaltung), kann man die wesentlich schnellere Methode von *SimplexNoise* verwenden. Bei höheren Dimensionen ist der Rechenvorteil sogar nochmals größer. Auch diesen Algorithmus hat *Ken Perlin* entwickelt. Hiermit kann man den Kreis recht einfach malen und auch im Zweidimensionalen erzeugt das Rauschen natürlich aussehende Formen.

Das zufällige Rauschen (*Random-Noise*) liefert bei einer Erweiterung auf mehr als eine Dimension nichts Neues. In Abbildung 17.12 (links) erkennt man, dass auch bei zwei Dimensionen die Farbe eines Pixels von den Nachbarfarben nicht beeinflusst wird (Sketch *flaecheRandomNoise*). Ganz anders bei *Simplex-Noise* (Sketch *flaecheSimplexNoise*). Hier sind die Farben von den Nachbarwerten beeinflusst, wir erhalten eine wellenartige Struktur, die z. B. auch für die Simulation von Wasserwellen verwendet werden kann.

Stellen wir uns dazu ein Wellenbad vor, das eine Glaswand besitzt. Eine Fotografie könnte wie in Abbildung 17.13 aussehen. Aber nicht dieser statische Zustand interessiert uns, denn wir wollen ja Wellenbewegungen. Die Idee: Mit einer Dimension des *Simplex-Noise* erzeugen wir mit Hilfe von Vertices ein Shape, wie es in Abbildung 17.13 zu sehen ist. Die zweite Dimension stellen wir uns als Zeitachse vor. So bekommt man

Sketch
perlinBeispiel

Abbildung 17.11
Links: Random-Noise
Rechts: Perlin-Noise

Sketche
flaecheSimplexNoise
flaecheRandomNoise

Sketch
wellen

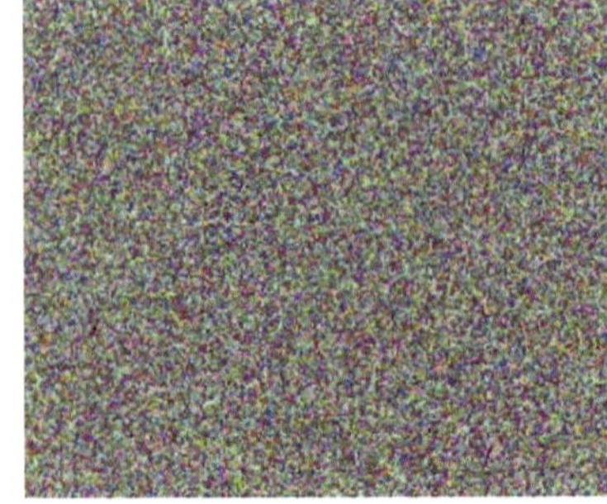 

Abbildung 17.12
Links: Random-Noise,
rechts: Simplex-Noise

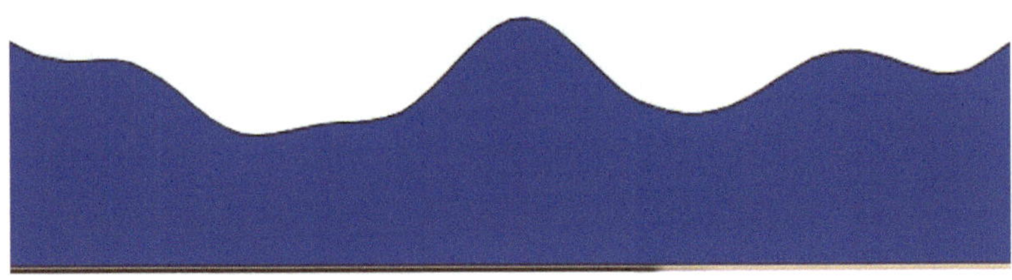

Abbildung 17.13
Wasserwellen im
Wellenbad

dann für zwei nahe beieinander liegende Zeitpunkte ähnliche Shapes, also eine scheinbare Wellenbewegung.

Schauen Sie sich den Programmcode von *wellen* an. Vielleicht fragen Sie sich, weshalb man in *SimplexNoise.noise(weg, zeit)* nicht einfach die Schleifenvariablen *x* und *y* statt *weg* und *zeit* verwendet. Der Grund ist, dass sich nebeneinanderliegende *weg*- und *zeit*-Werte nur geringfügig unterscheiden dürfen, falls man nahe beieinanderliegende Noise-Werte will. Daher sind die Inkremente von Weg (0.05) und Zeit (0.01) so klein.

Mit der *map*-Methode übersetzten wir den Wertebereich [-1,1] von *SimplexNoise* auf die gewünschte Wellenhöhe. Verändern Sie verschiedene Parameter, denn nur so verstehen Sie, wie *SimplexNoise* arbeitet.

Dreidimensionale zufällige Objekte

Man kann die Perlinschen Rauschfunktionen auch im dreidimensionalen anwenden und damit fantastisch aussehende Formen erzeugen, die nicht regulär sind.

Die Idee zu den Sketches *perlin3DForm1* und *perlin3DForm2* ist schnell erklärt. Man iteriert über alle Punkte in einem zentralen Rechteck, dessen Seitenlängen mit einem Zehntel der Seitenbreite und -höhe festgelegt werden. In der doppelten for-Schleife für x und y lässt man zwei sich nur sehr wenig ändernde Parameter (z. B. xnoise und ynoise) für die *SimplexNoise*-Methode mitlaufen. Das Ergebnis (hier *noiseFaktor* genannt) verwendet man, um mit Hilfe auch von x und y einen Ort für den zugehörigen Punkt im Raum zu bestimmen. Hier sind Intuition und eine Portion Glück gefragt.

Sketche
perlin3DForm1
perlin3DForm2

Abbildung 17.14
3D-Muster mit
SimplexNoise

Dreidimensionale Berge

Zum Schluss eine Anwendung des Perlin-Rauschens, die Sie gut kennen: Das Erzeugen von Phantasie-Landschaften in Filmen oder Computerspielen. Hier soll lediglich das Prinzip gezeigt werden, denn, um realistisch wirkende Landschaften zu erzeugen, reicht es natürlich nicht, ein Programm mit 50 Zeilen Code zu schreiben. Aber auch mit wenig Aufwand kann man schon ganz passable Landschaftsbilder erzeugen, siehe Abbildung 17.15.

*Sketch
berge*

Abbildung 17.15
3D-Landschaft

Um die erzeugte Landschaft von mehreren Seiten sehen zu können, soll sich das Bild langsam drehen. Der Sketch *berge* besitzt eine Methode *berge*. Sie wird bei jedem *draw()*-Durchgang aufgerufen.

Und so soll es gehen: Über jedem Rechteck am Boden (blau) errichtet man mit vier Vertices einen QUAD , das heißt, eine Fläche mit vier Ecken - hier gelb (siehe Abbildung 17.16). Wenn die Seitenlängen der Rechtecke sehr klein werden, bekommt man eine Oberflächenstruktur, die kaum mehr sichtbare Knicke aufweist. Um die dafür notwendigen Vertices V1

237

bis V4 zu bestimmen, benötigen wir wieder das *SimplexNoise* aus der Toxiclib.

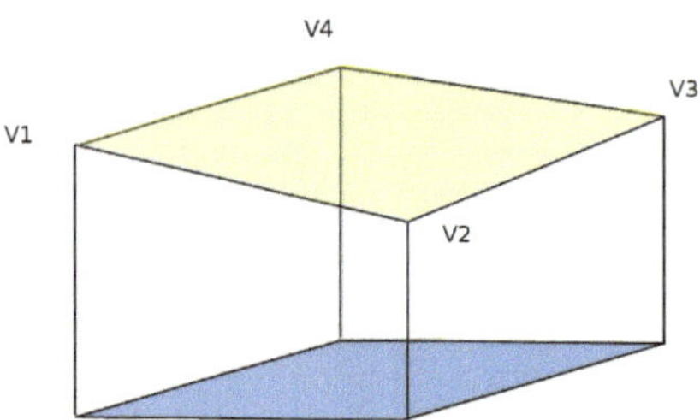

Physikalische Simulation mit Toxiclibs

Gut möglich, dass Sie bei der Behandlung der Box2D-Bibliothek an das zuvor schon einmal besprochene Doppelpendel gedacht haben. Hätte man es nicht viel einfacher gehabt, wenn man zur Simulation einfach Box2D benutzt hätte? Leider nein, denn durch die numerische Integration innerhalb von Box2D erhält man eine so starke Dämpfung, dass man nicht mehr von einem wirklichen Chaospendel sprechen kann – und dieses Chaos für ein Bild zu benutzen, war ja gerade unser Ziel.

Das Ganze wäre nicht weiter problematisch, wenn man immer wieder eine zufällig auftretende Kraft wirken lassen könnte, die die Pendelkörper anzieht und damit das entsprechende Chaos erzeugt. Das ist aber leider in Box2D nicht möglich. Daher weichen wir auf die in den *toxiclibs* enthaltende Funktion *VerletPhysics* aus. Mit dieser Bibliothek sind im Gegensatz zu Box2D auch dreidimensionale Szenarien realisierbar, Reibung und Motoren allerdings gibt es bei VerletPhysics nicht.

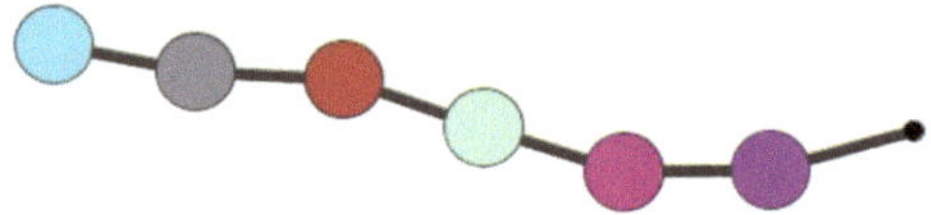

Beginnen wir mit einem Sechsfach-Pendel (Sketch *sechsfachPendel*), auf das gelegentlich eine Kraft wirkt. Der Ort, von dem aus die Kraft wirkt, wird zufällig gewählt. Zusätzlich soll man mit der Maus durch Klicken und Ziehen weitere Kraftzentren auswählen können. Lässt man die Maus dann los, verschwindet die Kraft. Danach sollten wir in der Lage sein, ein Chaosbild zu erzeugen, indem man die Spur der Körper aufzeichnen lässt. Die Simulation eines Fadenpendels könnte als Näherung durch viele Pendelkörper mit wenig Masse versucht werden.

Wir beginnen das Programm wieder mit den zu importierenden Bibliotheken:

```
import toxi.physics2d.*; // VerletPhysics2D
import toxi.physics2d.behaviors.*; // AttractionBehavior2D
import toxi.geom.*; // Vec2D
```


Für die Massekugeln erstellen wir eine eigene Klasse *Masse*. Der Konstruktor von *Masse* benötigt vier Eingaben: Ort, Gewicht, Radius und Farbe. Es lohnt sich daher, die Klasse VerletParticle2D zu überschreiben. Schauen Sie im Sketch nach, wie wir das realisiert haben.

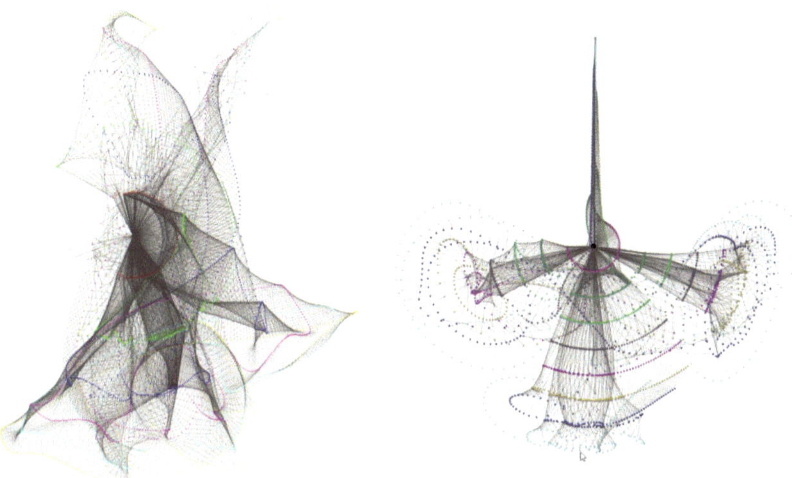

Wählt man Federhärten größer als 2, dann "entartet" die Simulation. Das heißt, die Pendelkörper rasen sinnlos hin und her. Da es feste Stangen leider nicht gibt in VerletPhysics, wählen wir, bei nur einigen wenigen Federn hintereinander, Federhärte 1.9 als Näherung für feste Metallstangen.

Die Federn werden mit *line* und die Massen über die *display()*-Methode der Klasse *Masse* gezeichnet. Danach wird die Physik upgedatet und man ist fertig. Das wäre aufgrund der schon erwähnten hohen Reibung allerdings ziemlich langweilig. Man muss nun also die Kraftfelder hinzufügen und auch wieder entfernen.

```
zufallPos = new Vec2D(random(100,900), random(100,300));
zufallAttractor = new AttractionBehavior2D(zufallPos, 1000, 1);
physics.addBehavior(zufallAttractor); // bzw .removeBehavior( )
```

Wenn man eine Kraft als Reaktion auf einen Mausklick haben will, benötigt man zusätzlich noch die Position der Maus. Bei *AttractionBehavior* gibt es außer besagter Position noch zwei weitere Parameter. Der erste (1000) steht für die Weite der Wirksamkeit der Kraft, der zweite (1) für die Stärke der Kraft.

Aufgabe 5

Wie kann man über eine Variation des Sketches die Bilder aus Abbildung 17.18 zeichnen?

Stellen Sie hierfür zunächst die Zufallskraft wieder ab. Steuern Sie die Kraft stattdessen allein mit der Maus. Wichtig ist außerdem, nicht den Hintergrund in der *draw()*-Methode mit *background()* zu löschen. Den Massen sollten Sie höchstens den Radius 4 geben und *strokeWeight(1)* plus Transparenz 100 für das Malen der Linien einstellen. Wie sehen die Bilder aus, wenn man nur die Massenpunkte zeichnen lässt? Auch ein Fadenpendel können Sie jetzt simulieren. Nehmen Sie 50-70 Massenpunkte und eine Länge der Abschnitte dazwischen von ca. 2-5.

17.6   Zum Schluss

Wenn Sie bis an diese Stelle gelangt sind und Freude mit unseren Aufgaben hatten, so haben Sie einige wichtige Grundlagen der Programmierung verstanden. In unserem Buch haben wir aber nur eine Einführung gegeben, viele Konzepten sind sehr verkürzt und möglichst einfach verständlich beschrieben. Es gibt aber viele Bücher (siehe Literatur), die weitergehende Aspekte behandeln und Sie in das Universum der Computerprogrammierung weiter einführen können. Auch ein Informatikstudium könnte für Sie vielleicht interessant sein, schauen Sie sich doch einmal an einer Universität oder Fachhochschule in Ihrer Nähe um. Informatiker sind nicht nur Nerds oder Pizza-essende Freaks aus dem Keller, sondern ganz normale Menschen, die die Welt auf eine revolutionäre Weise verändern. Vielleicht wollen Sie ja dabei sein?

Literatur

[1] B.Mandelbrot, Benoît: *Die fraktale Geometrie der Natur.* Springer, 1987.

[2] Bohnacker, Hartmut, Gross, Benedikt, Laub, Julia und Lazzeroni, Claudius: *Generative Design.* Princeton Architectural Press, 2012.

[3] Boles, Dietrich: *Parallele Programmierung spielend gelernt mit dem Java-Hamster-Modell.* Vieweg+Teubner, 2008.

[4] Greenberg, Ira: *Processing - Creative Coding and Computational Art.* Springer, 2008.

[5] H.J. Korsch, H.J. Jodl, T. Hartmann: *Chaos - A Program Collection for the PC.* Springer, 2008.

[6] Höfling, O.: *Physik, Band II Teil 1, Mechanik, Wärme.* Ferd. Dümmlers Verlag, Bonn, 1994, ISBN 3-427-41145-1.

[7] Hyde, Paul: *Java Thread Programming.* SAMS, 2001.

[8] Mark James Burge, Wilhelm Burger und: *Digitale Bildverarbeitung.* Springer Vieweg, 2015.

[9] Nyhoff, Jeffrey L. und Nyhoff, Larry R.: *Processing: An Introduction to Programming.* CRC Press, 2017.

[10] Rafael C.Gonzales, Richard E.Woods: *Digital Image Processing.* Pearson, 2008.

[11] Reas, Casey und Fry, Ben: *Processing: A Programming Handbook for Visual Designers.* The MIT Press, 2. Auflage, 2014.

[12] Schauer, Helmut: *LOGO.* Springer, 1988.

[13] Shiffman, Daniel: *The Nature of Code.* Magic Book Project, 2012.

[14] Shiffman, Daniel: *Learning Processing, Second Edition: A Beginner's Guide to Programming Images, Animation, and Interaction.* Morgan Kaufmann, 2015.

[15] Sierra, Kathy und Bates, Bert: *Java von Kopf bis Fuß.* O'Reilly, 2006.

[16] Ullenboom, Christian: *Java ist auch eine Insel: Programmieren lernen mit dem Standardwerk für Java-Entwickler.* Rheinwerk Computing, 2017.

[17] Wiedemann, Harald: *Numerische Physik.* Springer, 2004.

© Springer Fachmedien Wiesbaden GmbH, ein Teil von Springer Nature 2018
O. Deussen, T. Ningelgen, *Programmieren lernen mit Computergrafik,*
https://doi.org/10.1007/978-3-658-21145-5

Index

(SVG)-Datei, 180
überschreiben, 151
32bit-Rechner, 2
64bit-Rechner, 2

Abbruchbedingung, 69
Abbruchkriterium, 69
abs(), 18
abstrakte Klasse, 152
abstrakte Methode, 153
ADD, 51
add(), 147
addChild(), 181
advanceStroke(), 79
Algorithmus, 5
Alphakanal, 12
Apple Rechner, 2
Argument, 60
Array, 15, 34
array.length, 35
ArrayList, 147
asynchrone Programmierung, 193
Asynchronität, 194
atan(), 19
Attribut, 46, 142
Ausdrücke, 15
Axiom, 137

Baum, 72
beginContour(), 181
beginShape(), 176
Bezier-Kurve, 178
Bibliothek, 222
Bildmatrix, 47
Bildobjekt, 46
Bildvektor, 47
Binärbaum, 135
BLEND, 51
Blöcke, 22
Bogenmaß, 19
boolean, 11
box(), 185

Box2D, 225
breake, 29
byte, 10

case, 29
ceil(), 18
CENTER, 24
ChainShape, 228
Chaos-Pendel, 173
chaotisches System, 125
char, 12
CODED, 79
color, 12
Computational Design, 235
constrain(), 61
Container, 34
controlP5, 223
copy(), 50
Core, 192
cos(), 19
createFont(), 88

data (Ordner), 49
Datentyp, 10, 12
degrees(), 19
Deklaration, 14
Differentialgleichung, 160
Digitalbild, 38
diskrete Fouriertransformation, 201
do, 26
do-while, 26
Doppel-Pendel, 173
double, 11
DOWN, 79
draw(), 32
Dreikörperproblem, 122
dynamische Systeme, 121

ellipse(), 7
else, 28
endContour(), 181
endShape(), 176

© Springer Fachmedien Wiesbaden GmbH, ein Teil von Springer Nature 2018
O. Deussen, T. Ningelgen, *Programmieren lernen mit Computergrafik,*
https://doi.org/10.1007/978-3-658-21145-5

Index

Energieerhaltungssatz, 166
Erdbeschleunigung, 169
Event, 78
exp(), 19

Faltungsmatrix, 57, 210
Farbschlange, 32
Farbverlauf, 41
Fast-Fourier-Transformation, 205
Feld, 34
Fenstergröße, 57
fill(), 6
filter(), 50
float, 11
floor(), 18
Fonts, 84
for-Schleife, 23
Fourier-Transformationsfilter, 215
Fouriertransformation, 199
Fraktal, 109
fraktale Dimension, 111
fraktales Gebirge, 125
Frequenzraum, 202
Funktionen, 18

Game of Life, 98
Gaußscher Weichzeichner, 210
get(), 49
getX(), 145
getY(), 145
Gingerbread-Man, 63
gleichförmige Bewegung, 160
gleichmäßig beschleunigte Bewe-
        gung, 160
graphisches Benutzerinterface (GUI),
        223

Hénon-Abbildung, 117
Hénon-Map, 118
harmonische Schwingung, 160
Heap, 35
height, 33
hexadezimal, 88
Hilbert-Kurve, 112
HSB-Farbmodell, 115

if-Anweisung, 28
Imaginärteil, 113
Impuls, 166
Impulserhaltungssatz, 166
instanceof, 154
int, 11
Iteration, 61

Küstenlinienparadoxon, 108
Kanten detektieren, 210
Kantenfilter, 213
keyPressed(), 78
keyReleased(), 80
Klasse, 142
Klassen ableiten, 150
Kochkurve, 109
Kochrezept, 4
Kommentar, 13
komplexe Zahlen, 113
Konsole, 78
Konstruktor, 144

L-System, 137
LEFT, 79
lerpColor(), 39
LIGHTEST, 51
lights(), 185
Lindenmayer-Systeme, 137
line(), 7
Linux, 2
loadBytes, 88
loadFont(), 85
loadStrings(), 87
log(), 19
logische Ausdrücke, 17
LOGO, 130
lokales Beleuchtungsmodell, 184

Mandelbrotmenge, 113
Map, 65
Matrix, 47
max(), 18
Mehrfachpendel, 239
Methode, 142
min(), 18
Minim, 228
mouseClicked, 78
mouseDragged(), 78
mousePressed(), 78
mouseX, 78
mouseY, 78
Multi-core, 192
Multiplikationsfilter, 59
MULTIPLY, 51
Musterentfernung, 217

normalize(), 164
noStroke(), 6, 40

OBJ-Dateiformat, 187
Objekt, 142

Operator, 16
Ortsraum, 202

Parameter, 60
PDF-Export, 222
Peanokurve, 133
Perlin-Noise, 235
PFont, 85
PImage, 47
Pixel, 38
popMatrix(), 68
pow(x,y), 19
println(), 13
private, 151
Programmierparadigma, V
Programmzustände, 5
protected, 151
Prozeduren, 54
PShape, 180
public, 145
Puffer, 231
pushMatrix(), 68
PVector, 161

Räuber-Beute-Simulation, 104
radians(), 19
random(), 19
Random-Noise, 235
Raytracing-Verfahren, 184
Realteil, 113
rect(), 3
rectangle, 3
Regelsatz, 99
Rekursion, 68
rekursiver Baum, 135
Relieffilter, 213
resetDrawing(), 79
resize(), 50
Resonanz, 124
Resonanzkatastrophe, 125
return, 54
RGB, 46
RIGHT, 79
Ringartefakt, 215
rotate(), 67
round(), 33
RSS-Feed, 197
Runnable, 195

save(), 118
scale(), 73
Schwellenwert, 52
SecureRandom, 73

Selbstähnlichkeit, 109
seltsame Attraktoren, 115
set(), 47
setColor(), 79
setup(), 32
setWeight(), 79
Shader, 194
shape.disableStyle(), 181
shape.enableStyle(), 181
short, 11
Sierpiński-Dreieck, 70
Simplex-Noise, 236
sin(), 19
Sketch, 4
Sobel-Filter, 211, 212
Spaltenindex, 39
sphere(), 185
sqrt, 18
Steganographie, 91
str(), 84
Strings, 15
stroke(), 6
sub(), 164
super(), 151
surface.setResizable(), 57
surface.setSize(), 56, 57
SVG-Datei, 180
switch, 29
synchronized, 206

tan(), 19
Tessellation, 177
text(), 7
textAlign(), 85
textFont(), 85
Textur, 185, 189
Threads, 193
tint(), 51
Toxiclips, 234
translate(), 67
Transparenz, 12
TRIANGLE, 176
TRIANGLE_FAN, 176
TRIANGLE_STRIP, 176
Turtle, 130
Turtle-Rekursion, 133
Typ, 10

UML, 152
unscharf Maskieren, 212
UP, 79
URL, 197
Utah-Teekanne, 187

Variable, 10, 12, 13
Vererbung, 142
vertex(), 176
Vertex-Kurve, 178
Von-Neumann-Nachbarschaft, 102

Weichzeichner, 218
while-Schleife, 26
width, 24, 33
Windows Rechner, 2

XML-Datei, 197
XOR, 91

Zeilenindex, 39
zellulärer Automat, 98